Patienten und Angehörige richtig informieren

Magdalena Hoffmann · Christine Maria Schwarz ·
Gerald Sendlhofer
(Hrsg.)

Patienten und Angehörige richtig informieren

Wie Sie Gesundheitsinformationen professionell erstellen

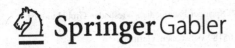

Hrsg.
Magdalena Hoffmann
Medizinische Universität Graz
Graz, Österreich

Christine Maria Schwarz
Medizinische Universität Graz
Graz, Österreich

Gerald Sendlhofer
LKH-Universitätsklinikum Graz
Graz, Österreich

ISBN 978-3-658-35273-8   ISBN 978-3-658-35274-5   (eBook)
https://doi.org/10.1007/978-3-658-35274-5

Die Deutsche Nationalbibliothek verzeichnet diese Publikation in der Deutschen Nationalbibliografie; detaillierte bibliografische Daten sind im Internet über http://dnb.d-nb.de abrufbar.

Planung/Lektorat: Margit Schlomski
Springer Gabler ist ein Imprint der eingetragenen Gesellschaft Springer Fachmedien Wiesbaden GmbH und ist ein Teil von Springer Nature.
Die Anschrift der Gesellschaft ist: Abraham-Lincoln-Str. 46, 65189 Wiesbaden, Germany

Geleitwort von Christina Dietscher

Der Zugang zu Gesundheitsinformationen war noch nie so einfach und zugleich so schwierig wie heute. Einfach, weil vor allem in der digitalen Welt praktisch jede Frage auf Knopfdruck sofort beantwortbar ist. Schwierig, weil es für Informationssuchende immer herausfordernder wird, die Verlässlichkeit, Glaubwürdigkeit und Seriosität der vielen verfügbaren Informationen einzuschätzen.

Die Corona-Pandemie, die uns seit 2020 beschäftigt, hat sehr deutlich gemacht, dass die Fehleinschätzung von Gesundheitsinformationen nicht nur für Einzelne zu vermeidbarem Leid führen, sondern negative Auswirkungen auf die Gesundheit ganzer Gruppen und der Gesellschaft insgesamt haben kann. Leicht zugängliche, seriöse und gut nutzbare Informationen zu essentiellen Gesundheitsfragen können daher als wichtiger Beitrag zu öffentlicher Gesundheit und Sicherheit verstanden werden.

Aus der Gesundheitskompetenz-Forschung wissen wir, was es braucht, damit Gesundheitsinformationen nicht nur verstanden, sondern auch Basis eigener Entscheidungen und Handlungen werden: Neben der hohen Qualität der Informationen ist es vor allem wesentlich, dass diese gemeinsam mit Vertreterinnen und Vertretern der jeweiligen Zielgruppen erarbeitet werden. Dies stellt sicher, dass die Fragen der Zielgruppe in deren eigener Sprache beantwortet und die Informationen damit als vertrauenswürdig wahrgenommen werden. Die Österreichische Plattform Gesundheitskompetenz hat diesen wichtigen Aspekt daher in die Kriterien der Guten Gesundheitsinformation Österreich aufgenommen.

Solche im besten Sinne wirksamen Gesundheitsinformationen zu erstellen, erfordert Verantwortung, Kompetenz und Know-How. Es freut mich daher sehr, dass das Autorenkollektiv mit dem vorliegenden Buch nun für all jene, die Gesundheitsinformationen erarbeiten und zur Verfügung stellen, eine gute step-by-step-Anleitung mit vielen wertvollen Verweisen auf wissenschaftliche Literatur, hilfreichen Checklisten sowie Praxis-Tipps vorgelegt haben. Ich hoffe, dass dieses Werk viele Autorinnen und Autoren von Gesundheitsinformationen in ihrer wertvollen Arbeit unterstützen und damit zur weiteren Verbreitung Guter Gesundheitsinformationen im deutschsprachigen Raum beitragen wird.

Christina Dietscher
(Vorsitzende, Österreichische Plattform Gesundheitskompetenz)

Geleitwort von Klaus Koch

Schritt für Schritt

„Gute" Gesundheitsinformationen sind eigentlich eine Selbstverständlichkeit. Sie sollen Menschen bei ihren Entscheidungen helfen, indem sie aktuelles Wissen verständlich und objektiv da zur Verfügung stellen, wo es gebraucht wird. Vermutlich nehmen schon jetzt fast alle, die Gesundheitsinformationen veröffentlichen, dieses Qualitäts-Ziel für sich in Anspruch.

Wer einen Blick in dieses Buch wirft, kann aber leicht ins Grübeln kommen. Dazu reicht schon das Inhaltsverzeichnis. Die Liste der Kapitel lässt ahnen, dass Qualität nicht ganz einfach zu erreichen ist. Wenn Sie sich tiefer einlesen, werden Sie sehen, dass gute Informationen durch die Verbindung aus dem klaren Willen (Ihrer Institution), geeigneten Strukturen, Methoden und Prozessen und einem ausgebildeten und motivierten Team unterschiedlicher Kompetenzen entsteht.

Sie werden sich dann vielleicht fragen, wo Sie eigentlich stehen? Und wie Sie das alles in der eigenen Arbeit umsetzen könnten?

Mein Plädoyer ist: Machen Sie sich auf den Weg, es lohnt sich. Wer Gesundheitsinformationen mit den richtigen Werkzeugen erstellt, welche dieses Buch liefert, merkt, dass sich nach und nach viele Fragen klären, die sich im Redaktionsalltag immer wieder stellen. Sie sehen, wo Ihre Schwerpunkte liegen, die Sie nachhaltig betreuen wollen und können. Und was Sie besser an andere abgeben sollten. Sie werden in ein Umfeld hineinwachsen, in dem Austausch und Zusammenarbeit – auch zwischen Institutionen – normal und befruchtend ist.

Es wäre falsch, sich davon abschrecken zu lassen, dass der Weg etwas dauert. Wie gesagt, gute Gesundheitsinformationen sind ja eigentlich eine Selbstverständlichkeit.

Klaus Koch
(Leiter des Ressorts Gesundheitsinformation, Institut für Qualität
und Wirtschaftlichkeit im Gesundheitswesen)

Vorwort

Sehr geehrte Ärzteschaft, Angehörige von Gesundheitsberufen oder in der Gesundheitsförderung Tätige!

Da wir Menschen im Laufe unseres Lebens unzählige Male vor kleineren und größeren Entscheidungen in Bezug auf die eigene Gesundheit stehen, spielen Gesundheitsinformationen über unsere gesamte Lebensspanne hinweg eine bedeutende Rolle. Nicht nur im Falle einer Erkrankung werden Gesundheitsinformationen benötigt und gesucht, sondern auch zur **Prävention** oder zur **Unterstützung** anderer Menschen. Häufig wird dann mit einer Ärztin beziehungsweise einem Arzt oder anderen Angehörigen von Gesundheitsberufen und in der Gesundheitsförderung Tätigen über die Fragen zu Gesundheit und Krankheit gesprochen. Aber auch Familienmitglieder und Freunde werden mitunter befragt und ganz besonders häufig das Internet und soziale Medien zurate gezogen. In einer kürzlich in Deutschland durchgeführten Studie gaben rund 72 % der Internetnutzer*innen[1] an, sich schon einmal online über Gesundheitsthemen informiert zu haben (Link & Baumann, 2020). Zu fast jedem Thema zu Gesundheit und Erkrankung werden Ratsuchende im Internet und in den sozialen Medien fündig. Doch welcher Art sind die Informationen, die dort gefunden werden? Sind diese Gesundheitsinformationen vertrauenswürdig? Wie werden die gesichteten Informationen interpretiert und wie steht es um die Gesundheitskompetenz der Menschen, die diese Gesundheitsinformationen lesen und eventuell auch umsetzen?

Gerade in Deutschland und in Österreich haben mehr als die Hälfte der Menschen große Probleme im richtigen Umgang mit Gesundheitsinformationen. Das bedeutet, dass ihnen das **Finden** von geeigneten Informationen, das **Beurteilen** der Informationen oder das **Umsetzen** bestimmter Maßnahmen besonders schwerfällt (Schaffer et al.,

---

[1] Im Rahmen der Bucherstellung haben sich die Autor*innen darauf verständigt, den sogenannten ‚Gender Star‘ (*) als Ausdruck einer gendersensiblen Sprache zu verwenden. Auch wenn diese Lösung nicht perfekt ist, war es den Autor*innen gerade im Zusammenhang mit der Erstellung von Gesundheitsinformationen wichtig, die Diversität der Menschen zu berücksichtigen und auch darzustellen.

2016; Sorensen et al., 2015). Meistens gibt es für eine bestimmte Erkrankung auch eine Vielzahl verschiedener Heilsversprechen oder Therapien, die sich mitunter auch widersprechen können. Was stimmt nun?

Auf diese Weise „vorinformiert", erwarten Patient*innen häufig, dass der Arzt beziehungsweise die Ärztin oder andere Angehörige von Gesundheitsberufen diese oder jene Gesundheitsinformation oder Behandlungsmethode genau kennt, ebenso wie deren Einsatzgebiete, Wirkung oder mögliche Nebenwirkungen. Doch selbst für die Ärzteschaft und auch für andere Angehörige von Gesundheitsberufen bzw. Gesundheitsdienstleister*innen ist dies in jedem einzelnen Fall nur schwer möglich. Das gesamte Wissen rund um Medizin und Gesundheit ist, nicht zuletzt auch aufgrund der rasanten Entwicklungen, für einzelne Personen nicht vollständig in seiner Gesamtheit zu überblicken – selbst wenn diese selbst im Gesundheitswesen tätig sind.

Während der COVID-19-Pandemie (SARS-CoV-2) kam es beispielsweise zu einer massiven Überflutung von Informationen mit Verweis auf wissenschaftliche Studien und Heilsversprechen. Leider waren auch einige davon schädlich und sogar höchst gefährlich (Islam et al., 2020). Viele im Umlauf befindliche Informationen sind bis heute nicht gesichert. Gerade in dieser Situation hat es sich jedoch gezeigt, wie wichtig der Zugang zu guter[2] Gesundheitsinformation ist. Klare, gut nachvollziehbare Informationen, die auf einem hohen Evidenzgrad beruhen und möglichst unbeeinflusst sind, können beispielsweise in der aktuellen COVID-19-Pandemie dazu beitragen, ein adäquates Verständnis für gesundheitsförderndes beziehungsweise krankheitsverhinderndes Verhalten zu vermitteln. Es sind häufig die einfachen und gut verständlichen Informationen, die dank einer besonderen Klarheit in Form von wiederkehrenden bildlichen und schriftlichen Darstellungen eine positive Wirkung erzielen; nicht zuletzt, weil die Menschen dadurch verstehen, warum sie sich zum Beispiel vor einer Infektion schützen sollen. Die Grundprinzipien einer einfachen und gut verständlichen Information, die einen Rückschluss auf Ursache und Wirkung zulässt, sind gerade bei Gesundheitsinformationen, die sich an medizinische Laien richten, von essenzieller Bedeutung.

Sehen sich Menschen mit einem neuen Gesundheitsproblem konfrontiert, brauchen sie also klare, gut verständliche und vertrauenswürdige Gesundheitsinformationen, die frei von (versteckter) Beeinflussung sind und auf evidenzbasierten Daten beruhen. Diese Informationen braucht es neben der mündlichen Information auch in schriftlicher Form. Zusätzliche schriftliche Gesundheitsinformationen können die Ärzteschaft oder andere Angehörige von Gesundheitsberufen, zu denen auch die in der Gesundheitsförderung Tätigen zu zählen sind, in beruflichen Gesprächssituationen unterstützen, wie etwa anlässlich eines Beratungsgesprächs vor einer Behandlung oder bei einem

---

[2] Der Begriff der „guten Gesundheitsinformation", der sich als roter Faden durch die folgenden Kapitel zieht, bezieht sich auf die in der Guten Praxis Gesundheitsinformation sowie der Guten Gesundheitsinformation Österreich definierten Qualitätskriterien, die eine wissenschaftsbasierte und für Ratsuchende nützliche, also „gute" Gesundheitsinformation ausmachen.

Entlassungsgespräch aus dem Krankenhaus. Die Leser*innen haben durch gute schriftliche Gesundheitsinformationen die Möglichkeit, die erhaltenen Informationen noch einmal abzurufen, sie in Ruhe zu überdenken oder auch mit Angehörigen oder Freunden zu besprechen, um dann eine gut informierte Entscheidung für die eigene Gesundheit zu treffen. Vor dem Hintergrund, dass viele Menschen Probleme haben, Gesundheitsinformationen zu finden, zu verstehen oder anzuwenden, erscheint dies besonders wichtig.

Gute Gesundheitsinformationen zu erstellen, ist zeitaufwendig – kann aber, wenn sie „gut" (definiert durch entsprechende Qualitätskriterien) sind und evidenzbasierte Empfehlungen berücksichtigen, zu einer Verbesserung der Gesundheit führen. Damit ist die Erstellung von guten schriftlichen Gesundheitsinformationen ein wichtiger Beitrag zur **Verbesserung der individuellen Gesundheitskompetenz** und somit der **Gesundheit** der Betroffenen.

Vorteile für Ersteller*innen

Ärzte und Ärztinnen, andere Angehörige von Gesundheitsberufen inklusive in der Gesundheitsförderung tätige Personen untersuchen, behandeln, pflegen, betreuen, beraten und begleiten täglich mit großer Sorgfalt die ihrer beruflichen Expertise anvertrauten Menschen. Ein wesentlicher Bestandteil dabei ist das Beratungsgespräch und damit die **Übermittlung von Gesundheitsinformationen.** Mit eben dieser Sorgfalt muss die Informationsübermittlung zu den wichtigsten Inhalten des betreffenden Gesprächs ergänzend auch in schriftlicher Form erfolgen, damit diese wichtigen Informationen nach dem Gespräch erhalten bleiben.

Gerade bei wiederkehrenden Informationen, typischen Fragestellungen oder standardisierten Prozessen bedeutet die Erstellung qualitativ hochwertiger Gesundheitsinformationen nicht nur einen Vorteil für die Patient*innen oder Leser*innen, sondern auch für die Vertreter*innen der Ärzteschaft und der anderen Gesundheitsberufe. Gute Gesundheitsinformationen stellen eine **strukturierte Gesprächsgrundlage** dar. Sie unterstützen dabei, dass in der Gesprächssituation auf keine Informationen vergessen wird. Weniger erfahrenen Kolleg*innen wird dadurch ermöglicht, auf Basis der **besten Evidenz** zu beraten, etwa, wenn die neuesten, von wissenschaftlichen Fachgesellschaften empfohlenen Behandlungspfade in der guten Gesundheitsinformation abgebildet sind. Damit wird auch in rechtlicher Hinsicht eine größere Sicherheit erreicht. Betroffene erhalten, soweit möglich, unbeeinflusste, transparente und gut verständliche Informationen.

Im Jahr 2013 wurde im Bürgerlichen Gesetzbuch, im Patientenrechtegesetz § 630c, ausdrücklich definiert, dass Patient*innen von dem*der Behandelnden in verständlicher Weise über sämtliche für die Einwilligung wesentlichen Umstände aufgeklärt werden müssen. Hierzu gehört auch, auf Alternativen zu therapeutischen Maßnahmen hinzuweisen, wenn mehrere medizinisch gleichermaßen indizierte und übliche Methoden zu wesentlich unterschiedlichen Belastungen, Risiken oder Heilungschancen führen können (Bürgerliches Gesetzbuch, 2020; EbM-Netzwerk, 2015). In Österreich wird dies insbesondere in den Patient*innen-Rechten festgehalten. Patient*innen haben das Recht auf Selbstbestimmung. Sie müssen daher (im Vorhinein) über mögliche Diagnose- und Behandlungsarten, deren Risiken und Folgen für den Gesundheitszustand sowie die erforderliche Mitwirkung bei der Behandlung und eine therapieunterstützende Lebensführung aufgeklärt werden. Dies muss entsprechend dem Stand der medizinischen Wissenschaft erfolgen (RIS, Patientencharta, 2021). Dabei muss auch darauf geachtet werden, dass die Aufklärung und Information auf Basis der individuellen Gesundheitskompetenz des Gegenübers zu erfolgen hat.

Wo braucht es gute schriftliche Gesundheitsinformationen?
Beispiele für schriftliche **Aufklärung** und **Information** gibt es viele, auch in der **Gesundheitsförderung** und **Prävention** – ein Bereich, der hinsichtlich guter schriftlicher Gesundheitsinformation gerne übersehen oder kommerziellen Anbieter*innen überlassen wird.

Menschen, die bereits schwer erkrankt sind und ein Krankenhaus aufsuchen mussten, erhalten zumeist bei der Entlassung eine schriftliche **Entlassungsinformation** und oft auch **allgemeine Patient*innen-Informationen.** Doch gerade dieses Informationsmaterial ist zumeist weder auf die Bedürfnisse von Patient*innen ausgerichtet noch für diese geschrieben (Schwarz et al., 2019). Auch hier setzt gute schriftliche Gesundheitsinformation an und ergänzt beispielsweise den persönlichen ärztlichen Entlassungsbrief mit für die Anwender*innen und Nutzer*innen angepassten Inhalten. Ein anderes Beispiel für die Notwendigkeit relevanter und hochwertiger Gesundheitsinformationen sind medizinische Studien mit Beteiligung von Proband*innen. Auch hier ist es die Pflicht der Forscher*innen, Studienteilnehmer*innen mit einem sogenannten **Informed Consent Form** (ICF) verständlich aufzuklären (WMA Declaration of Helsinki – Ethical Principles for Medical Research Involving Human Subjects, 2020). Es liegt nicht zuletzt auch in der Verantwortung der Ärzteschaft und anderer Angehörigen von Gesundheitsberufen, medizinische Laien vor ungeprüften und möglicherweise gesundheitsschädigen Gesundheitsinformationen zu **schützen.** Das bedeutet zum Beispiel, dass in der eigenen Praxis, auf der eigenen Station oder im eigenen Beratungszentrum **keine ungeprüften Gesundheitsinformationen ausliegen.**

Das **Deutsche Netzwerk für Evidenzbasierte Medizin** (EbM-Netzwerk), das **Institut für Qualität und Wirtschaftlichkeit im Gesundheitswesen** (IQWIG) und auch die **Österreichische Plattform für Gesundheitskompetenz** (ÖPGK) haben in Bezug auf gute Gesundheitsinformation im deutschsprachigen Raum wichtige und einflussreiche Pionierarbeit geleistet und die Grundlagen für dieses Handbuch geschaffen. Mit Unterstützung der **Österreichischen Fachgesellschaft für Qualität und Sicherheit im Gesundheitswesen** (ASQS) konnte dieses Handbuch publiziert werden. Es richtet sich an alle Menschen wie Ärzte und Ärztinnen, Forscher*innen, andere Angehörige von Gesundheitsberufen und in der Gesundheitsförderung Tätige, die qualitativ hochwertige Gesundheitsinformationen erstellen, überprüfen und implementieren möchten. Dabei dient das Handbuch als **Schritt-für-Schritt-Anleitung** und unterstützt mit praktischen Tipps, damit mehr gute Gesundheitsinformationen in die tägliche Praxis und damit zu den betroffenen Patient*innen gelangen.

Magdalena Hoffmann

Literatur[3]

Bürgerliches Gesetzbuch in der Fassung der Bekanntmachung vom 2. Januar 2002 (BGBl. I S. 42, 2909; 2003 I S. 738), das zuletzt durch Artikel 1 des Gesetzes vom 12. Juni 2020 (BGBl. I S. 1245) geändert worden ist. https://www.gesetze-im-internet.de/bgb/BJNR001950896.html. Zugegriffen: 24. Aug. 2020.

Deutsches Netzwerk Evidenzbasierte Medizin. (2015). *Gute Praxis Gesundheitsinformation.* https://www.ebm-netzwerk.de/de/veroeffentlichungen/weitere-publikationen. Zugegriffen: 15. Jan. 2021.

Islam, M. S., Sarkar, T., Khan, S. H., Kamal, A. H. M., Murshid Hasan, S. M., Kabir, A., & Seale, H. (2020). COVID-19-Related infodemic and its impact on public health: A global social media analysis. *American Journal of Tropical Medicine and Hygiene, 103*(4), 1621–1629. https://doi.org/10.4269/ajtmh.20-0812.

Link, E., & Baumann, E. (2020). Use of health information on the internet: personal and motivational influencing factors. *Bundesgesundheitsblatt – Gesundheitsforschung – Gesundheitsschutz, 63*(6), 681–689.

RIS, Landesrecht konsolidiert Steiermark: Gesamte Rechtsvorschrift für Vereinbarung zur Sicherstellung der Patientenrechte (Patientencharta), Fassung vom 12.01.2021, LGBl. Nr. 101/2002, Gesetzesnummer 20000175, Dokumentnummer LST40002725. https://www.ris.bka.gv.at/GeltendeFassung.wxe?Abfrage=LrStmk&Gesetzesnummer=20000175. Zugegriffen: 12. Jan. 2021.

Schaeffer, D., Vogt, D., Berens, E., & Hurrelmann, K. (2016). Gesundheitskompetenz der Bevölkerung in Deutschland – Ergebnisbericht. https://doi.org/10.2391/0070-pub-29081112. Zugegriffen: 15. Jan. 2021.

Schwarz, C. M., et al. (2019). A systematic literature review and narrative synthesis on the risks of medical discharge letters for patients' safety. *BMC Health Services Research, 19.* https://doi.org/10.1186/s12913-019-3989-1.

Sorensen, K., et al. (2015). Health literacy in Europe: Comparative results of the European health literacy survey (HLS-EU). *The European Journal of Public Health, 25,* 1–6.

WMA Declaration of Helsinki – Ethical Principles for Medical Research Involving Human Subjects. (2020). https://www.wma.net/policies-post/wma-declaration-of-helsinki-ethical-principles-for-medical-research-involving-human-subjects/. Zugegriffen: 29. Dez. 2020.

---

[3]**Anmerkung:** Alle im Buch befindlichen Links und Quellennachweise wurden ausschließlich bis zum finalen Korrektorat des finalen Textes durch die Herausgeber*innen auf Aktualität und Funktionalität geprüft.

Danksagung

Der besondere Dank der Herausgeber*innen gilt den Co-Autor*innen dieses gegenständlichen Werkes, der Österreichischen Plattform für Gesundheitskompetenz (ÖPGK) und dem deutschen Netzwerk Evidenzbasierte Medizin e. V. (EbM-Netzwerk) für deren Pionierarbeit im deutschsprachigen Raum. Zusätzlicher Dank gebührt der Österreichischen Fachgesellschaft für Qualität und Sicherheit im Gesundheitswesen (ASQS) für die Unterstützung bei der Veröffentlichung.

Magdalena Hoffmann
Christine Maria Schwarz
Gerald Sendlhofer

Inhaltsverzeichnis

Herausgeber- und Autorenverzeichnis

Über die Herausgeber*innen

© Jürgen Fechter

Mag.ª Dr.ⁱⁿ Magdalena Hoffmann, MSc, MBA ist Gesundheitswissenschafterin und arbeitet an der Research Unit for Safety in Health, c/o Klinische Abteilung für Plastische, Ästhetische und Rekonstruktive Chirurgie, der Univ. Klinik für Chirurgie an der Medizinischen Universität Graz sowie als Projektleiterin in der Stabsstelle für Qualitäts- und Risikomanagement am LKH-Universitätsklinikum Graz. Ihre Arbeitsschwerpunkte sind die Erforschung und Umsetzung von Maßnahmen zur Verbesserung der Patienten*innen-Sicherheit und zur sicheren Kommunikation und Information zwischen Gesundheitsdienstleister*innen und Patient*innen. Nebenberuflich erfüllt sie Lehr- und Beratungstätigkeiten an Bildungseinrichtungen und Organisationen.

© Opernfoto Graz

Dr.ⁱⁿ Christine Maria Schwarz, BSc, MSc studierte Molekularbiologie und Molekulare Mikrobiologie an der Karl-Franzens-Universität Graz. Derzeit arbeitet sie als wissenschaftliche Mitarbeitern an der Research Unit for Safety in Health, c/o Klinische Abteilung für Plastische, Ästhetische und Rekonstruktive Chirurgie, der Univ. Klinik für Chirurgie an der Medizinischen Universität Graz. Ihre Arbeitsschwerpunkte liegen in der Erforschung und Umsetzung von Maßnahmen zur Verbesserung der Patient*innen-Sicherheit und im Besonderen in Projekten zur sicheren Kommunikation und Information zwischen Gesundheitsdienstleiter*innen und Patient*innen sowie deren Angehörigen.

© Marija Kanizaj

Priv.-Doz. Mag. Dr. Gerald Sendlhofer ist Leiter der Stabsstelle Qualitäts- und Risikomanagement am LKH-Universitätsklinikum Graz, Mitarbeiter der Research Unit for Safety in Health, c/o Klinische Abteilung für Plastische, Ästhetische und Rekonstruktive Chirurgie, der Univ. Klinik für Chirurgie an der Medizinischen Universität Graz. Sein wissenschaftlicher Schwerpunkt befasst sich mit Patient*innen-Sicherheit. Er ist Dozent im Bereich Patient*innen-Sicherheit und ist Mitbegründer der Österreichischen Fachgesellschaft für Qualität und Sicherheit im Gesundheitswesen (ASQS) und erhielt unter anderem 2016 die Auszeichnung „European Quality Leader Award 2015" (European Organization for Quality – EOQ).

Autorenverzeichnis

© Frauengesundheitszentrum

Dr.in Felice Gallé ist Mitglied der Geschäftsführung des Frauengesundheitszentrums in Graz. Seit dem Studium der Kommunikationswissenschaft an der Universität Wien spezialisiert sie sich auf die Themen Gesundheitskommunikation, Gesundheitsinformation und soziale Einflussfaktoren auf die Gesundheit von Frauen. Sie ist Gründungsmitglied der Arbeitsgruppe *Gute Gesundheitsinformation* der Österreichischen Plattform Gesundheitskompetenz (ÖPGK) und hat mitgewirkt, die *Gute Gesundheitsinformation Österreich* zu verfassen, zu verbreiten und in einem Methodenpapier für das Frauengesundheitszentrum umzusetzen.

© fh gesundheit

Eva Jabinger, MMSc, BSc hat ihre Wurzeln im Gesundheitswesen in der Biomedizinischen Analytik. Im Jahr 2010 übernahm sie im Krankenhaus Braunau das Qualitäts- und Patient*innen-Management, wo sie sich bereits mit der verständlichen Aufbereitung von Patient*innen-Information beschäftigte. An der Universitätsklinik Innsbruck wirkt sie seit 2013 bei dem Aufbau der Stabsstelle Qualitäts- und Risikomanagement mit. Seit 2017 leitet sie den Masterstudiengang Qualitäts- und Prozessmanagement im Gesundheitswesen, seit 2019 zusätzlich den MBA im Gesundheitswesen und das TiQG-Tirol Institut für Qualität im Gesundheitswesen der Fachhochschule Gesundheit (fhg) in Innsbruck.

© Institut für Pflegewissenschaft

Dr.in Daniela Schoberer, BSc, MSc ist Pflegewissenschafterin und Lektorin am Institut für Pflegewissenschaft der Medizinischen Universität Graz. Ihre Lehr- und Forschungsschwerpunkte sind evidenzbasierte Gesundheitsversorgung und Patient*innen-Edukation. Sie entwickelt und testet Informationsmaterialien für Menschen mit geringer Gesundheitskompetenz und wirkt als Mitglied der Cochrane Collaboration an der laienverständlichen Übersetzung von Forschungsergebnissen mit. Sie ist Autorin zahlreicher internationaler Forschungspublikationen zum Thema Gesundheitsinformation.

© Voithofer

Claudia Voithofer, BSc ist wissenschaftliche Projektmitarbeiterin sowie Studienassistentin am Institut für Pflegewissenschaft an der Medizinischen Universität Graz. Im Jahr 2018 schloss sie das Bachelorstudium der Pflegewissenschaft ab und arbeitete als Diplomierte Gesundheits- und Krankenpflegerin in der geriatrischen Langzeitpflege. Derzeit schließt sie das Masterstudium der Pflegewissenschaft ab und ist in einem Forschungsprojekt tätig, das sich mit dem Einsatz neuer Technologie zur Unterstützung von Menschen mit Demenz beschäftigt.

Abkürzungsverzeichnis

AGREE	Appraisal of Guidelines for Research & Evaluation Instrument
AMSTAR	A Measurement Tool to Assess Systematic Reviews
ARI	Automated Readability Index
ASQS	Österreichische Fachgesellschaft für Qualität und Sicherheit im Gesundheitswesen
App	Applikation
AWMF	Arbeitsgemeinschaft der Wissenschaftlichen Medizinischen Fachgesellschaften
ÄZQ	Ärztliches Zentrum für Qualität in der Medizin
BALD	Baker Able Leaflet Design
BMGF	Bundesministerium für Gesundheit und Frauen
bzw.	beziehungsweise
CC	Creative Commons
CDSR	Cochrane Database of Systematic Reviews
CINAHL	Cumulative Index of Nursing and Allied Health Literature
COVID-19	Corona Virus Disease 2019
DELBI	Deutsches Leitlinien-Bewertungsinstrument
DIN	Deutsches Institut für Normung
DISCERN	Ein Instrument zur Beurteilung der Qualität schriftlicher Informationen zur Verbrauchergesundheit über Behandlungsentscheidungen
EbM	Evidenzbasierte Medizin
EbM-Netzwerk	Deutsches Netzwerk Evidenzbasierte Medizin e. V
EFQM	European Foundation for Quality Management
EMBASE	Excerpta Medical Database
EOQ	European Organization for Quality
etc.	et cetera
EUR-LEX	Rechtsinformationssystem der Europäischen Union
EQIP	Ensuring Quality Information for Patients
fhg	Fachhochschule Gesundheit

FGÖ	Fonds Gesundes Österreich
GCP	Good Clinical Practice
gsm	Gramm pro Quadratmeter
HON	Zertifizierung für Gesundheitsinformationen im Internet
Hrsg.	Herausgeber*in
ICF	Informed Consent Form
IGeL	Individuelle Gesundheitsleistungen
IPDAS	International Patient Decision Aids Standards
ISO	International Organisation for Standardisation
IQWiG	Institut für Qualität und Wirtschaftlichkeit im Gesundheitswesen
LKH	Landeskrankenhaus
LIX	Lesbarkeitsindex nach Björnson
MEDLINE	Medical Literature Analysis and Retrieval System Online
mm	Millimeter
NNH	Number Needed to Harm
NNS	Number Needed to Screen
NNT	Number Needed to Treat
Org-HLR	Organisational Health Literacy Responsiveness Framework
ÖPGK	Österreichische Plattform für Gesundheitskompetenz
PEDro	Physiotherapy Evidence Database
PEMAT	Patient Education Materials Assessment Tool
PIQ-Kriterien	Patient*innen-Informations-Qualitäts-Kriterien
PsycInfo	Datenbank über psychologische/verhaltenswissenschaftliche Themen
PubMed	Public Medicine Datenbank
QR	Quick Response Code
RCT	randomisierte kontrollierte Studie
RIS	Rechtsinformationssystem
RRR	relative Risikoreduktion
RSTV	Rundfunkstaatsvertrag
SAM	Suitability Assessment of Materials
SARS-COV 2	Severe acute respiratory syndrome coronavirus type 2
SMOG	Simple Measure of Gobbledygook Grade
SOP	Standard Operating Procedure
SSOAR	Social Science Open Access Repository
TIQG	Tirol Institut für Qualität im Gesundheitswesen der Fachhochschule Gesundheit
TMG	Telemediengesetz
TV	Television
u. a.	unter anderem
UrhG	Urheberrechtsgesetz
URL	Uniform Resource Locator
usw.	und so weiter

VORIS	Vorschrifteninformationssystem
WHO	World Health Organization
WMA	World Medical Association
WKGKKO	Wiener Konzept Gesundheitskompetenter Krankenbehandlungs-organisationen
WWW	World Wide Web
z. B.	zum Beispiel

Abbildungsverzeichnis

Tabellenverzeichnis

Einleitung

Magdalena Hoffmann

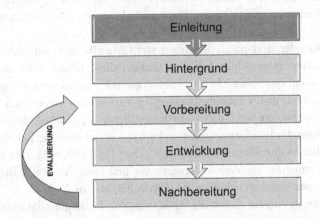

Gute Gesundheitsinformation spielt im Leben fast aller Menschen eine sehr wichtige Rolle. Schon vor der Geburt eines Kindes sind Eltern oft auf der Suche nach Informationen über eine gesunde Schwangerschaft, dann auf der Suche nach Informationen über gesundheitsfördernde Ernährung und Pflege, oder es werden zum Beispiel Informationen rund um das Thema Impfungen gesucht. Im weiteren Leben stellen sich dann Fragen zur Pubertät, über gesundheitsförderndes Verhalten im Lebensalltag und schließlich auch Fragen zu eigenen Erkrankungen oder zu Erkrankungen nahestehender Mitmenschen. Dabei wird auf verschiedene Informationsquellen zurückgegriffen. Häufig sind diese Informationsquellen Personen aus dem Freundes- und

M. Hoffmann (✉)
Medizinische Universität Graz, Graz, Österreich
E-Mail: magdalena.hoffmann@medunigraz.at

M. Hoffmann et al. (Hrsg.), *Patienten und Angehörige richtig informieren*,
https://doi.org/10.1007/978-3-658-35274-5_1

Familienkreis, Onlinemedien und Gesundheitsdienstleister*innen. Aufgrund der unüberschaubaren Fülle an Gesundheitsinformationen ist es besonders wichtig, vertrauenswürdige Quellen identifizieren zu können. Dazu kommt, dass die Gesundheitsinformationen in den Lebensalltag der betroffenen Personen passen müssen und für diese auch verständlich sind. Nur so ist es möglich, dass Gesundheitsinformationen die volle Wirkung zum Vorteil der Betroffenen entfalten können.

Am Beispiel von medizinischen Leitlinien kann aufgezeigt werden, dass diese im besten Fall der höchsten wissenschaftlichen Evidenz entsprechen und auch über einen breiten Konsens unter den Gesundheitsdienstleister*innen verfügen. Doch sind diese nicht für medizinische Laien geeignet. Solche medizinischen Leitlinien müssen nicht nur ins Deutsche übersetzt werden, weil sie häufig in englischer Sprache verfasst sind, sondern auch noch für die jeweilige Zielgruppe angepasst werden, d. h. auf die Lebensrealität der betroffenen Personen abgestimmt und für diese verständlich formuliert werden. Ob dann der Gesundheitsinformation selbst und den Vermittler*innen dieser Gesundheitsinformation geglaubt wird, hängt auch davon ab, wie vertrauenswürdig diese sind.

Ein entscheidender Bestandteil der Arbeit von Gesundheitsdienstleister*innen und in der Gesundheitsförderung tätigen Personen umfasst diese Übersetzung und Anpassung von Gesundheitsinformationen. In medizinischen oder beratenden Gesprächen wird Vertrauen aufgebaut und Gesundheitsinformationen werden übermittelt. Schriftliche Gesundheitsinformationen sind dabei ein wesentlicher Bestandteil. Sie enthalten die **wichtigsten Gesundheitsinformationen** und wirken somit über die Zeit des Gesprächs hinaus. Schriftliche Gesundheitsinformationen geben Orientierung, helfen beim Wiederabrufen der Information, erinnern an Vergessenes und lassen auch das Besprechen mit Vertrauenspersonen und dem Familien- oder Freundeskreis zu.

Dieses Handbuch ist eine **Anleitung** dafür, wie gute Gesundheitsinformationen in der Praxis erstellt werden können, und richtet sich dabei an alle Gesundheitsdienstleister*innen, d. h. an die Ärzteschaft und Angehörige von Gesundheitsberufen, zu denen auch in der Gesundheitsförderung tätigen Personen zählen, sowie auch an interessierte medizinische Laien, die sich für das Thema schriftliche Gesundheitsinformation interessieren.

Im vorliegenden Handbuch finden sich viele **Praxistipps**, zusätzliche Hilfestellungen wie Checklisten und Merkboxen sowie weiterführende Quellen und Literaturhinweise. Zusätzlich sind Strategien angeführt, die zum Beispiel die Implementierung einer guten Gesundheitsinformation in größeren Unternehmen fördern und das Bewusstsein für gute Gesundheitsinformation stärken können. Gezeigt werden auch Ideen, wie gute Entwickler*innen-Teams zusammengeführt werden können und wie ein kontinuierlicher Qualitätssicherungs- und Verbesserungsprozess entstehen kann. Dabei folgt das Handbuch einem logischen Prozess von einzelnen Schritten, bietet eine gute Übersicht und ermöglicht so einen **schnellen Einstieg in das Thema**.

Hintergrund – Die Bedeutung von Gesundheitskompetenz und guten Gesundheitsinformationen

Christine Maria Schwarz und Magdalena Hoffmann

Inhaltsverzeichnis

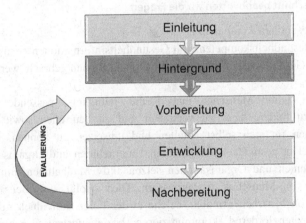

Das folgende Kapitel beschäftigt sich schwerpunktmäßig mit dem Thema Gesundheitskompetenz und gesundheitskompetente Organisation. Dabei werden Definitionen

C. M. Schwarz (✉) · M. Hoffmann
Medizinische Universität Graz, Graz, Österreich
E-Mail: christine.schwarz@medunigraz.at

M. Hoffmann
E-Mail: magdalena.hoffmann@medunigraz.at

M. Hoffmann et al. (Hrsg.), *Patienten und Angehörige richtig informieren*,
https://doi.org/10.1007/978-3-658-35274-5_2

erläutert und die aktuelle gesellschaftliche Lage beschrieben. Zusätzlich erfolgen die Beschreibung und Erläuterung der 10 Merkmale einer gesundheitskompetenten Organisation. Dieses Kapitel ist dabei eine wesentliche Grundlage zur Bildung eines Verständnisses dafür, warum so dringend mehr gute Gesundheitsinformationen benötigt werden und warum es so wichtig ist, dass ganze Organisationen selbst „gesundheitskompetent" werden.

Im Weiteren wird darauf eingegangen, was eine gute Gesundheitsinformation ausmacht. Dabei werden insbesondere Qualitätskriterien einer guten Gesundheitsinformation beschrieben und in weiterer Folge kurz erläutert. Zur Umsetzung von Qualitätskriterien ist anzumerken, dass dies an nicht unerhebliche personelle und finanzielle Ressourcen gebunden ist. Daher wurden auch Mindestqualitätskriterien definiert, auf die besonders großer Wert gelegt werden soll. Eine ausführliche Beschreibung, wie die einzelnen Qualitätskriterien dann in der Praxis tatsächlich umgesetzt werden können, erfolgt in den nachfolgenden Abschnitten.

2.1 Gesundheitskompetenz und die gesundheitskompetente Organisation

In diesem Abschnitt beantworten wir die Fragen

- Was ist Gesundheitskompetenz?
- Was hat Gesundheitskompetenz mit Gesundheitsinformationen zu tun?
- Wie kann Gesundheitskompetenz in die Organisationen gebracht werden?

Gesundheitskompetente Menschen haben die Fähigkeit, passende Gesundheitsinformationen zu finden, diese zu verstehen und zu beurteilen sowie daraus mögliche Maßnahmen für sich selbst ableiten und umsetzen zu können. Unterstützung wird ihnen dabei in gesundheitskompetenten Unternehmen und Organisationen zuteil. Solche Unternehmen und Organisationen setzen aktiv Maßnahmen, um die Gesundheitskompetenz von Menschen zu verbessern. Dies erfolgt zum Beispiel durch die Qualifizierung von Mitarbeiter*innen, welche in der Folge individuell mit Betroffenen gesundheitskompetenzfördernd kommunizieren beziehungsweise geeignete schriftliche Gesundheitsinformationen entwickeln und/oder zur Verfügung stellen. Des Weiteren initiieren und/oder unterstützen sie Projekte, um die Gesundheitskompetenz von Menschen innerhalb oder außerhalb des Unternehmens beziehungsweise der Organisation zu fördern.

Gesundheitskompetenz

Der Begriff „Gesundheitskompetenz" wurde ursprünglich von dem englischen Wort **Health Literacy** abgeleitet. Für diesen Begriff gibt es eine Vielzahl an Definitionen. Sørensen et al. beschäftigten sich mit Modellen der Gesundheitskompetenz und extrahierten aus 17 Definitionen dieses Begriffes deren wichtigsten Aussagen und fassten sie zu folgender Definition zusammen:

> „Health literacy is linked to literacy and entails people's knowledge, motivation and competences to access, understand, appraise, and apply health information in order to make judgements and take decisions in everyday life concerning healthcare, disease prevention and health promotion to maintain or improve quality of life during the life course" (Sørensen et al., 2012).

Laut dieser Begriffsdefinition ist Gesundheitskompetenz somit stark mit Fähigkeiten von Personen verbunden, passende Gesundheitsinformationen zu finden, sie zu verstehen, sie zu beurteilen und auch mögliche Maßnahmen zu treffen und umzusetzen. Eine zentrale Rolle spielen hierbei auch Lese-, Schreib- und Rechenfähigkeiten. Dennoch steht die Gesundheitskompetenz nicht nur in einem engen Zusammenhang mit umfassender Bildung, sondern ist ein aus mehreren Komponenten bestehendes **multidimensionales Konzept.** Gesellschaftliche und umweltbezogene Faktoren, persönliche Faktoren (Alter, Geschlecht, Bildung…) und situationsbedingte Determinanten (z. B. soziale Medien) üben einen maßgeblichen Einfluss auf die individuelle Gesundheitskompetenz aus (Sørensen et al., 2012).

Es ist bekannt, dass Gesundheitskompetenz und Gesundheit eng miteinander verflochten sind: Je höher die Gesundheitskompetenz, desto besser ist zumeist auch die Gesundheit. Personen mit einer geringeren Gesundheitskompetenz neigen eher zu chronischen Erkrankungen und zu häufigeren Krankenhausaufenthalten (Sorensen et al., 2015).

Personen mit einer hohen Gesundheitskompetenz können gesundheitsbezogene Entscheidungen treffen und Handlungen setzen – mit positiver Wirkung auf ihre Gesundheit. Diese Personen sind auch besser in der Lage, sich im Gesundheitswesen und dessen Strukturen zurechtzufinden und Angebote von Gesundheitssystemen adäquat zu nutzen.

In vielen Ländern gibt es einen Mangel an Gesundheitskompetenz. In Österreich verfügen einer Studie zufolge über 50 % der Menschen über eine zu geringe oder problematische Gesundheitskompetenz im Vergleich zum EU-Durchschnitt der acht getesteten Länder (Sørensen et al., 2012).

Mangelnde Gesundheitskompetenz von Patient*innen führt zu höheren Kosten im Gesundheitssystem oder behindert häufig den Erfolg von Schulungsmaßnahmen von Patient*innen mit chronischen Erkrankungen. Laut Nutbeam fallen höhere Gesundheitskosten durch die verfehlte bzw. inadäquate Nutzung von Versorgungsleistungen an (Nutbeam, 2000). Aus diesem Grund hat zum Beispiel das österreichische Bundesministerium für Gesundheit und Frauen der Gesundheitskompetenz in den **Rahmengesundheitszielen von 2012** ein eigenes Ziel gewidmet: Rahmengesundheitsziel 3 „die Gesundheitskompetenz der Bevölkerung stärken" (Bundesministerium für Gesundheit und Frauen (BMGF), 2017).

Um die Gesundheitskompetenz von zum Beispiel Patient*innen zu fördern, sind wissenschaftlich fundierte, aber gleichzeitig laiengerecht formulierte Gesundheitsinformationen nötig. Diese Maßnahmen, eben z. B. die Bereitstellung solcher qualitativ hochwertiger

Gesundheitsinformationen in den Einrichtungen der Gesundheits- und Krankenversorgung in Österreich, können auch mit einer Verbesserung der Gesundheitskompetenz einhergehen und steigern gleichzeitig die Effektivität und Effizienz in der Krankenbehandlung. Die Stärkung der individuellen Gesundheitskompetenz kann somit auch als ein wichtiger Beitrag zum Risiko- und Qualitätsmanagement in Gesundheitseinrichtungen gesehen werden.

Gesundheitskompetenz und schriftliche Gesundheitsinformationen

Neben dem **Zugang** zu Gesundheitsinformationen für Patient*innen ist deren Verständlichkeit ein zentraler Faktor, der zum Beispiel mittels **„leichter Sprache"** oder **„einfacher Sprache"** in schriftlichen Gesundheitsinformationen erzielt werden kann.

Die Bewertbarkeit der Qualität von Gesundheitsinformationen wird den Nutzer*innen durch einfach anwendbare Bewertungsinstrumente erleichtert (siehe Abschn. 3.7.2, Instrumente zur Bewertung der Qualität von Informationsmaterialien). Durch eine ausgewogene und in verständlicher Weise präsentierte Darstellung von Schaden und Nutzen möglicher Interventionen wird es den Nutzer*innen erleichtert, gesundheitsbezogene Entscheidungen zu treffen, und durch die Anpassung der Informationen an eine Zielgruppe und an die konkreten Lebensumstände der Informationsempfänger*innen kann deren Anwendbarkeit und Umsetzung optimiert werden. Auch aktivierende Elemente wie Faktenboxen und Notizfelder können hilfreich sein. Außerdem ist es von Bedeutung, dass potenzielle Interessenskonflikte der Entwickler*innen von Gesundheitsinformationen dargestellt werden (siehe Abschn. 3.4, potenzielle Interessenskonflikte klären).

Es bedarf eines systematischen Abbaus von Barrieren und eines Aufbaus unterstützender Ressourcen für einen möglichst einfachen und anwendungszentrierten Zugang zu gesundheitsrelevanten Informationen. Dieser Zugang kann an unterschiedlichen Stellen im Gesundheitswesen verortet sein: in der primären Prävention, beispielsweise bereits in der Schule, durch Expert*innen mit ausgewählten guten und altersgerechten schriftlichen Gesundheitsinformationen (z. B. Broschüren, Folder, Hefte) oder über vertrauenswürdige Webseiten und Applikationen (Apps). Bei bereits erkrankten Menschen in der sekundären oder tertiären Prävention kann dies ebenfalls mittels vertrauenswürdiger Webseiten und Apps gelingen, sowie durch Gesundheitsdienstleister*innen, die im niedergelassenen Bereich und in Einrichtungen der Gesundheitsförderung, etwa Beratungsstellen, gute Gesundheitsinformationen verwenden und vermitteln. Hier sei zum Beispiel die EVI-Box (https://evi.at/die-evi-box/) zu nennen. Auch das Setting Krankenhaus, zum Beispiel im Rahmen einer Behandlung und Versorgung, bietet geeignete Gelegenheiten zum Einsatz guter Gesundheitsinformationen in der Patient*innen-Edukation. Diese sind von besonderer Bedeutung in der Aufklärung und Information vor medizinischen Eingriffen oder Behandlungen, in der Patient*innen-Edukation bei chronischen Erkrankungen, im Rahmen von Entlassungsgesprächen oder bei der Information von pflegenden Angehörigen.

Gesundheitskompetente Organisation

Da Gesundheitskompetenz, wie oben beschrieben, nicht nur eine Frage der persönlichen Kompetenzen ist und daher nicht nur auf der persönlichen Ebene eine Rolle spielt, sondern mehrere Komponenten beziehungsweise Ebenen umfasst, kommt Gesundheitseinrichtungen und -organisationen ein besonders hoher Stellenwert zu. Größere Einrichtungen erreichen mit guten Gesundheitsinformationen größere Gruppen von Menschen (auch jene mit geringer Gesundheitskompetenz) (Meggetto et al., 2018).

Es bedarf jedoch multipler Interventionen, um eine Verbesserung der **„Gesundheitskompetenzfreundlichkeit" von Gesundheitssystemen und -organisationen** zu erreichen. In Bezug auf gute Gesundheitsinformationen bedeutet dies, deren Verständlichkeit, Zugänglichkeit, Bewertbarkeit und Anwendbarkeit zu fördern und zu optimieren (Pelikan & Dietscher, 2015).

In den *Ten Attributes of Health Literate Health Care Organizations* von Brach et al. werden zehn Attribute von Gesundheitsorganisationen beschrieben, die es Betroffenen erleichtern, Informationen und Gesundheitsdienste zu finden, zu verstehen und zu nutzen (Brach, 2017; Brach et al., 2012). Aus diesem Konzept sind beispielsweise das *Vienna Concept of Health Literate Healthcare Organizations* (Dietscher & Pelikan, 2016) oder das *Organizational Health Literacy Responsiveness Framework (Org-HLR)* (Trezona et al., 2017) entstanden. Diese Konzepte sind relevant für alle Organisationen, die eine direkte Gesundheitsversorgung anbieten.

Das *Vienna Concept of Health Literate Healthcare Organizations* beispielsweise erweitert das Konzept von Brach et al. (2012) um die Berücksichtigung der Stakeholder sowie um Aspekte der Zielgruppe, der Gesundheitskompetenz, der Gesundheitsförderung und auch des Qualitätsmanagements. Weiters stellen die Entwickler*innen ein Selbstbewertungsinstrument für Krankenhäuser zur Verfügung (Dietscher et al., 2015) (siehe Tab. 2.1).

Entwickler*innen von guten Gesundheitsinformationen benötigen die Unterstützung des eigenen Unternehmens beziehungsweise der eigenen Organisation sowie eine Reihe spezifischer Kompetenzen, damit sie gute Gesundheitsinformationen erstellen, anwenden oder prüfen können, welche auf die Gesundheitskompetenz der Zielgruppe abgestimmt sind.

Weitere Informationen und Hilfestellungen finden Sie hier

- Österreichische Plattform für Gesundheitskompetenz: https://oepgk.at/gesundheitskompetenz-was-ist-das/
- Das Selbstbewertungsinstrument zum Wiener Konzept Gesundheitskompetenter Krankenbehandlungsorganisationen (WKGKKO-I): https://oepgk.at/wkgkko-1-selbstbewertungs-instrument/
- Methodenbox: Die gesundheitskompetente Sozialversicherung: https://www.sozialversicherung.at/cdscontent/load?contentid=10008.731981&version=1580910791
- EVI-Box: https://evi.at/die-evi-box/
- Deutsches Netzwerk für Gesundheitskompetenz: https://dngk.de/forschung-gesundheitskompetenz/

Tab. 2.1 Checkbox: Die 9 Standards des Wiener Konzepts Gesundheitskompetenter Kranken-behandlungsorganisationen

9 Standards	Beantwortung
1. Managementgrundsätze und Unternehmensstrukturen für Gesundheits-kompetenz etablieren	☐Ja ☐Nein
2. Materialien und Angebote partizipativ entwickeln und evaluieren	☐Ja ☐Nein
3. Mitarbeiter*innen für die gesundheitskompetente Kommunikation mit Patient*innen qualifizieren	☐Ja ☐Nein
4. Eine unterstützende physische Umwelt schaffen – Navigationshilfen	☐Ja ☐Nein
5. Mit Patient*innen gesundheitskompetent kommunizieren	☐Ja ☐Nein
6. Die Gesundheitskompetenz von Patient*innen und Angehörigen verbessern	☐Ja ☐Nein
7. Die Gesundheitskompetenz der Mitarbeiter*innen verbessern	☐Ja ☐Nein
8. Zur Gesundheitskompetenz in der Region beitragen	☐Ja ☐Nein
9. Dissemination und Vorbildwirkung	☐Ja ☐Nein

2.2   Qualitätskriterien für gute Gesundheitsinformationen

In diesem Abschnitt beantworten wir die Fragen

- Was beutet gute Gesundheitsinformation?
- Warum sind Qualitätskriterien für eine gute Gesundheitsinformation notwendig?
- Was sind die Patient*innen-Informations-Qualitäts-Kriterien (kurz PIQ-Kriterien)?
- Warum braucht es Mindestqualitätskriterien?

Schriftliche Gesundheitsinformationen gibt es in vielfältiger Form, zum Beispiel als Broschüren, Ratgeber, Informations- und Einverständniserklärungen für die Teilnahme an Studien *(Informed Consent Form),* Entlassungsbriefe, Informationsblätter, oder aber auch digital als Webseiten oder als mobile Anwendungen. Gesundheitsinformationen vermitteln Wissen und sollen im besten Fall auch helfen, eine informierte Entscheidung, zum Beispiel für oder gegen eine medizinische Behandlung, zu treffen.

Die gute Gesundheitsinformation

Gute Gesundheitsinformationen zeichnen sich durch **Evidenz, Transparenz,** sowie durch die **Beteiligung und Anpassung an die Zielgruppe** aus. Sie sind **geschlechtergerecht** und für Patient*innen und deren Angehörige gut **verständlich** formuliert. Gute Gesundheitsinformationen können in verschiedenen Formaten verbreitet werden. Sie sind in gedruckter Form erhältlich oder aber auch in digitaler Form als Web-seiten oder Apps (ÖPGK, 2019). Eine Sonderform stellen Audio- oder Videoaufnahmen dar. Damit Gesundheitsinformationen diesen oben genannten Qualitätsansprüchen gerecht werden, bedarf es festgelegter Qualitätskriterien. Erst durch die Einhaltung dieser werden Gesundheitsinformationen zu guten Gesundheitsinformationen. (Deutsches Netzwerk Evidenzbasierte Medizin, 2015).

Qualitätskriterien für die Prüfung und die Erstellung

Instrumente wie etwa Checklisten fassen Qualitätskriterien für gute Gesundheitsinformationen strukturiert zusammen. Mit diesen Checklisten ist es dann möglich, qualitativ hochwertige Gesundheitsinformationen zu identifizieren, sie kritisch zu bewerten oder aber auch selbst zu erstellen.

Im Zuge einer Literaturrecherche (April 2019 – Juni 2019) wurde nach Checklisten beziehungsweise Instrumenten zur **Bewertung und Erstellung** von Gesundheitsinformationen gesucht. Dabei konnten insgesamt 25 internationale und nationale Checklisten/Instrumente zur Bewertung von Gesundheitsinformationen identifiziert werden. Als wichtigste seien hier unter anderem die *„Gute Praxis Gesundheitsinformation"* (Deutsches Netzwerk Evidenzbasierte Medizin, 2016), die 15 Kriterien der *„Guten"* *Gesundheitsinformation Österreich* (ÖPGK, 2020; Shoemaker, 2014), *The Patient Education Materials Assessment Tool* (PEMAT) (Charnock et al., 1999; Shoemaker, 2014), *DISCERN* (Charnock et al., 1999; Moult et al., 2004), und *Ensuring Quality Information for Patients* (EQIP- Instrument) (Köpke et al., 2005) genannt.

Für zahlreiche dieser Instrumente gibt es vielversprechende Ergebnisse hinsichtlich ihrer Wirksamkeit sowie spezifische Einsatzgebiete (siehe Abschn. 3.7.2, Instrumente zur Bewertung der Qualität von Gesundheitsinformationsmaterialien).

Bei genauerer Betrachtung wurde festgestellt, dass dem einen oder anderen Instrument wichtige Aspekte fehlen. So wird häufig die Beteiligung der Zielgruppe nicht als Qualitätsmerkmal berücksichtigt, oder es fehlt der Aspekt der Geschlechtergerechtigkeit beziehungsweise der Zielgruppengerechtigkeit. Ein weiterer Kritikpunkt ist auch, dass manche Instrumente die Bewertung inhaltlicher Aspekte sowie die Darstellung dieser Inhalte weitgehend unberücksichtigt lassen, wie eine frühe Studie von Köpke et al. (2005) bereits feststellen konnte. Diese Instrumente vernachlässigen somit entscheidende Qualitätsaspekte einer evidenzbasierten Patient*innen-Information (Köpke et al., 2005).

Zudem zeigte sich, dass die in der Literatur und Praxis identifizierten Instrumente eher zur Überprüfung bereits vorhandener Gesundheitsinformationen gedacht sind und weniger als Unterstützung zur Erstellung einer hochwertigen Gesundheitsinformation.

So wurden in weiterer Folge die identifizierten Instrumente mit ihren einzelnen Kriterien/Prüfpunkten strukturiert und in einem mehrstufigen Reviewprozess thematisch zusammengeführt. Danach erfolgten die Zuordnung und Zusammenfassung der 388 einzelnen Items der 25 Instrumente zu den im Folgenden beschriebenen Hauptkriterien.

Der Fokus lag bei diesem Entwicklungsprozess darauf, eine Übersicht zu erstellen, die ein modernes Verständnis einer Patient*innen-Miteinbeziehung berücksichtigt und die **praktische Anwendung,** inklusive der Einbindung in ein vorhandenes Qualitätsmanagement- oder Wissensmanagementsystem, ermöglicht. So entstanden aus den 388 Items 21 Kriterien. Diese wurden einerseits den Bereichen „inhaltliche und formale

Aspekte" und „Angaben zu Metadaten", andererseits dem zusätzlichen Bereich „Qualitätskriterien bei Informationen zu Medizinprodukten/Therapien/Behandlungen" zugeordnet. Im Weiteren gibt es zusätzliche Items, die sich auf Entscheidungshilfen beziehen. Die so entstandenen Patient*innen-Informations-Qualitäts-Kriterien – kurz PIQ-Kriterien nach Hoffmann und Schwarz – dienen zur Unterstützung bei der Erstellung und auch zur Prüfung von Gesundheitsinformationen. Die Kriterien selbst sind bereits am LKH-Universitätsklinikum Graz (Österreich) zur Prüfung und Erstellung von guten Gesundheitsinformationen in Verwendung. Ein Beispiel einer Masterarbeit zum Thema „Qualitätssicherung von Patient*innen-Informationsbroschüren – Evaluierung von Ernährungsberatungsunterlagen ausgewählter Gesundheitseinrichtungen in der Steiermark" bietet die Abschlussarbeit (Master of Business Administration) von Brunner (2020) an der Medizinischen Universität Graz (Brunner, 2020). Dabei wurden Ernährungsbroschüren zum Thema Gicht mit unterschiedlichen Instrumenten auf ihre Qualität bewertet. Eine andere Masterarbeit an der FH Joanneum zum Thema Bedeutung von qualitätsvoller Gesundheitsinformation und guter Gesprächsqualität im Gesundheitswesen für die Stärkung der Gesundheitskompetenz in der österreichischen Bevölkerung verwendet ebenfalls die PIQ-Kriterien zur Bewertung von einer Broschüre zum Thema „allogene Stammzelltransplantation" (Stoisser, 2021). Die PIQ-Kriterien in Form eines Manuals sind auf der Homepage von ASQS (http://asqs.at/) zu finden (Tab. 2.2).

Mindestqualitätskriterien

In einem mehrstufigen Reviewprozess mit Expert*innen wurden Mindestqualitätskriterien (im Folgenden gekennzeichnet durch MQK) definiert. Diese Mindestqualitätskriterien bilden die grundlegende Basis für eine gute Gesundheitsinformation und sollen in jedem Fall berücksichtigt werden, unabhängig von der Art des betreffenden Informationsmaterials. In der folgenden Auflistung werden die Qualitätskriterien kurz beschrieben. Eine ausführliche Beschreibung folgt dann in den weiterführenden Kapiteln.

Hinweise und Erklärungen zu den einzelnen Qualitätskriterien

1. **Informative Einleitung inklusive Nennung des Ziels der Information und der Zielgruppe**[(MQK)]

   - Die Ziele von guten Gesundheitsinformationen sind sehr unterschiedlich. Gesundheitsinformationen sollen jedoch gleich von Beginn an über das Ziel informieren beziehungsweise aufzeigen, ob es sich um eine Information über Erkrankungen, Behandlungsmethoden, gesundheitsförderndes Verhalten oder über einen bestimmten Ablauf in einer Organisation handelt.
   - Ist die Zielgruppe von Beginn an klar benannt beziehungsweise schnell erkennbar? (Siehe Abschn. 3.6, Bestimmung von Ziel, Zweck und Zielgruppe)

Tab. 2.2 Checkbox: PIQ-Kriterien nach Hoffmann und Schwarz

Inhaltliche und formale Aspekte	Beantwortung
1. Informative Einleitung inklusive Nennung des Zieles der Information und der Zielgruppe	□ Nicht prüfbar
2. Aktuelle Forschungsevidenz ist Grundlage der Information, ausgenommen rein organisatorische Informationen (evidenzbasierte Leitlinien, systematische Übersichtsarbeiten) a. Unterschied zwischen Fakten und Empfehlungen ist erkennbar	□ Ja □ Nein □ Nicht relevant □ Nicht prüfbar
3. Anwender*innen/Nutzer*innen sind bei der Entwicklung miteinbezogen	□ Ja □ Nein □ Nicht prüfbar
4. An die Zielgruppe angepasste Sprache *(plain language)* a. Aktive Sprache, persönliche Ansprache, neutral b. Alltagssprache/keine Fachausdrücke/keine unerklärten Abkürzungen/ kurze Sätze c. Verständliche Darstellung von Häufigkeiten (natürliche Zahlen)	□ Ja □ Nein □ Nicht prüfbar
5. Geschlechtergerechte/neutrale Darstellung	□ Ja □ Nein □ Nicht prüfbar
6. Ansprechendes, klares, zielgruppenorientiertes Design (klare Struktur, ausreichend freie Flächen)	□ Ja □ Nein □ Nicht prüfbar
7. Verwendung von eindeutigen und relevanten Bildern, Tabellen und Grafiken – Bilder passend zum Inhalt	□ Ja □ Nein □ Nicht prüfbar
8. Aktivierende Elemente sind enthalten (zum Beispiel Fragen/Antwort-Formate, Checklisten, Möglichkeit der Personalisierung, konkrete Handlungsanleitungen) – die wichtigsten Informationen sind zusammengefasst beziehungsweise sind schnell zu erfassen	□ Ja □ Nein □ Nicht prüfbar
Angaben zu Metadaten	
9. Angaben, wo zugrundeliegende Evidenz und Quellen bezogen werden können	□ Ja □ Nein □ Nicht prüfbar
10. Angaben zu den Autor*innen	□ Ja □ Nein □ Nicht prüfbar
11. Offenlegung von potenziellen Interessenskonflikten (Werbung?)	□ Ja □ Nein □ Nicht prüfbar
12. Angabe über die Aktualität der Patient*innen-Information	□ Ja □ Nein □ Nicht prüfbar

(Fortsetzung)

Tab. 2.2 (Fortsetzung)

Inhaltliche und formale Aspekte	Beantwortung
13. Angabe zu zusätzlichen beziehungsweise weiterführenden Informationen	☐ Ja ☐ Nein ☐ Nicht prüfbar
14. Angabe, ob eine unabhängige Qualitätsprüfung stattgefunden hat- intern, extern mit Checkliste oder anhand eines Methodenpapiers	☐ Ja ☐ Nein ☐ Nicht prüfbar
Zusätzliche Qualitätskriterien bei Informationen zu Medizinprodukten/Therapien/Behandlungen	
15. Beschreibung der Wirkungsweise des Produkts oder des Therapie-/Behandlungsablaufs und deren Alternativen sowie möglicherweise bestehende Unsicherheiten hinsichtlich Auswirkungen	☐ Ja ☐ Nein ☐ Nicht prüfbar
16. Beschreibung des Nutzens und der unerwünschten Wirkungen/Risiken in ausgewogener Weise	☐ Ja ☐ Nein ☐ Nicht prüfbar
17. Darstellung des Verlaufs mit und ohne Behandlung oder Therapie	☐ Ja ☐ Nein ☐ Nicht prüfbar
18. Auswirkungen auf die Lebensqualität sind beschrieben	☐ Ja ☐ Nein ☐ Nicht prüfbar
19. Darstellung von möglichen Kosten/einer möglichen Kostenübernahme	☐ Ja ☐ Nein ☐ Nicht prüfbar
Zusätzliche Qualitätskriterien nur bei Entscheidungshilfen für Therapien und Behandlungsalternativen	
20. Beschreibung aller relevanten Handlungsoptionen, die ausreichend für den Erhalt oder die Verbesserung der Gesundheit sind	☐ Ja ☐ Nein ☐ Nicht prüfbar
21. Beinhaltet Methoden zur Klärung persönlicher Präferenzen und Werte	☐ Ja ☐ Nein ☐ Nicht prüfbar

2. **Aktuelle Forschungsevidenz ist Grundlage der Information, ausgenommen rein organisatorische Informationen (evidenzbasierte Leitlinien, systematische Übersichtsarbeiten)** (MQK)

   a. **Unterschied zwischen informativen Fakten und abgeleiteten Empfehlungen ist erkennbar**

- Die Grundlage evidenzbasierter Gesundheitsinformationen ist eine systematische Literaturrecherche.

- Welche Studientypen und welche Anzahl von Literaturquellen angemessen sind, hängt von der Fragestellung ab.
- Im Falle fehlender Evidenz in der Literatur sollte dies zum Ausdruck gebracht werden.
- Bei den dargestellten Ergebnissen ist ersichtlich, ob es sich um Ergebnisse aus evidenzbasierten Leitlinien, systematischen Übersichtsarbeiten oder um Expert*innenwissen beziehungsweise um rein organisatorische Informationen handelt.
  (Siehe Abschn. 3.7, Gute Gesundheitsinformationen finden und prüfen, sowie Abschn. 4.3, Darstellung der Evidenz, und Abschn. 4.2, Identifizierung und Auswahl aktueller wissenschaftlicher Literatur)

3. **Anwender*innen/Nutzer*innen wurden bei der Entwicklung miteinbezogen**
   - Gute Gesundheitsinformationen sind das Resultat eines die Nutzer*innen in die Entwicklung miteinbeziehenden Entwicklungsprozesses.
   - Viele Themen mögen zwar durchaus für alle Zielgruppen passend sein, jedoch bei spezifischen Fragestellungen trifft dies nicht immer zu. Die Berücksichtigung der jeweiligen Zielgruppe ist von zentraler Bedeutung, damit die erstellte Information für diese inhaltlich auch relevant ist.
     (Siehe Abschn. 4.1.2, Anwender*innen und Nutzer*innen miteinbeziehen)

4. **An die Zielgruppe angepasste Sprache (*plain language*)**
   a. **Aktivsätze, persönliche Ansprache, neutrale Formulierungen**
   b. **Alltagssprache, kein Fachjargon, keine unerklärten Abkürzungen, kurze Sätze**
   c **Verständliche Darstellung von Häufigkeiten (natürliche Zahlen)**
   - Gesundheitsinformationen sind oft sehr komplex und enthalten zahlreiche Fachausdrücke sowie Darstellungen. Es ist daher von besonderer Notwendigkeit, die verwendete Sprache an die Zielgruppe anzupassen. Dabei soll auf Verständlichkeit der Informationen geachtet werden und sprachliche Formulierungen an die Bedürfnisse und Kompetenzen der Zielgruppe angepasst werden.
   - Es ist auf die eingesetzten Formate zu achten (Text, Grafik, Comic/Cartoon, Audio, Video) sowie auf eine LEICHTE oder EINFACHE Sprache.
   - Beachten Sie, dass es sich bei der Zielgruppe zumeist um medizinische Laien handelt.
   - Häufigkeiten und Zahlen sollen ebenfalls für die Zielgruppe verständlich dargestellt werden.
     (Siehe Abschn. 4.4.1, Gesundheitsinformation in laienverständlicher Sprache)

5. **Geschlechtergerechte und neutrale Darstellung**[MQK]
   - Gute Gesundheitsinformationen enthalten Informationen, die sich auf alle Geschlechter beziehen, sofern alle Geschlechter betroffen sind. Auch weisen sie darauf hin, wenn Daten fehlen (etwa, wenn keine Studie zu den Auswirkungen einer bestimmten Behandlung auf Frauen gefunden werden konnte).

- Die Darstellung erfolgt neutral – einseitige, übertriebene oder ausgrenzende Darstellungen werden vermieden.

  (Siehe Abschn. 4.4.2, Zielgruppenorientiert und geschlechtergerecht informieren)

6. **Ansprechendes, klares, zielgruppenorientiertes Design (klare Struktur, ausreichend freie Flächen)**

- Das Design verwirrt nicht und lenkt nicht von wichtigen Inhalten ab.
- Es gibt beispielsweise Platz für ergänzende Notizen der Nutzer*innen.

  (Siehe Abschn. 4.5, Layout und Design)

7. **Verwendung von eindeutigen und relevanten Bildern, Tabellen und Grafiken – Bilder passend zum Inhalt**

- Es werden nur Bilder, Tabellen und Grafiken verwendet, die zum Inhalt passen.
- Auf stark übertriebene Darstellungen wird verzichtet.
- Es wird drauf geachtet, keine geschlechterstereotypen Abbildungen zu verwenden.

  (Siehe Abschn. 4.5.1, Verwendung von Bildern und Grafiken, und 4.5.2, Rechte und Pflichten bei der Nutzung fremden Bildmaterials)

8. **Integration aktivierende Elemente (z. B. Frage/Antwort-Formate, Checklisten, Personalisierungsmöglichkeiten, konkrete Handlungsanleitungen) – die wichtigsten Informationen sind zusammengefasst beziehungsweise sind schnell zu erfassen**

- Wichtige Informationen werden besonders hervorgehoben, der Aufbau ist logisch und die gesamte Gesundheitsinformation zeichnet sich durch eine klare und einheitliche Struktur aus.
- Den Nutzer*innen wird die Möglichkeit gegeben, die Gesundheitsinformation zu personalisieren, etwa durch Einfügen eines freien Namensfeldes.

  (Siehe Abschn. 4.4.4, Aktivierende Elemente – Techniken zur Motivation von Leser*innen)

9. **Auswahl und Angabe der zugrundeliegenden Evidenz und Quellen**

- Evidenzbasierten Gesundheitsinformationen enthalten stets Angaben zu den verwendeten Quellen oder Hinweises, wo die Quellen bezogen werden können. Die Quellen und Hinweise sind aufgrund der ihnen zugrundeliegenden Expertise (z. B. Institutionen, Fachgesellschaften, Expert*innen) vertrauenswürdig.
- Ferner ist die Angabe der Expert*innen von Bedeutung, welche die Empfehlung formuliert haben. Auch sonstige, in die Entwicklung der Gesundheitsinformation miteinbezogenen Quellen werden genannt, zum Beispiel das österreichische Rechtsinformationssystem des Bundes (RIS).

  (Siehe Abschn. 4.2: Identifizierung, Bewertung und Auswahl aktueller wissenschaftlicher Literatur)

10. **Angaben zu den Autor*innen** [MQK]

- Es ist wichtig, auch mitzuteilen, wer die betreffende Gesundheitsinformation verfasst hat. Daher müssen immer der*die Herausgeber*in beziehungsweise die einzelnen Autor*innen mit Namen, Beruf/Funktion/Abteilung oder

ein Impressum transparent angegeben werden. Es soll möglich sein, zu den Ersteller*innen Kontakt aufzunehmen.
(Siehe Abschn. 4.8, Angaben zu Metadaten)

11. **Offenlegung potenzieller Interessenskonflikten (Werbung?)** (MQK)
    - Es ist wichtig anzugeben, wer die guten Gesundheitsinformationen mit welchen Beweggründen verfasst hat beziehungsweise welche Interessen dahinterstehen. Wichtig ist, dass eine gute Gesundheitsinformation keine Werbung enthält.
    - Interessenskonflikte der Ersteller*innen können deren Urteilsvermögen in die eine oder andere Richtung beeinflussen. Daher sollten alle potenziellen Interessenskonflikte immer transparent angegeben werden. Das bedeutet, sollte beispielsweise ein Produkt für eine therapeutische Behandlung beschrieben werden, ist es essenziell, klar offenzulegen, ob der*die Verfasser*in mit der Firma, die das Produkt herstellt, in einer finanziellen oder anders gearteten Beziehung steht.
    (Siehe Abschn. 3.4, Potenzielle Interessenskonflikte klären)

12. **Angaben zur Aktualität der Patient*innen-Information** (MQK)
    - Wissen, und insbesondere evidenzbasierte Gesundheitsinformation, ist niemals statisch, sondern wächst oder erneuert sich sehr rasch. Daher sollen alle Gesundheitsinformationen Angaben über das Entstehungsdatum, die Version, das Nachdruckdatum und das Copyrightdatum enthalten sowie Evaluierungszeiträume angeben.
    (Siehe Abschn. 4.8, Angaben zu Metadaten)

13. **Angaben zu zusätzlichen beziehungsweise weiterführenden Informationen**
    - Ein weiteres Merkmal einer guten Gesundheitsinformation sind Hinweise bezüglich weiterführender Informationen. Das kann ein Literaturverweis, ein Hinweis auf eine Website oder auch die Nennung möglicher Ansprechpersonen sein.
    (Siehe Abschn. 4.8, Angaben zu Metadaten)

14. **Angabe, ob eine unabhängige Qualitätsprüfung durchgeführt wurde – intern, extern, anhand einer Checkliste oder eines Methodenpapiers**
    - Die Erstellung einer hochwertigen Gesundheitsinformation ist ein aufwendiger und komplexer Prozess. Durch die Anwendung von Checklisten oder eines Methodenpapiers wird die Erstellung sicherer und transparenter.
    - Um sicherzustellen, dass nicht etwa auf zentrale Qualitätsmerkmale vergessen wurde, sollte eine unabhängige interne oder externe Qualitätsprüfung erfolgen.
    (Siehe Abschn. 3.1, Methodenpapier in der Organisation)

15. **Beschreibung der Wirkungsweise eines Produkts oder Therapie-/Behandlungsablaufs und möglicher Alternativen sowie eventuell bestehender Unsicherheiten hinsichtlich Auswirkungen**
    - Gute Gesundheitsinformationen enthalten Angaben darüber, in welcher Weise ein Behandlungsverfahren beziehungsweise ein Produkt wirkt.
    - Stark übertriebene Angaben sind zu vermeiden.

- Angaben über eventuelle Unsicherheiten hinsichtlich Auswirkungen werden ebenso angeführt wie mögliche Alternativen.
  (Siehe Abschn. 4.3, Darstellung der Evidenz)

16. **Beschreibung des Nutzens und unerwünschter Wirkungen/Risiken in ausgewogener Weise**

- Bei der Beschreibung eines Behandlungsverfahrens/eines Produkts oder bei einer bestimmten Empfehlung zeichnet sich eine gute Gesundheitsinformation auch dadurch aus, dass neben der Wirkung auch auf mögliche Nebenwirkungen sowie Risiken hingewiesen wird. Es kann zum Beispiel darüber informiert werden, dass eine Behandlung in bestimmten Fällen bei einer bestimmten Anzahl an Personen ohne Wirkung bleibt.
  (Siehe Abschn. 4.4.3, Darstellung von Zahlen als Häufigkeiten und Risikomaße)

17. **Darstellung des Verlaufs mit und ohne Behandlung oder Therapie**

- Bei der Beschreibung eines Behandlungsverfahrens oder eines Produkts ist es für die Nutzer*innen auch wichtig zu erfahren, welcher Verlauf einer Erkrankung mit oder ohne Behandlung oder Verhaltensveränderung zu erwarten ist.
  (Siehe Abschn. 4.4.3, Darstellung von Zahlen als Häufigkeiten und Risikomaße)

18. **Beschreibung der Auswirkungen auf die Lebensqualität**

- Viele Behandlungsverfahren, Produkte oder Verhaltensveränderungen haben häufig massive Auswirkungen auf die persönliche Lebensqualität sowie auf die Beziehungen der Betroffenen zu anderen Menschen. Auf diese möglichen Auswirkungen sollte hingewiesen werden.
  (Siehe Abschn. 4.2, Identifizierung, Bewertung und Auswahl aktueller wissenschaftlicher Literatur)

19. **Darstellung möglicher Kosten bzw. einer möglichen Kostenübernahme**

- Viele Behandlungsverfahren, Produkte oder Verhaltensänderungen sind mit Kosten oder Folgekosten für die Betroffenen verbunden. Diese Kosten sind vollständig und klar zu benennen.
  (Siehe Abschn. 3.4, Potenzielle Interessenskonflikte klären)

20. **Beschreibung aller relevanten Handlungsoptionen, die für den Erhalt oder die Verbesserung der Gesundheit förderlich sind**

- Nicht jeder Mensch profitiert beziehungsweise profitiert gleichermaßen von einem bestimmten Behandlungsverfahren, einem Produkt oder einer Verhaltensänderung. Daher ist es von besonderer Bedeutung, alle relevanten Optionen aufzuzeigen, die zum Erhalt oder zur Verbesserung der Gesundheit beitragen können.
  (Siehe Abschn. 4.4.3, Darstellung von Zahlen als Häufigkeiten und Risikomaße).

21. **Berücksichtigung von Methoden zur Klärung persönlicher Präferenzen und Werte in Bezug auf Therapien und Behandlungsalternativen**

- Im Rahmen einer gemeinsamen Entscheidungsfindung (Shared Decision Making) werden Vorschläge für Behandlungsverfahren, Produkte oder Verhaltensänderungen gemeinsam mit Expert*innen besprochen und getroffen.

Möglicherweise werden auch andere Gesundheitsfachpersonen, Familienmitglieder oder Freunde miteinbezogen.

- Dabei werden Empfehlungen und Angebote auf Augenhöhe mit den Patient*innen realistisch, für die Patient*innen angemessen, laienverständlich und hinsichtlich all ihrer Vor- und Nachteile vollständig ausgetauscht. (Siehe Abschn. 4.6, Spezielle Anforderungen an Entscheidungshilfen)

Weitere Informationen und Hilfestellungen finden Sie hier
- PIQ-Kriterien nach Hoffmann und Schwarz: http://asqs.at/, Zugriff am 20.05.2021
- ÖPGK Factsheet: Gesundheitskompetenz in Organisationen verwirklichen: https://oepgk.at/wp-content/uploads/2019/06/factsheet.pdf
- ÖPGK Factsheet: Gute Gesundheitsinformation: https://oepgk.at/wp-content/uploads/2019/05/factsheet_gute_gesundheitsinformationen.pdf

Literatur

Brach, C. (2017). The journey to become a health literate organization: A snapshot of health system improvement. *Studies in Health Technology and Informatics*. https://doi.org/10.3233/978-1-61499-790-0-203.

Brach, C. et al. (2012). Ten attributes of health literate health care organizations. Participants in the workgroup on attributes of a health literate organization of the IOM Roundtable on health literacy. *NAM Perspectives*. https://doi.org/10.31478/201206a.

Bundesministerium für Gesundheit und Frauen (BMGF). (2017). Gesundheitsziele Österreich. Wien. https://gesundheitsziele-oesterreich.at/website2017/wp-content/uploads/2018/08/gz_langfassung_2018.pdf. Zugegriffen: 13. Jan. 2021.

Brunner A., (2020). Qualitätssicherung von Patient*innen-Informationsbroschüren – Evaluierung von Ernährungsberatungsunterlagen ausgewählter Gesundheitseinrichtungen in der Steiermark, MedUni Graz. https://online.medunigraz.at/mug_online/wbAbs.showMaskAbsListe?pOrgNr=1&pAutorNr=&pTyp=B&pAbsTyp=DIPLARB&pPageNr=1&pSort. Zugegriffen: 27. Dez. 2020.

Charnock, D., Shepperd, S., Needham, G., & Gann, R. (1999). DISCERN: An instrument for judging the quality of written consumer health information on treatment choices. *Journal of Epidemiology and Community Health*. https://doi.org/10.1136/jech.53.2.105.

Deutsches Netzwerk Evidenzbasierte Medizin. (2015). Gute Praxis Gesundheitsinformation. Berlin. http://www.ebm-netzwerk.de/gpgi. Zugegriffen: 29. Dez. 2020.

Dietscher, C., & Pelikan, J. (2016). Health-literate healthcare organizations: Feasibility study of organizational self-assessment with the Vienna tool in Austrian hospitals. *Prävention und Gesundheitsförderung*. https://doi.org/10.1007/s11553-015-0523-0.

Hoffmann, M., & Schwarz, C. (2021). Qualitätskriterien für gute Gesundheitsinformationen (PIQ-Kriterien) nach Hoffmann und Schwarz. http://asqs.at/. Zugegriffen: 20. Mai. 2021.

Köpke, S., Berger, B., Steckelberg, A., & Meyer, G. (2005). Evaluation tools for patient information commonly used in Germany – A critical analysis. *Zeitschrift für Ärztliche Fortbildung und Qualitätssicherung., 99*(6), 353–357.

Meggetto, E., Ward, B., & Isaacs, A. (2018). What's in a name? An overview of organisational health literacy terminology. *Australian Health Review, 42*, 21–30.

Moult, B., Franck, L. S., & Brady, H. (2004). Ensuring quality information for patients: Development and preliminary validation of a new instrument to improve the quality of written health care information. *Health Expectations*, 7(2), 165–75.

Nutbeam, D. (2000). Health literacy as a public health goal: A challenge for contemporary health education and communication strategies into the 21st century. *Health Promotion International*. https://doi.org/10.1093/heapro/15.3.259.

Pelikan, J. M., & Dietscher, C. (2015). Why should and how can hospitals improve their organizational health literacy? *Bundesgesundheitsblatt – Gesundheitsforschung – Gesundheitsschutz, 58*, 989–995. https://doi.org/10.1007/s00103-015-2206-6.

ÖPGK. (2019). Gute Gesundheitsinformation. ÖPGK-Factsheet, Version 04/2019. Wien. https://oepgk.at/wp-content/uploads/2019/05/factsheet_gute_gesundheitsinformationen.pdf. Zugegriffen: 13. Jan. 2021.

ÖPGK. (2020). Überblick über die 15 Qualitätskriterien für zielgruppenorientierte, evidenzbasierte Broschüren, Videos, Websites und Apps. Wien, Graz: BMSGPK, Frauengesundheitszentrum, ÖPGK, 4. Auflage. Basiert auf der Guten Praxis Gesundheitsinformation des Deutschen Netzwerks für Evidenzbasierte Medizin. https://oepgk.at/wp-content/uploads/2020/12/2020_11_18_fuenfzehn-qualitaetskriterien.pdf. Zugegriffen: 13. Jan. 2021.

Shoemaker, S. J. (2014). The Patient Education Materials Assessment Tool (PEMAT) and user's guide. AHRQ Publ. [Internet] https://www.ahrq.gov/sites/default/files/publications2/files/pemat_guide_0.pdf. Zugegriffen: 06. Okt. 2021.

Sørensen, K., et al. (2012). Health literacy and public health: A systematic review and integration of definitions and models. *BMC Public Health*. https://doi.org/10.1186/1471-2458-12-80.

Sorensen, K., et al. (2015). Health literacy in Europe: Comparative results of the European health literacy survey (HLS-EU). *The European Journal of Public Health, 25*, 1–6.

Trezona, A., Dodson, S., & Osborne, R. H. (2017). Development of the organisational health literacy responsiveness (Org-HLR) framework in collaboration with health and social services professionals. *BMC Health Services Research*. https://doi.org/10.1186/s12913-017-2465-z.

Vorbereitung – Vorgehen und Instrumente für die Erstellung von Gesundheitsinformationen

3

Magdalena Hoffmann, Christine Maria Schwarz, Felice Gallé, Daniela Schoberer, Eva Jabinger, Claudia Voithofer und Gerald Sendlhofer

M. Hoffmann (✉) · C. M. Schwarz
Medizinische Universität Graz, Graz, Österreich
E-Mail: magdalena.hoffmann@medunigraz.at

C. M. Schwarz
E-Mail: christine.schwarz@medunigraz.at

F. Gallé
Frauengesundheitszentrum, Graz, Österreich
E-Mail: felice.galle@fgz.co.at

D. Schoberer · C. Voithofer
Medizinische Universität Graz/Institut für Pflegewissenschaft, Graz, Österreich
E-Mail: daniela.schoberer@medunigraz.at

C. Voithofer
E-Mail: claudia.voithofer@stud.medunigraz.at

E. Jabinger
Fachhochschule Gesundheit (fhg) – Zentrum für Gesundheitsberufe Tirol GmbH, Innsbruck, Österreich
E-Mail: eva.jabinger@fhg-tirol.ac.at

G. Sendlhofer
LKH-Univ. Klinikum Graz, Graz, Österreich
E-Mail: gerald.sendlhofer@uniklinikum.kages.at

Inhaltsverzeichnis

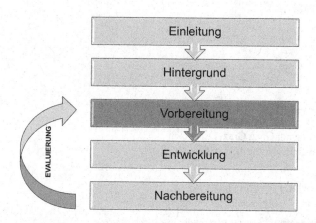

Das folgende Kapitel beschäftigt sich damit, welche Schritte beziehungsweise Entscheidungen bei der Entwicklung einer Gesundheitsinformation bereits zu Projektbeginn bzw. im Anfangsstadium besprochen und festgelegt werden sollen. Insbesondere in größeren Unternehmen mit unterschiedlichen Interessen und Berufsgruppen ist ein sachlicher, konstruktiver und effektiver Abstimmungsprozess von besonderer Bedeutung. Eine wertvolle Hilfestellung für eine unternehmensweite Abstimmung bietet dabei ein sogenanntes Methodenpapier. Es dient einer Organisation zur grundsätzlichen Auseinandersetzung damit, wie gute Gesundheitsinformationen erstellt werden und welche Qualitätskriterien umgesetzt werden können und sollen. Dabei verfolgt das Methodenpapier zwei wichtige Ziele, nämlich nachhaltige Qualitätssicherung und Transparenz.

Wurde in der Organisation festgelegt, welche Qualitätskriterien umgesetzt werden können, ist es von entscheidender Bedeutung, das Ziel und den Zweck jeder einzelnen Gesundheitsinformation zu definieren. Dabei wird unterschieden, um welche Art der Information es sich handeln soll und auch für welche Zielgruppe sie gedacht ist.

In der Folge sind die Inhalte für die Gesundheitsinformation zu erstellen. Stehen bereits vorhandene Inhalte für die Gesundheitsinformation zur Verfügung, müssen diese mit entsprechenden Instrumenten auf deren Güte und Nützlichkeit bewertet werden. Dabei stellt sich die Frage nach den personellen Ressourcen und Kompetenzen der Prüfer*innen beziehungsweise der Entwickler*innen im Unternehmen. Was dies betrifft, so ist die Verantwortung der einzelnen Prüfer*innen beziehungsweise der Entwickler*innen und der Führung eines Unternehmens gefragt. Die Frage nach der Einschätzung der Kompetenzen und der notwendigen Ressourcen muss vorab geklärt werden; zusätzlich sind die zu erwartenden Kosten für die Erstellung und Dissemination der Gesundheitsinformation sowie mögliche Interessenskonflikte zu klären.

3.1   Methodenpapier in der Organisation

In diesem Abschnitt beantworten wir die Fragen

- Was ist ein Methodenpapier?
- Was ist der Wert eines Methodenpapiers?
- Wie findet ein Methodenpapier in einer Organisation Anwendung?

Patient*innen, Konsument*innen und Bürger*innen haben ein Recht auf evidenzbasierte Gesundheitsinformationen mit Qualität. Alle, die Gesundheitsinformationen verfassen, herausgeben, finanzieren und verbreiten, sind daher aufgerufen, die Qualität und Nützlichkeit von Merkblättern, Faltprospekten, Websites, Videos und Apps zu sichern. Organisationen können damit ihre Glaubwürdigkeit steigern, sehen sich dabei aber auch Herausforderungen gegenüber. Unterstützung bieten die deutsche *Gute Praxis Gesundheitsinformation* und die *Gute Gesundheitsinformation Österreich*. Diese Leitfäden definieren Qualitätskriterien und beschreiben einen Weg zur Qualitätssicherung: In einem Methodenpapier beschreibt eine Organisation, wie sie jedes einzelne Qualitätskriterium in ihren Informationen umgesetzt hat. Organisationsintern ermöglicht dieser Prozess eine gelungene Entwicklung. Nach außen schafft die Organisation mit ihrem Methodenpapier Transparenz und setzt ein Zeichen für eine Selbstverpflichtung zur Qualität.

Was ist ein Methodenpapier?
Das Deutsche Netzwerk Evidenzbasierte Medizin hat mit der *Guten Praxis Gesundheitsinformation* (seit 2009 mehrfach aktualisiert) Anforderungen an die Qualität von Gesundheitsinformationen formuliert und ein wertvolles Hilfsmittel für Verfasser*innen und Herausgeber*innen veröffentlicht. Ziel war und ist, *„dass eine möglichst breite Gruppe von Erstellern die Anforderungen der Guten Praxis umsetzt und sich durch Unterzeichnung der Guten Praxis selbst dazu verpflichtet"* (Deutsches Netzwerk Evidenzbasierte Medizin, 2016). Sichtbares und nachvollziehbares Zeichen

dafür ist die Veröffentlichung eines Methodenpapiers, in dem die Ersteller*innen und Herausgeber*innen beschreiben, wie sie die Qualitätskriterien der *Guten Praxis* für ihre Gesundheitsinformationen umsetzen. Diese Qualitätskriterien beziehen sich auf die Bereiche Recherche, Sprache und Bild, Darstellung von Zahlen, Umgang mit Empfehlungen, Einbezug der Zielgruppe(n) sowie Transparenz.

Basierend auf dieser wichtigen Vorlage, erstellte und publizierte die Österreichische Plattform Gesundheitskompetenz (ÖPGK) gemeinsam mit dem Bundesministerium für Gesundheit in Zusammenarbeit mit dem Frauengesundheitszentrum 2017 die *Gute Gesundheitsinformation Österreich* (ÖPGK, 2018a, b). Auch die ÖPGK bietet somit allen Unterstützung, die Informationen zu Gesundheit und Krankheiten herausgeben, finanzieren, verfassen und verbreiten.

In Abstimmung mit dem deutschen EbM-Netzwerk passte das österreichische Redaktionsteam die Inhalte an die österreichische Gesetzeslage an und verstärkte den Aspekt Gendergerechtigkeit. Als Teil dieses Prozesses wurden rund 30 Expert*innen auch zu einer Strategie für die Verbreitung Inhalte befragt. Auf Basis der erhaltenen Rückmeldungen und der Überlegungen in der *Arbeitsgruppe Gute Gesundheitsinformation* der ÖPGK wurden zwei Schienen und damit Produkte realisiert (Abb. 3.1).

Die **Übersicht über die 15 Qualitätskriterien** (ÖPGK, 2018b; diese entsprechen den 16 Kriterien der deutschen *Guten Praxis Gesundheitsinformation*) behandelt:

- Grundlagen, wie etwa Bedürfnisse der Zielgruppe, Recherche und Qualität der Evidenz,
- die Auswahl und Darstellung der Fakten und
- die Glaubwürdigkeit der Gesundheitsinformation.

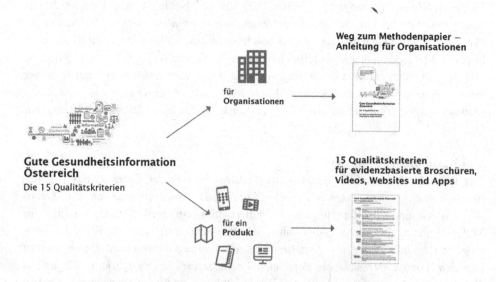

Abb. 3.1 Gesundheitsinformation Österreich, © Frauengesundheitszentrum

Sie unterstützt bei der Erstellung einer zielgruppenorientierten, evidenzbasierten, geschlechtergerechten Gesundheitsinformation, etwa einer Broschüre, einer App, einem Video oder einem Website-Text.

Ein **Methodenpapier** hingegen dient einer Organisation zur grundsätzlichen Auseinandersetzung damit, wie sie ihre Gesundheitsinformationen erstellt und die entsprechenden Qualitätskriterien umsetzt. Dabei ist ein Methodenpapier mehr als lediglich die Niederschrift eines internen Prozesses: Es ist zur Veröffentlichung auf der Organisations-Website und zum Auflegen für Nutzer*innen gedacht, zumal ein Methodenpapier zwei wichtigen Zielen dient:

- nachhaltige Qualitätssicherung und
- Transparenz.

Welche Vorteile bringt ein Methodenpapier der Organisation, welche den Nutzer*innen?

Gute Gesundheitsinformation erfüllt aus ethischer wie rechtlicher Sicht eine wichtige Funktion (ÖPGK, 2019a). Patient*innen sowie Nutzer*innen von präventiven und gesundheitsförderlichen Angeboten des Gesundheitswesens brauchen umfassende, verständliche, geschlechtergerechte, unabhängige, dem aktuellen medizinischen Wissensstand entsprechende – also evidenzbasierte – Informationen zu Gesundheit und Krankheiten. Solche Informationen sind rar! Häufiger sind hingegen schlecht verständliche, verzerrende oder falsche – und damit gesundheitsgefährdende – Informationen (Horvath et al., 2017; Kerschner et al., 2015).

Durch ein Methodenpapier erhalten Nutzer*innen Orientierung im Informationsdschungel. Die Selbstverpflichtung, die eine Organisation mit einem Methodenpapier eingeht, führt zu Gesundheitsinformationen, die verlässlich als Grundlage für eine selbstbestimmte informierte Entscheidung dienen können.

Das Frauengesundheitszentrum in Graz formuliert es in der Einleitung zu seinem Methodenpapier beispielsweise so: *„Liebe Leserin, das Frauengesundheitszentrum stellt Informationen zu Frauen- und Mädchengesundheit zur Verfügung. Hier erfahren Sie, wie wir sicherstellen, dass Sie sich auf diese Informationen verlassen können."* (Frauengesundheitszentrum, 2018).

Indem eine Organisation durch ein Methodenpapier Sicherheit bietet, erfüllt sie höhere Ansprüche, gewinnt an Glaubwürdigkeit und hebt sich von anderen Anbieter*innen ab. Ein Methodenpapier zu erstellen ist ein Organisationsentwicklungsprozess, eine Gelegenheit zu lernen und ein Schritt zu weiterer Professionalisierung.

Der Weg zum Methodenpapier

Mit der deutschen *Guten Praxis Gesundheitsinformation* (Deutsches Netzwerk Evidenzbasierte Medizin, 2016) sowie dem österreichischen Pendant *Gute Gesundheitsinformation Österreich. Die 15 Qualitätskriterien. Der Weg zum Methodenpapier* (ÖPGK, 2018a) halten Entschlossene eine praktikable Anleitung in Händen.

Sie gibt eine Definition von guter Gesundheitsinformation und beschreibt deren Abgrenzung von Erfahrungsberichten sowie offener und versteckter Werbung. Jedes einzelne Qualitätskriterium, *von 1. Identifizieren besonderer Informationsbedürfnisse* bis *15. Aktualisierung der Inhalte,* wird erläutert und mit Evidenz hinterlegt. Am Ende jeder Erläuterung fasst ein Satz zusammen, was das Methodenpapier beschreiben muss. So heißt es etwa zu *7. Berücksichtigung von Alters- und Geschlechterunterschieden* abschließend: „*Das Methodenpapier beschreibt, wie Alter und Geschlecht in den Zielen, der Fragestellung, der Suchstrategie, der Auswahl der Studien, ihrer Analyse und Auswertung berücksichtigt werden*" (ÖPGK, 2018a). So angeleitet, kann sich eine Organisation Schritt für Schritt damit auseinandersetzen, wie sie ihre Gesundheitsinformationen erstellt – gemäß ihren eigenen Zielen, für ihre Zielgruppen, mit ihren Ressourcen. Die Verschriftlichung zwingt, konkret zu werden und sichert Nachhaltigkeit und Transparenz.

Noch vor dem Schreiben des Methodenpapiers braucht es allerdings **gute Rahmenbedingungen.** Wichtigste Voraussetzung für den Erfolg ist ein klarer Auftrag der Geschäftsführung beziehungsweise der Leitung der Organisation. Von diesem Kommittment hängt es ab, ob genügend Ressourcen für die Erarbeitung des Methodenpapiers zur Verfügung gestellt werden. Es ist außerdem Aufgabe der Leitung, eine oder mehrere verantwortliche Personen zu bestimmen und mit entsprechenden Kompetenzen auszustatten (siehe Abschn. 3.3, Entwickler*innen-Team formieren).

Entscheidend für den Erfolg ist jedoch, ob nur Bestätigung gesucht wird oder ein ehrlicher Blick auf den Ist-Zustand geworfen werden kann, der echte Weiterentwicklung und Qualitätssteigerung erst möglich macht.

Idealerweise wird das Methodenpapier von Anfang an als Teil eines bestehenden Qualitätsmanagements oder Organisationsentwicklungsprozesses definiert und verankert (siehe Abschn. 5.1, Qualitätsmanagement). So kann die Erarbeitung etwa Teil der Entwicklung zu einer gesundheitskompetenten Organisation sein (ÖPGK, 2019b) (siehe Abschn. 2.1, Gesundheitskompetenz und gesundheitskompetente Organisation). Gebrauch und Aktualisierung lassen sich mittels eines Qualitätshandbuchs und im Rahmen von (Re-) Zertifizierungsprozessen regeln. (Eine eigene Zertifizierung im Zusammenhang mit der *Guten Gesundheitsinformation Österreich* wird von der ÖPGK überlegt, ist zum Zeitpunkt des Entstehens dieses Beitrags aber noch nicht entschieden.) Eine solche Verankerung sichert, dass das Methodenpapier nicht für die Schublade geschrieben, sondern gelebt und weiterentwickelt wird.

Umgang mit Herausforderungen und Gewinn – Erfahrungen aus der Praxis
Die Entscheidung für ein Methodenpapier kann von Zweifeln und Befürchtungen begleitet sein. Deshalb ist es sehr sinnvoll, nicht nur die Anleitung zu nutzen, sondern sich auch einen Überblick über bereits bestehende Methodenpapiere (siehe *Weitere Informationen und Hilfestellungen* am Ende dieses Abschnittes) und die *Leitlinie*

Evidenzbasierte Gesundheitsinformation (Lühnen et al., 2017) zu verschaffen. Das zeigt nicht nur, wieviel handlungsleitendes Wissen bereits vorhanden ist, es macht auch deutlich, dass Methodenpapiere so unterschiedlich sind wie die Organisationen, die sie verfassen. Denn es geht weder um einen Test, den man besteht oder nicht besteht, noch um ein Schema, in das alle gepresst werden sollen. Vielmehr geht es immer darum, den **eigenen Umgang zu reflektieren** und festzuhalten: So erreichen wir unsere Zielgruppen, so erstellen wir Informationen und so sichern wir deren Qualität.

Daher sind Methodenpapiere auch für Organisationen, die in der Prävention oder Gesundheitsförderung arbeiten, möglich und sinnvoll. Es ist auch keineswegs Voraussetzung, dass eine Organisation selbst wissenschaftlich arbeitet. Ebenso legitim ist es darzulegen, woher man Wissen bezieht, wessen Informationen man verbreitet und nach welchen Kriterien man diese auswählt (siehe Abschn. 3.7.1, Qualitativ hochwertige Gesundheitsinformationen finden).

Gibt es im eigenen Fachbereich oder für die eigene Zielgruppe (noch) wenig Evidenz, stellt dies ebenfalls keinen Hindernisgrund dar. Vielmehr geht es darum offenzulegen, wenn Daten fehlen. Das Frauengesundheitszentrum hält dazu in seinem Methodenpapier fest:

> *„Gibt es keine geschlechterspezifischen Daten, keine Daten zu Alter und sozialen Faktoren, weisen wir darauf hin. Unser Ziel ist, damit auch auf den Handlungsbedarf aufmerksam zu machen, geschlechter- und altersspezifische Daten sowie Daten zu sozialen Einflussfaktoren zu erheben und auszuwerten"* (Frauengesundheitszentrum, 2018).

Weitere mögliche Vorbehalte sind: Wer sich durch ein Methodenpapier zur Umsetzung von Qualitätskriterien verpflichtet, könne in Zukunft nur noch hochschwellige Produkte erstellen und vervielfache seinen Aufwand.

Tatsache ist, dass evidenzbasierte Gesundheitsinformationen gesicherte Fakten vermitteln müssen. Es ist im Rahmen der Kriterien der *Guten Gesundheitsinformation Österreich* (speziell *10. Bewertungen und Empfehlungen*) trotzdem möglich, auch Erfahrungswissen zu teilen und Empfehlungen auszusprechen, vorausgesetzt, sie sind klar als solche ausgewiesen und von den als Grundinformation gedachten Fakten getrennt.

Mit welchen sprachlichen und grafischen Mitteln nachgewiesenermaßen verständliche und ansprechende Gesundheitsinformationen erstellt werden können, zeigt die *Leitlinie evidenzbasierte Gesundheitsinformation* (Lühnen et al., 2017). Diese Leitlinie gibt nicht nur Auskunft, ob Balken- oder Tortendiagramme verständlicher beziehungsweise attraktiver sind. Sie widmet sich ebenso der Einbeziehung der Zielgruppe in den Erstellungsprozess einer Gesundheitsinformation und damit einem Kernthema der *Guten Gesundheitsinformation Österreich* und der deutschen *Guten Praxis Gesundheitsinformation*. So stellt auch das Institut für Qualität und Wirtschaftlichkeit im Gesundheitswesen (IQWiG) fest:

„Es gibt Hinweise darauf, dass die Beteiligung von Betroffenen an der Erstellung von Gesundheitsinformationen deren Relevanz steigern kann [...]. Die Orientierung an der Sichtweise und an den Informationsbedürfnissen der Bürgerinnen und Bürger zählt zu den Anforderungen an evidenzbasierte Gesundheitsinformationen [...] und ist ein zentraler Bestandteil bei der Erstellung von Gesundheitsinformationen" (IQWiG, 2019)

(siehe Abschn. 3.6, Bestimmung von Ziel, Zweck und Zielgruppe). Neben der Evidenz, die dafürspricht, die Zielgruppe von der Entwicklung bis zur Evaluation zu beteiligen, um verständliche, nützliche und ansprechende Informationen zu erstellen, gibt es auch einen ethischen Anspruch auf Partizipation. Insgesamt zeigt sich: Fokusgruppen, Leser*innen-Beiräte und andere Formen der Zielgruppenpartizipation bedeuten Aufwand – Aufwand, der sich lohnt und angemessen ist.

Eine einfache Lösung gibt es für die Sorge, man müsse sofort alle Informationen umschreiben, die bereits vor der Selbstverpflichtung erstellt wurden. Das Methodenpapier des *Öffentlichen Gesundheitsportals Österreichs* beschreibt dazu ein praktikables Vorgehen: *„Ab dem Datum der Veröffentlichung des Methodenpapiers werden die Methoden und Prozesse bei der Erstellung neuer oder der Aktualisierung bestehender Inhalte angewandt"* (Soyel et al., 2019). Dies verdeutlicht, dass ein Methodenpapier weder große Probleme verursacht, noch alle Probleme löst. Vielmehr ist es ein Kompass auf dem Weg zu besseren Gesundheitsinformationen und damit ein wertvolles Werkzeug für alle Organisationen, die ihre Glaubwürdigkeit steigern, ihre Qualität sichern und Teil eines Kulturwandels sein wollen.

Es empfiehlt sich, die Punkte in Tab. 3.1 vor dem Schreiben eines Methodenpapiers zu klären.

Tab. 3.1 Checkbox: Der Weg zum Methodenpapier

Fragestellung	Beantwortung
Kommittment der Geschäftsführung?	☐Ja ☐Nein
Zuständige Person(en), Kompetenzen und Ressourcen sind geklärt?	☐Ja ☐Nein
Wille zu ehrlicher Auseinandersetzung über Ist-Zustand und Ziel ist in der Organisation vorhanden?	☐Ja ☐Nein
Andocken an Qualitätsmanagement und/oder Organisationsentwicklungsprozess ist möglich?	☐Ja ☐Nein
Für wen soll das Methodenpapier verfasst werden?	☐Ja ☐Nein
Überblick über die Qualitätskriterien und bisher veröffentlichte Methodenpapiere ist gegeben?	☐Ja ☐Nein
Bereitschaft, Vorbild und „Changemaker" zu sein, ist vorhanden?	☐Ja ☐Nein

Weitere Informationen und Hilfestellungen finden Sie hier

Für den eigenen Weg zu Gesundheitsinformationen mit Qualität kann man sich Unterstützung bei der Österreichischen Plattform für Gesundheitskompetenz beziehungsweise dem Deutschen Netzwerk evidenzbasierte Medizin holen. Diese können auch mit weiteren Organisationen vernetzen, die bereits ein Methodenpapier erstellt haben oder ebenfalls gerade daran arbeiten (Tab. 3.2).

Eine ausführliche Liste für **Deutschland** ist unter: https://www.ebm-netzwerk. de/de/medien/pdf/gpgi_2_unterzeichner.pdf zu finden.

Tab. 3.2 Beispiele für bereits veröffentliche Methodenpapiere in Österreich

Organisation	Auffindbar unter
Arbeitskreis Frauengesundheit (AKF)	https://www.arbeitskreis-frauengesundheit.de/wp-content/uploads/2018/05/AKF-Methoden-papier.pdf
Deutsches Netzwerk evidenzbasierte Medizin (EbM-Netzwerk)	https://www.ebm-netzwerk.de/de/veroeffentlichungen/weitere-publikationen (Gute Praxis Gesundheitsinformation und Liste der Unterstützer*innen mit Links zu Methoden-papieren)
Donau-Universität Krems/Medizin-transparent	https://www.medizin-transparent.at/ueber/so-arbeiten-wir/
Frauengesundheitszentrum	http://www.frauengesundheits-zentrum.eu/qualitaeskriterien-die-gute-gesundheitsinformation-oesterreich/
Institut für Qualität und Wirtschaftlichkeit im Gesundheitswesen (IQWiG)/gesundheits-information.de	https://www.iqwig.de/ueber-uns/methoden/methodenpapier/ (Kapitel 7, Evidenzbasierte Gesundheitsinformation für Bürgerinnen und Bürger)
Öffentliches Gesundheitsportal Österreich/gesundheit.gv.at	https://www.gesundheit.gv.at/r/ueber-uns/qualitaetskriterien/20190529_Erstellung_von_Gesundheitsinformationen_Methoden.pdf?ps9nf5
Styria Vitalis	https://styriavitalis.at/methodenreport/
Österreichische Plattform Gesundheits-kompetenz (ÖPGK)	https://oepgk.at/gute-gesundheitsinformation-oesterreich/ (Gute Gesundheitsinformation Österreich – 15 Qualitätskriterien, Informationen und Unterstützung)

3.2 Bedarf in der Organisation feststellen

In diesem Abschnitt beantworten wir die Fragen

- Warum braucht es eine Analyse der eigenen Arbeitsschwerpunkte in der Organisation?
- Warum sind Rückmeldungen aus der Organisation zur Bedarfserhebung wichtig?
- Warum sollen gesetzliche Anforderungen und Stakeholder-Interessen berücksichtigt werden?

Ein Bedarf an guten Gesundheitsinformationen oder anderen organisatorischen Informationen kann sich auf unterschiedliche Art und Weise offenbaren. Zum einen kann dieser Bedarf von Mitarbeiter*innen aus einer Organisation selbst aufgezeigt werden, und zum anderen kann dieser durch Patient*innen, Selbsthilfegruppen oder andere Stakeholder (z. B. Leitung der Einrichtung) sowie durch Anregungen von außen an die Organisation herangetragen werden. Abgesehen von gesetzlichen Anforderungen bezüglich Patient*innen-Information werden im Rahmen des Qualitätsmanagements auch anlässlich von Zertifizierungen von Organisationseinheiten häufig Informationen für Patient*innen gefordert.

Bedarf feststellen

Der Bedarf an einer sorgfältig erstellten, wissensbasierten Gesundheitsinformation kann auf viele Arten festgestellt werden. So wird in diesem Kapitel zwischen dem Bedarf von Betroffenen, zumeist medizinischen Laien oder Mitarbeiter*innen, dem Bedarf einer Organisation inklusive Zertifizierungsvorgaben oder dem Bedarf aufgrund von Beschwerden, Anregungen oder gesetzlichen Vorgaben unterschieden.

Durch Befragungen, die von Gesundheitseinrichtungen regelmäßig durchgeführt werden, haben Patient*innen sowie deren Angehörige die Möglichkeit, ihren Eindruck über die jeweilige Organisation wie auch über die Behandlungsqualität wiederzugeben. Zusätzlich können aus Fokusgruppen, die von einer Gesundheitseinrichtung unter Mitwirkung von Patient*innen organisiert werden, Erfahrungen zu spezifischen Themengebieten gesammelt werden. Weitere Möglichkeiten, wie eine Gesundheitseinrichtung zu Feedback gelangen kann, sind Rückmeldungen in Form einer mündlichen oder schriftlichen Anregung, einer Beschwerde oder als Folge eines eingetretenen Schadenfalls. Diese werden in der jeweiligen Gesundheitseinrichtung gemäß ihrer internen Prozessvorgaben bearbeitet.

Als eine weitere wichtige Quelle für die Implementierung gut verständlicher Gesundheitsinformationen sind die **Mitarbeiter*innen** anzuführen. Vor allem die Ärzteschaft, Pflegefachkräfte und Mitarbeiter*innen der medizinisch-technischen-Dienste wissen durch die direkte Kommunikation mit den Patient*innen und deren Angehörigen, wo welcher Bedarf an Gesundheitsinformation besteht. Häufig gibt es **wiederkehrende**

Themen, die, wenn sie entsprechend schriftlich aufbereitet werden, die Angehörigen der Gesundheitsberufe wie auch die Nutzer*innen zweckdienlich unterstützen.

Um diese wertvollen Hinweisquellen auch optimal nutzen zu können, ist es essenziell, dass die Mitarbeiter*innen auch Bescheid wissen, wie und wohin sie einen solchen Bedarf melden können, damit dieser zu einer entsprechenden Umsetzung gelangen kann. Es empfiehlt sich daher, dass die Rückmeldungen aus Befragungen, Anregungen, Beschwerden oder Schadenfällen, ebenso wie Hinweise der Mitarbeiter*innen, an eine **zentrale Stelle** gemeldet oder weitergeleitet werden, die sich unter anderem mit der Erarbeitung von Gesundheitsinformationen befasst. Dies könnte beispielsweise eine Abteilung mit dem Schwerpunkt Qualitäts- oder Risikomanagement sein. Es ist auch Aufgabe dieser zentralen Abteilung, sich zu informieren, wo welche Gesundheits-informationen bereits verwendet werden, um einen Standardisierungsprozess einleiten zu können. In der Regel befasst sich diese zentrale Abteilung auch mit dem Thema der Zertifizierungen.

Beispiel Krebszentrum

Für Organzentren, wie beispielsweise einem Hautkrebszentrum oder Brustzentrum, werden in Anforderungskatalogen von Zertifizierungsstellen unter anderem auch Broschüren für Patient*innen als Vorgabe definiert. Je nach fachlicher Ausrichtung dieser Abteilung empfiehlt sich eine regelmäßige Literaturrecherche und Analyse durch entsprechende Expert*innen in dafür geeigneten Datenbanken, um stets wissenschaft-lich am Letztstand zu sein und dies in die gute Gesundheitsinformation entsprechend einfließen zu lassen.

Besonders für Gesundheitsberufe wie Ärzte*Ärztinnen gibt es aus rechtlicher Sicht einen großen Bedarf an gut verständlichen Gesundheitsinformationen. Patient*innen müssen vor einer medizinischen Intervention entsprechend aufgeklärt werden. Im deutschen Bürger-lichen Gesetzbuch, im Patientenrechtegesetz § 630c, wird ausdrücklich definiert, dass die behandelnde Person die Patient*innen **in verständlicher Weise** über sämtliche für die Ein-willigung wesentliche Umstände aufklären muss. Dazu gehört auch, dass auf Alternativen zu Maßnahmen hinzuweisen ist, wenn mehrere medizinisch gleichermaßen indizierte und übliche Methoden zu wesentlich unterschiedlichen Belastungen, Risiken oder Heilungs-chancen führen können (Bürgerliches Gesetzbuch, 2020; Deutsches Netzwerk Evidenz-basierte Medizin, 2015). In Österreich ist die Aufklärung der Patient*innen in den Patient*innen-Rechten festgehalten. Patient*innen haben ein Recht auf Selbstbestimmung. Sie müssen daher (im Vorhinein) über mögliche Diagnose- und Behandlungsoptionen und deren Risiken und Folgen den Gesundheitszustand sowie die erforderliche Mitwirkung bei der Behandlung und einer therapieunterstützenden Lebensführung aufgeklärt werden. Dies muss entsprechend dem Stand der medizinischen Wissenschaft erfolgen (RIS, Patienten-charta, 2021). Hierbei muss noch hinzugefügt werden, dass die Aufklärung auf Basis der individuellen Gesundheitskompetenz des Gegenübers erfolgen muss. Die verständliche

Aufklärungspflicht in schriftlicher Form gilt auch für andere Bereiche, zum Beispiel medizinische Studien.

Vor einer konkreten Entwicklung und Umsetzung einer guten Gesundheitsinformation ist es empfehlenswert, auch den tatsächlichen Bedarf anhand vordefinierter Kriterien festzustellen. Eine Checkliste stellt dazu ein geeignetes Instrument dar und sollte zumindest folgende Punkte beinhalten (Tab. 3.3):

- Welche Fragestellung soll durch die Gesundheitsinformation erklärt werden?
- Wer hat einen Bedarf gemeldet?
- Was ist der Grund für den Bedarf?
- Welcher Nutzen soll durch die zu erstellende Gesundheitsinformation abgedeckt werden?
- Gibt es dazu in der Organisation oder extern bereits eine Gesundheitsinformation?

Tab. 3.3 Checkbox: Feststellung eines Bedarfs in der Organisation

Quellen für den Bedarf	Beantwortung
Nutzer*innen • Feedback, häufige Fragen • Beschwerden und Anregungen • Befragungen • Fokusgruppen/Interviews	□Ja □Nein
Patient*innen und deren Angehörige • Feedback, häufige Fragen • Beschwerden und Anregungen • Befragungen • Fokusgruppen/Interviews	□Ja □Nein
Mitarbeiter*innen • Feedback, häufige Fragen • Beschwerden und Anregungen • Befragungen • Fokusgruppen/Interviews	□Ja □Nein
Externe Stakeholder (Organisationen, Firmen, Verwaltung etc.) • Feedback, häufige Fragen • Beschwerden und Anregungen • Befragungen von z. B. Zuweiser*innen	□Ja □Nein
Vorgaben im Rahmen des Qualitätsmanagements • Richtlinien zu Serviceunterlagen • Zertifizierungen • Methodenpapiere	□Ja □Nein
Gesetzliche Vorgaben • Rechtliche Vorgaben	□Ja □Nein

3.3 Entwickler*innen-Team formieren

In diesem Abschnitt beantworten wir die Fragen

- Warum ist jede gute Gesundheitsinformation ein eigenes Projekt?
- Wer sind Entwickler*innen von guten Gesundheitsinformationen und welche Kompetenzen werden benötigt?
- Warum ist Transparenz wichtig?

Die Entwicklung von guten Gesundheitsinformationen kann wie ein eigenständiges Projekt gesehen werden. Soll dieses gelingen, so braucht es ein eigenes Projektteam, welches im besten Fall aus mehreren Personen mit unterschiedlichem Wissen und Kompetenzen zusammengesetzt ist. Dabei beschränken sich die Aufgaben des Projektteams nicht nur auf die Erstellung einer Gesundheitsinformation, sondern umfassen auch deren Testung, Verbreitung und Evaluierung.

Gute Gesundheitsinformation als Projekt

Das Projekt bis zur fertigen Gesundheitsinformation wird in **mehreren Phasen** erfasst: Auf die Planungsphase und die anschließende Realisierungsphase folgen die Abschluss- und Testungsphase. Vor Projektstart gilt es, die Ziele der Gesundheitsinformation zu klären, die einzelnen Phasen der Erstellung und Überprüfung sowie die geplanten **Meilensteine zu definieren.** Die Projektleitung ist auch für das Zeit- und Terminmanagement verantwortlich. Da sich der Erstellungsprozess einer guten Gesundheitsinformation in zahlreiche Schritte unterteilt, ist es wichtig, dass die Projektorganisator*innen die Meilensteine und Aufgaben gut im Überblick haben und eine effektive Kommunikation zu den Projektmitgliedern besteht. Da jedes Projekt risikobehaftet ist z. B. durch Änderung der Umstände, Ausfall von Mitarbeiter*innen, sind eine vorausschauende Planung und ein funktionierendes Risikomanagement erforderlich, um eventuell eintretenden Schwierigkeiten im Projektverlauf effizient gegensteuern zu können (Wirtschaftslexikon Gabler, 2020).

Für den Projekterfolg sind vor allem folgende Kriterien entscheidend (SPS Magazin, 2020):

- ein gemeinsames Ziel
- gut geplante Arbeitsabläufe und Prozesse
- zielführende Normen und Verhaltensregeln
- eine geeignete Teamstruktur und Teamgröße
- klare Rollen und komplementäre Fähigkeiten
- konstruktive Kommunikation und Kooperation
- starker Teamgeist und Zusammengehörigkeitsgefühl
- ausgeprägte Leistungsorientierung

Das Entwicklungsteam

Ein erfolgreiches **Projektteam** ist entscheidend für den Erfolg eines Projekts. Je nach Umfang des Projekts besteht ein Projektteam aus einigen wenigen bis hin zu einer großen Anzahl an Teammitgliedern. Ein wesentlicher Faktor für den Erfolg eines Projekts ist, dass Teams so klein wie möglich und nur so groß wie nötig sein sollten, da sich eine effiziente und strukturierte Kommunikation zwischen der Projektleitung und den Projektmitgliedern leichter bei kleineren Teams gestalten lässt. Auch eine schnellere Entscheidungsfindung und Lösung von Konflikten ist in kleineren Teams meist besser umsetzbar.

Generell kann auch zwischen einem **Kernteam** und einem **erweiterten Projektteam** unterschieden werden. Kernteammitglieder begleiten das Projekt der Erstellung einer guten Gesundheitsinformation von der Planung bis hin zur Abschlussphase, Testung und Evaluierung und können auch Teilfunktionen der Projektleitung übernehmen. Kernteammitglieder sind auch in die Koordinierung der einzelnen Teilprojekte und der Kommunikation involviert. Das erweiterte Projektteam umfasst zum Beispiel auch Teammitglieder, die nur temporär in das Projekt involviert sind, oder auch Expert*innen, deren Input für eine besondere Fragestellung herangezogen wird (Projektmanagement-Handbuch, 2020), wie etwa in Bezug auf Literaturrecherchen, Zusammenfassungen einzelner Fachbeiträge, Hilfe bei der Testung der guten Gesundheitsinformation etc.

Expert*innen (auch Fach- oder Sachkundige oder Spezialist*innen) sind laut Definition Personen, die über ein überdurchschnittlich umfangreiches Wissen auf einem Fachgebiet oder über spezielle Fähigkeiten verfügen (Bogner & Menz, 2002). Expert*innen sind Personen, die zum Beispiel dank ihres fachlichen Wissens eine spezielle Fragestellung für eine Gesundheitsinformation bearbeiten und beantworten können. Externe Expert*innen können fachlichen Input oder auch praktischen und gestalterischen Input für die Umsetzung von guten Gesundheitsinformationen liefern und zählen somit ebenso zum erweiterten Projektteam.

Expert*innen zeichnet darüber hinaus auch aus, dass sie neben ihrem theoretischen Wissen zu Qualitätskriterien für Patient*innen-Informationen auch in der kompetenten Anwendung dieser Kriterien bewandert sind, also über praktische Handlungsexpertise verfügen (z. B. hinsichtlich der grafischen Gestaltung bzw. des Designs von guten Gesundheitsinformationen).

Ärzte*Ärztinnen, Pflegepersonen, Wissenschafter*innen und in der Gesundheits-förderung Tätige, aber auch zum Beispiel Patient*innen-Vertreter*innen oder Personen, die im Management von Institutionen und Organisationen tätig sind, zählen zum Expert*innenkreis und können evidenzbasierte Informationen erstellen. Ausschlag-gebend dafür ist das Interesse an evidenzbasierten Gesundheitsinformationen sowie an Qualitätsverbesserung und Patient*innen-Sicherheit.

Das Team an Entwickler*innen für gute Gesundheitsinformationen hat **vielfältige Aufgaben.** So ist das Entwickler*innen-Team angehalten, die Aktualität und den Inhalt der erstellten Gesundheitsinformation in kontinuierlichen Abständen zu überprüfen. Die mithilfe der Expert*innen erstellten Entwürfe der Gesundheitsinformationen sollten vorab mehrere Evaluierungsrunden durchlaufen, damit eine angemessene Qualität der Informationen gesichert ist. Die Entwürfe werden im günstigsten Fall nicht nur im Team, sondern auch von anderen externen Expert*innen wie auch von Patient*innen geprüft (siehe Abschn. 4.1.2, Anwender*innen und Nutzer*innen miteinbeziehen).

Expert*innen, die an der Entwicklung von guten Gesundheitsinformationen beteiligt sind, sind in folgende Bereiche und Prozessschritte involviert:

- Erstellung von guten Gesundheitsinformationen nach Qualitätskriterien
- Erarbeitung von Prozessen zur Bewertung der Qualität von erstellten Gesundheitsinformationen
- Testung von Gesundheitsinformationen
- Qualitätssicherung:Aktualisierung, Überprüfung, Evaluierung von erstellten Gesundheitsinformationen
- Wissensmanagement der guten Gesundheitsinformationen

Transparenz

Da Gesundheitsinformationen für sehr unterschiedliche Zielgruppen in einer großen Vielfalt von Formaten umgesetzt werden können, ist es besonders wichtig, dass das Vorgehen der Entwickler*innen nachvollziehbar und transparent beschrieben wird. Dabei ist es von großer Bedeutung, dass eine **Darlegung der gewählten Methoden** erfolgt und auf weitere Hintergrundinformationen verwiesen wird. Dazu eignet sich zum Beispiel ein Metadatenblatt, das zu jeder Gesundheitsinformation erstellt werden soll (ÖPGK, 2019c), oder aber die notwendigen Informationen werden direkt in die Gesundheitsinformation inkludiert.

Die Arbeitsweise zur Erstellung einer Gesundheitsinformation kann in einem Methodenpapier offengelegt und dieses regelmäßig evaluiert, angepasst und aktualisiert werden.

Transparenz in Bezug auf die Autor*innen ist ein wichtiges Qualitätskriterium. Daher sind die herausgebenden Personen beziehungsweise die einzelnen Autor*innen stets mit Namen, Beruf/Funktion/Abteilung transparent und wenn möglich auch mit Kontaktdaten anzugeben.

Bei den oben genannten Daten handelt es sich um sogenannte Metadaten. (siehe Abschn. 4.8, Angaben zu Metadaten).

Werden der*die Verfasser*in namentlich genannt, lässt sich zum Beispiel in medizinischen Datenbanken recherchieren, ob die betreffende Person über Expertise auf dem jeweiligen Fachgebiet verfügt. Ein weiteres wichtiges Thema im Projektteam ist die **Offenlegung von Interessenskonflikten,** die Arbeit und Ergebnis beeinflussen könnten (Füreder & Soffried, 2016) (siehe Abschn. 3.4, Potenzielle Interessenskonflikte klären; Tab. 3.4).

Tab. 3.4 Checkbox: Notwendige Kompetenzen im Entwicklungsteam

Entwickler*innen von guten Gesundheitsinformationen	Beantwortung
… sind sich der Wirkungen (un-)verständlicher Information bewusst	☐Ja ☐Nein
… verstehen, dass die Erstellung von guter Gesundheitsinformation aus mehreren Schritten besteht und als Projekt angesehen werden kann	☐Ja ☐Nein
… kennen die Grundzüge des Projektmanagements	☐Ja ☐Nein
… kennen (Mindest-)Qualitätskriterien zur Erstellung einer guten Gesundheitsinformation und wenden diese an	☐Ja ☐Nein
… kennen die Prinzipien leicht verständlicher Sprache und der geschlechtergerechten oder neutralen Darstellung	☐Ja ☐Nein
… beziehen die aktuelle Forschungsevidenz bei der Erstellung der Information mit ein	☐Ja ☐Nein
… können numerische Informationen (z. B. relatives Risiko) verständlich darstellen	☐Ja ☐Nein
… sind sich über die Angabe wichtiger Metadaten zu Gesundheitsinformationen bewusst (Version, Datum, Interessenskonflikte, Quellen …)	☐Ja ☐Nein
… beziehen andere Expert*innen und Patient*innen in die Entwicklung und Testung mit ein	☐Ja ☐Nein

> **Weitere Informationen und Hilfestellungen finden Sie hier**
> - Methodenbox: Die gesundheitskompetente Sozialversicherung: https://www.sozialversicherung.at/cdscontent/load?contentid=10008.731981&version=1580910437
> - ÖPGK Werkzeugkoffer: https://oepgk.at/wp-content/uploads/2018/10/werkzeugkoffer_gute-gesundheitsinformation_21042017.pdf

3.4 Potenzielle Interessenskonflikte klären

> **In diesem Abschnitt beantworten wir die Fragen**
> - Was sind Interessenskonflikte?
> - Wie und woran können Sie Interessenskonflikte erkennen?
> - Warum ist Transparenz eine wichtige Maßnahme?

Ein wichtiger Aspekt bei der Erstellung von guten Gesundheitsinformationen ist die Offenlegung von Interessenkonflikten. Divergierende Interessen können Einfluss auf den Inhalt einer Gesundheitsinformation nehmen. Dabei können Interessenskonflikte in unterschiedlichen Abschnitten des Erstellungsprozesses einer Gesundheitsinformation nicht ausgeschlossen werden. So kann bereits die Wissensgrundlage (Evidenz) durch

Interessenskonflikte beeinflusst sein, wenn zum Beispiel wissenschaftliche Studien zu bestimmten Medikamenten oder Therapiemethoden durch Zuschüsse bzw. Zahlungen von Interessensgruppen erst ermöglicht werden. Auch kann ein Interessenskonflikt erkennbar werden, wenn wissenschaftliche Methoden so eingesetzt werden, dass ein bestimmtes Ergebnis wahrscheinlicher ist. Werden Ergebnisse einzelner Studien einseitig und ausschließlich zum eigenen Nutzen verwendet, ist auch dies ein starker Hinweis auf einen Interessenskonflikt. Im Hinblick auf Leitlinien von Fachgesellschaften besteht ebenso die Möglichkeit einer Beeinflussung durch Lobbying von Unternehmen mit wirtschaftlichen Interessen, wenn (finanzielle) Zuwendungen erfolgt sind. Daher ist die Auswahl der Entwickler*innen für das Gelingen von guten Gesundheitsinformationen ebenso wichtig wie die Auswahl der Evidenz.

Die **Gute Klinische Praxis** (GCP, *Good Clinical Practice*) ist ein internationaler, ethischer und wissenschaftlicher Standard für die Planung, Durchführung, Dokumentation und Berichterstattung (GDocP, *Good Documentation Practices*) von klinischen Prüfungen und Studien an Menschen. Durch die Einhaltung dieser Standards wird sichergestellt, dass die Rechte, die Sicherheit und das Wohl der Studienteilnehmer*innen gemäß der **Deklaration von Helsinki** geschützt werden und die bei klinischen Prüfungen oder Studien erhobenen Daten glaubwürdig sind (Good Clinical Practice Network, 2020). Unter anderem stellen solche Daten die Grundlage für wissensbasierte Gesundheitsinformationen. Eine weitere Instanz bei der Prüfung der Einhaltung der Vorgaben der GCP und der Deklaration von Helsinki sind Ethikkommissionen, die zumeist an größeren Krankenhäusern angesiedelt sind und Studienvorhaben an Menschen auf diese Standards überprüfen (Bundesärztekammer, 2020).

Der Interessenskonflikt

Die Arbeitsgemeinschaft der Wissenschaftlichen Medizinischen Fachgesellschaften (AWMF) beschreibt Interessenskonflikte als:

> „… Gegebenheiten, die ein Risiko dafür schaffen, dass professionelles Urteilsvermögen oder Handeln, welches sich auf ein primäres Interesse bezieht, durch ein sekundäres Interesse unangemessen beeinflusst wird. Interessenkonflikte sind nicht per se negativ zu bewerten. Sie manifestieren sich durch das Nebeneinander von primären Interessen (z.B. bei Leitlinienautoren die Formulierung evidenz- und konsensbasierter Empfehlungen zur Verbesserung der Versorgungsqualität) und sekundären Interessen (z.B. direkte und indirekte finanzielle, akademische, klinische, persönliche), deren Ausprägungsgrade und Bedeutungen variieren können …" (AWMF, 2020).

Auch Gesundheitsdienstleister*innen unterliegen Interessenskonflikten. Diese können finanzieller Natur sein (eigene Dienstleistung, eigenes Produkt), können sich aber auch auf andere Aspekte beziehen. Eine Beeinträchtigung des Urteilsvermögens kann dann entstehen, wenn Menschen einen materiellen, sozialen oder psychologischen Vorteil erlangen oder Nachteil vermeiden, indem sie zu einer bestimmten Schlussfolgerung gelangen. Dies kann sich zeigen:

- in einer einseitigen und verzerrenden Abwägung von Argumenten und Sachverhalten,
- in der Vermeidung wichtiger Fragen,
- in fehlender Ernsthaftigkeit in der Suche nach Wahrheit und
- in der Unfähigkeit, die Dinge zu sehen, wie sie wirklich sind (Klemperer, 2008).

Transparenz im Erstellungsprozess

Ein Interessenskonflikt kann nicht immer ausgeschlossen werden, da die Wissenschaft nicht ausschließlich von der öffentlichen Hand finanziert wird und viele Interessenskonflikte systembedingt sind. Jedoch ist die Offenlegung potenzieller Interessenskonflikte eine der wichtigsten Maßnahmen zur Förderung der Transparenz.

Offenzulegen sind demnach:

- abhängige und ehrenamtliche Beschäftigungen
- Beratungstätigkeiten
- erhaltene finanzielle Unterstützungen für wissenschaftliche Tätigkeiten und Patentanträge
- erhaltene Honorare
- sonstige finanzielle oder geldwerte Zuwendungen
- sowie der Besitz von Aktien, Optionsscheinen oder sonstigen Geschäftsanteilen
- jegliche sonstigen Umstände, die nach unvoreingenommener Betrachtung als Interessenskonflikt bewertet werden können (IQWIG, 2020)

Bei der Erstellung von guten Gesundheitsinformationen ist bereits in der Phase der Auswahl der Entwickler*innen darauf zu achten, dass mögliche Interessenskonflikte offengelegt werden. In weiterer Folge ist es notwendig, in der Gesundheitsinformation allfällige vorhandene Interessenskonflikte nachvollziehbar anzugeben und darzulegen. Die Angabe von Interessenskonflikten kann zum Beispiel über Metadaten und weiterführende Links erfolgen (siehe Abschn. 4.8, Angaben zu Metadaten).

Gute Gesundheitsinformationen zeichnen sich dadurch aus, dass sie **keine Werbung** enthalten. Die Vermischung von Werbung und Gesundheitsinformation kann sehr irreführend sein. Ein treffendes Beispiel dafür ist die Lebensmittelwerbung für Kinder. Lebensmittel mit einem sehr hohen Fett- und/oder Zuckergehalt werden im Rahmen von sogenannten Gesundheitsinformationen immer häufiger und insbesondere in der digitalen Welt als vorwiegend gesund dargestellt. Eingepackt werden diese Informationen in zusätzliche Empfehlungen für angeblich gesundheitsfördernde Lebensmittel und Verhaltensweisen. Das immense Wissen der Lebensmittelindustrie über das Verhalten von Kindern und Jugendlichen sowie deren Eltern wird zur massiven Beeinflussung des Konsumverhaltens genutzt (WHO, 2016; IOM, 2019).

Unbeeinflusste Informationen

Die nachfolgende Checkliste (Tab. 3.5) enthält Fragestellungen zum Thema Interessenskonflikte. Alle Entwickler*innen von guten Gesundheitsinformationen sollen sich diese

Tab. 3.5 Checkbox: Klärung potenzieller Interessenskonflikte

Fragestellung	Beantwortung
Gehen Sie einer Beratungs- beziehungsweise Gutachter*innen-Tätigkeit oder einer bezahlten Mitarbeit in einem wissenschaftlichen Beirat eines Unternehmens der Gesundheitswirtschaft (z. B. Arzneimittelindustrie, Medizinprodukteindustrie), eines kommerziell orientierten Auftragsinstituts oder einer Versicherung nach?	☐Ja ☐Nein
Erhalten Sie Honorare für Vortrags- und Schulungstätigkeiten oder für Tätig-keiten als Autor*in im Auftrag eines Unternehmens der Gesundheitswirtschaft, eines kommerziell orientierten Auftragsinstituts oder einer Versicherung?	☐Ja ☐Nein
Erhalten Sie finanzielle Zuwendungen (Drittmittel) für Forschungsvorhaben oder direkte Finanzierung von Mitarbeiter*innen der Einrichtung vonseiten eines Unternehmens der Gesundheitswirtschaft, eines kommerziell orientierten Auf-tragsinstituts oder einer Versicherung?	☐Ja ☐Nein
Haben Sie Eigentümer*innen-Interessen an Arzneimitteln/Medizinprodukten (z. B. Patent, Urheberrecht, Verkaufslizenz)?	☐Ja ☐Nein
Besitzen Sie Geschäftsanteile, Aktien, Fonds mit Beteiligung von Unternehmen der Gesundheitswirtschaft?	☐Ja ☐Nein
Ergeben sich aus allen oben angeführten Punkten nach Ihrer Meinung für Sie bedeutsame Interessenskonflikte?	☐Ja ☐Nein

Fragen sachlich stellen. Sollte eine Frage mit „Ja" beantwortet werden, ist dies auch in der Gesundheitsinformation selbst beziehungsweise in den Metadaten oder in ent-sprechenden Formblättern abzubilden.

Weitere Informationen und Hilfestellungen finden Sie hier
- ebm-Netzwerk zu Interessenskonflikten: http://dnebm-interessenkonflikte.blogspot.com/
- Lieb K, Interessenkonflikte in der Medizin, https://link.springer.com/book/10.1007/978-3-642-19842-7

3.5 Freigabe und Kosten klären

In diesem Abschnitt beantworten wir die Fragen
- Warum ist die Klärung der Frage, wer die Gesundheitsinformation freigibt, wichtig?
- Warum ist es wichtig, die Unternehmenskultur zu kennen?
- Warum müssen die zu erwartenden Kosten geklärt werden?

Für die Erstellung von guten Gesundheitsinformationen ist nicht nur ein definiertes Vorgehen notwendig, auch ein **Freigabeprozess** der erstellten Gesundheitsinformation ist festzulegen. In den meisten Unternehmen existiert bereits ein vorgegebener Freigabeprozess für Dokumente. Zusätzlich zum Freigabeprozess ist das in Unternehmen verabschiedete **Corporate-Design** zu berücksichtigen. Letztlich muss für die Gestaltung und Vervielfältigung der erstellten Gesundheitsinformation ein entsprechendes Budget eingeplant und zur Verfügung gestellt werden.

Freigabeprozess

Der Freigabeprozess kann grundlegend variieren; es ist aber empfehlenswert, dass die folgenden Prozessschritte eingehalten werden:

1) Zusätzlich den Autor*innen soll eine definierte Person aus der jeweils fachlich betroffenen Disziplin/Abteilung die Gesundheitsinformation **inhaltlich freigeben.** Damit gewährleistet wird, dass auch das Management der Organisation über die betreffende Gesundheitsinformation Kenntnis besitzt, ist je nach Gesundheitseinrichtung eine Abteilungsleitung, zum Beispiel die ärztliche oder pflegerische Leitung bis hin zum Krankenhausmanagement, zu involvieren. Wichtig dabei ist zu berücksichtigen, wie flach oder steil die Unternehmensführung organisiert ist. Ist die*der Ersteller*in der Gesundheitsinformation nicht selbst in der Leitung einer Abteilung oder Organisation, stellt sich die Frage, wie die Leitung in dieses Vorhaben involviert wurde und wie sie zu dieser Thematik generell eingestellt ist. Greift man neue Themen auf, ist in weiterer Folge auch zu überlegen, wie betroffene Kolleg*innen zu dem Thema gute Gesundheitsinformation stehen beziehungsweise, wie man diese eventuell für dieses Thema sensibilisieren kann. Letztlich ist es wichtig, dass bei der Erstellung von guten Gesundheitsinformationen neben der Einbeziehung von Kolleg*innen/Mitarbeiter*innen auch im Freigabeprozess jene Kolleg*innen und Mitarbeiter*innen berücksichtigt werden, die mit der Thematik in der einen oder anderen Form konfrontiert sind. Dies ist insbesondere dann wichtig, wenn Gesundheitsinformationen in einer Organisation implementiert werden (siehe Abschn. 3.1, Methodenpapier in der Organisation).

2) Für den Wiedererkennungswert und die Identifikation innerhalb eines Unternehmens ist es wichtig, dass das Layout den jeweiligen Unternehmensvorgaben und somit dem **Corporate-Design** entspricht. Daher ist, sofern in der Organisation beziehungsweise im Unternehmen vorhanden, auch die Abteilung für Öffentlichkeitsarbeit in den **Freigabeprozess** zu involvieren. Werden Gesundheitsinformationen aus anderen Quellen übernommen, ist die Quelle entsprechend zu referenzieren bzw. eine Freigabe zu beantragen.

Der Freigabeprozess dient demnach nicht nur der Veröffentlichung der Gesundheitsinformation unter Berücksichtigung aller Vorgaben, sondern auch zur inhaltlichen Freigabe. Diese **inhaltliche und organisatorische Freigabe** ist daher die Voraussetzung für die Veröffentlichung und Nutzung einer Gesundheitsinformation (ISO, 2015).

Kosten

Einen weiteren wesentlichen Faktor stellen die **Kosten für die Erstellung** einer Gesundheitsinformation dar.

Daher sind vor Beginn der Erstellung die möglichen Kosten zu kalkulieren und entsprechend vom Management der jeweiligen Organisation freizugeben (Tab. 3.6). Es ist insbesondere zu berücksichtigen, dass gute Gesundheitsinformationen nach einem bestimmten Zeitraum oder nach Änderung der Evidenz erneut evaluiert, gestaltet und gegebenenfalls neu gedruckt werden müssen und somit mit wiederkehrenden zeitlichen wie auch monetären Aufwendungen zu rechnen ist. Im Bereich der monetären Aufwendungen sind beispielsweise Personalkosten und Sachleistungen zu kalkulieren. Bei den Personalkosten ist zu berücksichtigen, dass neben der Qualifikation der Ersteller*innen auch die Frage geklärt werden muss, ob Informationen selbst recherchiert und erstellt werden müssen oder ob bereits erstellte, vertrauenswürdige Gesundheitsinformationen übernommen werden können. Wenn gute Gesundheitsinformationen selbst erstellt werden, erhöht dies die Personalkosten maßgeblich. Unter Sachleistungen sind die Kosten für Gestaltung und Druck zu berücksichtigen; nicht zu vergessen sind auch hier die wiederkehrenden Kosten, die im Rahmen einer notwendigen Evaluierung der guten Gesundheitsinformation entstehen können.

Tab. 3.6 Checkbox: Freigabeprozess und Kosten

Fragestellung	Beantwortung
Ist der Freigabeprozess generell definiert?	☐Ja ☐Nein
Sind alle für die Erstellung der Gesundheitsinformation wichtigen Personen identifiziert und involviert?	
Wurde für die Erstellung und Evaluierung der Gesundheitsinformation ein Budget definiert, wie beispielsweise:	☐Ja ☐Nein
• Aufwand für notwendige Recherchetätigkeiten zum definierten Thema	☐Ja ☐Nein
• Interner oder externer Aufwand für die Gestaltung der Gesundheitsinformation	☐Ja ☐Nein
• Kosten für die Nutzungsrechte von grafischen Elementen oder Bildern	☐Ja ☐Nein
• Kosten für Erstellung des Layouts, falls extern vergeben	☐Ja ☐Nein
• Druckkosten inklusive der wiederkehrenden notwendigen Auflagen	☐Ja ☐Nein
• Aufwand für das Wissensmanagement und die Evaluierung der Gesundheitsinformation nach einem definierten Zeitraum	☐Ja ☐Nein

> **Weitere Informationen und Hilfestellungen finden Sie hier**
>
> - International Organisation for Standardisation (ISO), (Hrsg.): ISO 9004:2009 Leiten und Lenken für den nachhaltigen Erfolg in einer Organisation – Ein Qualitätsmanagementansatz. https://docplayer.org/17925157-Iso-9004-2009-nachhaltiger-erfolg.html

3.6   Bestimmung von Ziel, Zweck und Zielgruppe

In diesem Abschnitt beantworten wir die Fragen

- Welche Überlegungen gibt es zu Ziel und Zweck?
- Welche Arten von Gesundheitsinformationen gibt es?
- Wie kann die Individualität der Zielgruppe berücksichtigt werden?

Bevor die Entwicklung einer Gesundheitsinformation in Angriff genommen wird, muss vorab geklärt sein, was mit der guten Gesundheitsinformation erreicht werden soll und wer deren potenzielle Leserschaft ist. Die Vorbereitungsarbeit beginnt somit bei der **Identifizierung des Zwecks** und des **Zielpublikums.** Studien zeigen, dass der Lerneffekt von Gesundheitsinformation größer ist, wenn Charakteristika wie beispielsweise das Alter oder der Gesundheitszustand der Zielgruppe von Anfang an mitberücksichtigt werden (Papadakos et al., 2014). Die Fragen "Warum" und "Wer" leiten demnach den gesamten Entwicklungsprozess und beeinflussen die Sprache, das Design und die Verbreitung der Gesundheitsinformation (Wizowski et al., 2014a). Um Leser*innen bei der Entscheidung zu unterstützen, ob die jeweilige Gesundheitsinformation für sie geeignet und relevant ist, sollten das Ziel, der Zweck sowie die Zielgruppe in der Gesundheitsinformation selbst genannt und für die Leser*innen klar ersichtlich sein. Diese Hinweise sollten einerseits dem Titel zu entnehmen sein und andererseits in einer adäquat informativen Einleitung erläutert werden. In der Einleitung sollte zudem dargelegt sein, was beziehungsweise welche Themen Leser*innen in der Gesundheitsinformation erwarten.

3.6.1   Ziel und Zweck der Gesundheitsinformation

In diesem Abschnitt beantworten wir die Fragen

- Welche Überlegungen gibt es zum Ziel und Zweck der Gesundheitsinformation?
- Welche Arten von Gesundheitsinformationen gibt es?
- Wo finde ich Unterstützung bei der Entscheidung über die Art der Gesundheitsinformation?

Der Begriff Gesundheitsinformationsmaterial subsumiert verschiedene Arten von schriftlichen und online verfügbaren Materialien. Je nach Ziel und Zweck können diese in **Schulungsmaterialien, Entscheidungshilfen, Gesundheitsinformationsmaterial** mit **informativem** oder **aufklärendem Charakter** und **Werbematerialien** unterteilt werden, wobei die Abgrenzung nicht immer eindeutig ist. So gibt es beispielsweise Gesundheitsinformationsmaterial mit informativem Charakter, welches auch Elemente von Entscheidungshilfen oder aber Werbung beinhaltet. Gesundheitsinformationsmaterialien unterscheiden sich nicht nur inhaltlich, sondern auch hinsichtlich ihres Formats. Neben klassischen Broschüren, Flyern, Fact Sheets und Booklets in gedruckter oder in digitaler Form dienen auch Videos und Apps zur Vermittlung von gesundheitsrelevantem Wissen.

Überblick über die Arten von Gesundheitsmaterialen
In Tab. 3.7 findet sich ein Überblick zu verschiedenen Formate von Gesundheitsinformationsmaterialien gemäß deren Zweck, möglichen Zielen und Anwendungsbeziehungsweise Verbreitungsgebieten.

Schulungsmaterialien
Schulungsmaterialien im Gesundheitswesen dienen vor allem der Unterstützung des Lernens, also der Patient*innen-Edukation. Patient*innen-Edukation inkludiert eine Reihe von Schulungsaktivitäten (verbale Instruktionen, Vorzeigen, Lernen am Modell, Schulungsmaterialien), welche meist kombiniert angeboten werden (Van Den Borne, 1998). Edukation ist somit interaktiv und kann durch Schulungsmaterialien unterstützt werden. Das bedeutet jedoch auch, dass Schulungsmaterialien alleine nicht ausreichen, um die Ziele der Wissenserweiterung, Verhaltensänderung und des Selbstmanagements einer Erkrankung zu bewirken (London, 2009), sondern als Teil einer umfassenderen Schulungsintervention gesehen werden müssen. Schulungsmaterialien können in Form von Booklets, Broschüren, Videos oder auch interaktiven Online-Tools angeboten werden.

Entscheidungshilfen
Entscheidungshilfen beinhalten neben objektiven wissenschaftlichen Erkenntnissen zu gesundheitsrelevanten Themen auch Tools zur Reflexion der eigenen Werte und Präferenzen (Elwyn et al., 2017). Sie sollen dabei unterstützen, die Vor- und Nachteile einer Maßnahme abzuwägen und eine selbstbestimmte und zufriedenstellende Entscheidung zu treffen (Adams, 2010). Entscheidungshilfen findet man häufig in Form von webbasierten Broschüren oder interaktiven Websites. Da Entscheidungshilfen neben dem Anspruch guter Gesundheitsinformation auch weitere Aspekte der Entscheidungsfindung beinhalten sollen, wird auf Entscheidungshilfen in einem gesonderten Kapitel eingegangen (siehe Abschn. 4.6, Spezielle Anforderungen an Entscheidungshilfen).

Tab. 3.7 Überblick zu verschiedenen Formaten von Gesundheitsmaterialien

Art des Materials	Zweck	Mögliche Ziele	Mögliche Anwendungs-/Verbreitungsgebiete mit Beispielen
Schulungsmaterial	Unterstützung des Lernens	Wissenserweiterung Verhaltensänderung Steigerung des Selbstmanagements	Im Rahmen von Schulungen und Programmen (z. B. Diabetesschulung, Raucherentwöhnungsprogramm); meist zusätzlich zu verbalen Schulungsinhalten
Entscheidungshilfe	Unterstützung bei der Entscheidungsfindung	Selbstbestimmte Entscheidung Zufriedenheit mit Entscheidung Objektive Aufklärung	Bei Therapiegesprächen bzw. zur Vorbereitung auf Gespräche (z. B. Entscheidung zwischen konservativer oder invasiver Therapie) Zur Entscheidung für oder gegen Screeningmaßnahmen (z. B. Brustkrebsscreening)
Gesundheitsinformationsmaterial mit informativem Charakter	Überblick über ein Thema bieten	Sensibilisierung Bewusstseinsbildung Wissenserweiterung Niederschwelliger Zugang zu Informationen	In Praxen von Gesundheitsexpert*innen bzw. im Krankenhaus (z. B. Information zu einer bestimmten Krankheit wie Psoriasis, Bluthochdruck, Inkontinenz) Auf Online-Portalen (z. B. allgemeine Gesundheitsinformationen) Informed Consent Form (ICF) für die Einwilligung zu einer Studie
Gesundheitsinformationsmaterial mit aufklärendem Charakter (organisatorische Gesundheitsinformationen)	Spezifische Informationen zu Abläufen/organisatorischen Belangen Rechtliche Absicherung	Verständnis und Einhaltung von Anordnungen Abschätzung von Folgen Vermittlung von Sicherheit und Orientierung	Vorbereitung auf einen Eingriff (z. B. Operationsvorbereitung) oder Aufenthalt (z. B. Information zum Ablauf in der Tagesklinik) Entlassungsmanagement (z. B. Information zum Verhalten zu Hause, zur Beantragung einer Rehabilitationsmaßnahme) Organisationsrichtlinien

(Fortsetzung)

Tab. 3.7 (Fortsetzung)

Art des Materials	Zweck	Mögliche Ziele	Mögliche Anwendungs-/ Verbreitungsgebiete mit Beispielen
Werbematerial	Information zu Produkten	Entscheidung für ein Produkt bzw. den Kauf eines Produkts	Praxen von Gesundheitsexpert*innen im Krankenhaus Internet, Fernsehen Zeitschriften/Tageszeitungen

Gesundheitsinformationsmaterial mit informativem Charakter

Der Begriff **Gesundheitsinformationsmaterial** wird sowohl als Überbegriff für jegliche Art von Material mit gesundheitsrelevanten Informationen genutzt als auch im engeren Sinn für Broschüren mit **informativem Charakter,** die einen Überblick zu einem spezifischen gesundheitsrelevanten Thema verschaffen sollen. Solche Materialien können einen niederschwelligen Zugang zu Informationen bieten (Franzén et al., 2008) und dadurch die Kommunikation mit Gesundheitsfachkräften fördern und erleichtern (Schoberer et al., 2018). Gesundheitsinformationsmaterialien mit krankheitsspezifischem und informativem Charakter werden unter anderem über öffentliche Gesundheitsportale (z. B. *Öffentliches Gesundheitsportal Österreich*) und von Fachgesellschaften (z. B. *Österreichische Inkontinenzgesellschaft*) angeboten. Werden diese nach den Kriterien der evidenzbasierten Medizin entwickelt, was ein transparentes methodisches Vorgehen und eine umfassende Betrachtung der aktuellen wissenschaftlichen Beweislage inkludiert, so spricht man von **evidenzbasierten Informationsmaterialien** (Lühnen et al., 2017) (siehe Abschn. 4.3, Darstellung der Evidenz).

Häufig werden gesundheitsrelevante Informationen auch in Form sogenannter **Fact Sheets oder Faktenboxen** zur Verfügung gestellt. Diese bestehen aus den wichtigsten Fakten und Daten zu einem Themengebiet, welche kompakt und meist objektiv aufbereitet werden, und ermöglichen so die rasche Erfassung von Informationen, auch zu bisher unbekannten Themen.

Gesundheitsinformationsmaterial mit aufklärendem Charakter

Haben Gesundheitsinformationsmaterialien zum Ziel, sehr spezifisches, oft personalisiertes Wissen zu Abläufen und Verfahren (z. B. diagnostische und therapeutische Verfahren) zu vermitteln, so werden diese hier als **Gesundheitsinformationsmaterialien mit aufklärendem Charakter** oder auch als organisatorische Gesundheitsinformationen bezeichnet. Sie werden häufig in Gesundheitseinrichtungen bei der Aufnahme, vor Eingriffen oder bei der Entlassung ausgehändigt und zielen darauf ab, den bevorstehenden Ablauf zu erläutern, damit Anweisungen Folge geleistet wird beziehungsweise Anordnungen eingehalten werden. Da sie oft klare Instruktionen zu Abläufen oder Verhaltensweisen enthalten, können Gesundheitsinformationsmaterialien mit aufklärendem Charakter Orientierung geben und ein gewisses Grad an Sicherheit vermitteln. Zudem können sie verbale Instruktionen verstärken, die von Angehörigen von Gesundheitsberufen vermittelt werden. Patient*innen sind in Gesundheitseinrichtungen häufig mit einem Übermaß an mündlicher Information konfrontiert. Studien haben gezeigt, dass je mehr Informationen Patient*innen bekommen, desto weniger können sie diese schlussendlich behalten und wiedergeben (Kessels, 2003; Latorre-Postigo et al., 2017). Gesundheitsinformationsmaterialien mit aufklärendem Charakter können dabei unterstützen, sich an wichtige Punkte von Gesprächen (wie z. B. das Entlassungsgespräch im Krankenhaus) zu erinnern, und ermöglichen somit mehr Kontrolle über das Erfassen der Inhalte. Diese Informationen können bei Bedarf in ruhiger Atmosphäre und gemeinsam mit Angehörigen gelesen und gefestigt werden (Wizowski et al., 2014a). Durch das Anbieten von Gesundheitsinformationen sowohl in verbaler als auch in schriftlicher Form werden relevante Aspekte besser im Gedächtnis behalten, Unsicherheiten werden reduziert, aber auch die Zufriedenheit von Patient*innen mit der Aufklärung wird gesteigert (Aghakhani et al., 2014; Johnson & Sandford, 2005).

Werbematerialien
Neben Gesundheitsinformationsmaterialien findet man in Gesundheitseinrichtungen häufig auch **Werbematerialien,** welche nur einen begrenzt informativen Zweck haben und eher der Produktvermarktung als der Informationsvermittlung dienen. Obwohl diese nicht im Fokus dieses Handbuchs stehen, ist es von Bedeutung, solche Materialien von objektiven Gesundheitsinformationen unterscheiden zu können.

Entscheidung für die Art Ihres Gesundheitsinformationsmaterials
Ziel und Zweck entscheiden über die Inhalte, die Methoden der Entwicklung sowie die Art der Verbreitung des zu erstellenden Materials. Die folgenden Fragen sollen Ihnen dabei helfen, das Ziel und den Zweck zu definieren (Wizowski et al., 2014a):

- Wollen Sie Personen beziehungsweise Patient*innen dabei unterstützen, das Bewusstsein für eine Thematik zu steigern, oder soll deren Wissen zu einem Thema gesteigert werden? Hierfür eignen sich Gesundheitsinformationsmaterialien mit informativem Charakter besonders gut.
- Soll ein bestimmtes Gesundheitsverhalten verändert werden? Verhaltensänderung kann nur durch eine systematisch geplante Schulungsmaßnahme erreicht werden, wofür sich Schulungsmaterial als Unterstützung eignet.
- Soll das Material Orientierung in einer ungewohnten Umgebung bieten oder Ängste vor Eingriffen verringern? Um dieses Ziel zu erreichen, eignet sich insbesondere Gesundheitsinformationsmaterial mit aufklärendem Charakter.
- Wollen Sie, dass das Material als interaktives Werkzeug während einer Schulungsmaßnahme mit Patient*innen verwendet wird? Dann handelt es sich um Schulungsmaterial.
- Soll das Material bei der Aufnahme in eine Gesundheitseinrichtung beziehungsweise vor einem Eingriff ausgehändigt werden, um zu vermitteln, was zu erwarten ist? Gesundheitsinformationsmaterial mit aufklärendem Charakter kann hier unterstützend zur verbalen Aufklärung zur Verfügung gestellt werden.

Tab. 3.8 Checkbox: Ziel und Zweck der Gesundheitsinformation festlegen

Fragestellung	Beantwortung
Wurden der Zweck und mögliche Ziele im Entwickler*innen-Team geklärt und mit der auftraggebenden Instanz abgestimmt?	□Ja □Nein
Sind Zweck und mögliche Ziele des Gesundheitsinformationsmaterials im Material klar dargelegt?	□Ja □Nein
Wurden mögliche Anwendungsgebiete bzw. Verbreitungskanäle festgelegt?	□Ja □Nein

- Soll das Material als Orientierungshilfe dienen, bevor eine Entscheidung über eine gesundheitsrelevante Intervention getroffen wird? Für diesen Fall sollte eine Entscheidungshilfe entwickelt werden.
- Möchten Sie über einen Ablauf informieren, Kontaktadressen oder andere Hilfsstellungen kommunizieren? Dann sind organisatorische Informationen beziehungsweise Informationen zum Ablauf die beste Wahl.

Der tatsächlich erzielte Nutzen von Gesundheitsinformationsmaterialien hängt davon ab, wie gut diese ihren Zweck erfüllen. Ziel und Zweck sollten vor der Entwicklung von Gesundheitsinformationsmaterialien ausführlich diskutiert und klar definiert werden und auch im Informationsmaterial selbst für Nutzer*innen erläutert werden (Tab. 3.8).

Weitere Informationen und Hilfestellungen finden Sie hier
Beispiele für Entscheidungshilfen

- Entscheidungshilfe zur Einnahme von Antidepressiva: https://www.healthwise. net/ohridecisionaid/Content/StdDocument.aspx?DOCHWID=ty6745
- Entscheidungshilfe des IQWiG: https://www.iqwig.de/download/Entscheidungshilfe_Mammographie_Version_aus_dem_Abschlussbericht_P14-03.pdf
- Entscheidungshilfen des IQWiG: https://www.iqwig.de/suche/#searchQuery=query=Entscheidungshilfen

Beispiele für informative Gesundheitsinformationen

- Evidenzbasierte Gesundheitsinformationen: https://evi.at/
- Gesundheitsinformationen des Öffentlichen Gesundheitsportals Österreichs: https://www.gesundheit.gv.at/service/broschueren/inhalt
- Broschüren zu gesundheitsrelevanten Themen des IQWiG: https://www.gesundheitsinformation.de/broschueren.2062.de.html
- Broschüren des Fonds Gesundes Österreich: https://fgoe.org/medien/Brosch%C3%BCren%2C%20Folder%2C%20Plakate

3.6.2 Die Individualität der Zielgruppe berücksichtigen

In diesem Abschnitt beantworten wir die Fragen

- Warum ist es wichtig, auf die Zielgruppe Rücksicht zu nehmen?
- Gibt es eine Übersicht über mögliche Zielgruppen und deren Unterscheidung?
- Warum ist es wichtig, die Zielgruppe in die Entwicklung miteinzubeziehen?

Wenn es um Gesundheitsinformationen geht, so sollen die Inhalte neben der Berücksichtigung von sprachlichen und kulturellen Hintergründen auch an die jeweiligen Kompetenzen der Zielgruppe angepasst sein. Das bedeutet, dass bezüglich Komplexität und Inhalte wie auch in der Darstellung und Verständlichkeit die **Bedürfnisse der Zielgruppe** zu berücksichtigen sind. So soll versucht werden, die Perspektive von Nutzer*innen schon im Entwicklungsprozess miteinzubeziehen und, damit verbunden, auch die Relevanz und Praxistauglichkeit der jeweils angebotenen Gesundheitsinformation zu erhöhen.

Die Individualität der Zielgruppe
Es ist nicht nur wichtig, dass unterschiedliche Formate, wie Texte, Grafiken und auch Sprache gewählt werden, um die Verständlichkeit zu erhöhen. Genauso wesentlich ist es, Betroffene aus der Zielgruppe in redaktionelle Prozesse miteinzubeziehen. (Mehr Information zum Thema Abschn. 4.1.2 Anwender*innen und Nutzer*innen miteinbeziehen.) Die Auswahl der miteinbezogenen Personen sollte auch dahingehend begründet vorgenommen werden, um den Großteil der notwendigen Sichtweisen zielgerichtet abbilden zu können (BMGF, 2017). Geht es beispielsweise um die Erstellung einer Gesundheitsinformation für beeinträchtigte Personen, so ist es zielführend, diese und deren Sichtweisen auch in den Erarbeitungsprozess miteinzubeziehen.

Die Fähigkeit, Gesundheitsinformationen zu lesen, und auch die Kompetenz, das Gelesene zu verstehen, und daraus resultierend das Wissen, welche Entscheidungen zu treffen sind, um den Erhalt der eigenen Gesundheit zu fördern, stellt für alle Zielgruppen ein erstrebenswertes Ergebnis dar (Walter et al., 2008).

Kommunikation sollte auf die Ansprüche und Spielregeln jener Gruppe ausgerichtet sein, für die sie primär gedacht ist. Das wird auch als „**Zielgruppensegmentierung**" bezeichnet. Auch im Gesundheitswesen wird davon ausgegangen, dass es heterogene Gruppen mit unterschiedlichen Wünschen, Erwartungen, Bedürfnissen und Gewohnheiten gibt, deren Anforderungen in einer Gesundheitsinformation Rechnung getragen werden soll (Roski, 2009).

Wird diese zielgruppenspezifische Aufbereitung berücksichtigt, so kann die jeweilige homogene Teilzielgruppe in der Regel wirkungsvoller und somit effektiver und zielgenauer bedient werden als im Falle einer lediglich allgemeinen Gesundheitsinformation für die heterogene Gesamtgruppe (Freter, 2008). Daraus abgeleitet, stellt die **Fokussierung** der bereitgestellten Informationen auf die jeweilige Zielgruppe einen wesentlichen Faktor dar, um die Gesundheitskompetenz von zum Beispiel Patient*innen zu erhöhen.

Die Einbindung von Nutzer*innen oder zum Beispiel Selbsthilfegruppen und deren Angehörigen kann bei der Erstellung und Bewertung von Gesundheitsinformationen auf verschiedene Weise erfolgen. So kann dies beispielsweise durch schriftliche oder telefonische Kontaktaufnahme und Einholung von Informationen, durch qualitative oder quantitative Befragungen (z. B. in Form von Fokusgruppen, Fragebogen) oder durch die Einbindung von Patient*innen-Vertretungen in entsprechende Arbeitsgruppensitzungen gelingen. Damit sollte eine höhere Relevanz der Gesundheitsinformation für die jeweilige Zielgruppe erzielt werden können, aber auch der Wissenszuwachs in Bezug auf deren Bedürfnisse optimiert werden (Sänger et al., 2006).

Zukünftige Nutzer*innen können implizit oder explizit in die Erstellung miteinbezogen werden. So kann die implizite oder auch indirekte Einbeziehung etwa so erfolgen, dass entsprechende qualitative Forschungsergebnisse analysiert und daraus die Informationsbedürfnisse abgeleitet werden. Eventuell sind aber auch bereits Erfahrungsberichte der jeweiligen Zielgruppen in Forschungsarbeiten verfügbar, die ebenso wie Patient*innen-Erfahrungen zu Informationsbedürfnissen Berücksichtigung finden können. Die explizite oder direkte Miteinbeziehung kann beispielsweise so erfolgen, dass die jeweilige Zielgruppe selbst Themenvorschläge einbringt, zu welchen Abläufen oder Krankheitsbildern eine gute Gesundheitsinformation erstellt werden sollte. Die Erhebung von Erfahrungsberichten in Form von Interviews kann hier ebenso hilfreich sein wie die bereits erwähnte Einbeziehung von Patient*innen oder deren Vertretungsorganisationen im Zuge des Begutachtungsprozesses. Auch Testungen durch Nutzer*innen oder Online-Ratings zu einer erstellten Informationsbroschüre wären ebenfalls gute Beispiele dafür, wie die entsprechende Zielgruppe einbezogen werden kann (Zschorlich et al., 2011).

Der *Fonds Gesundes Österreich* (FGÖ) unterscheidet in primäre/direkte Zielgruppen und indirekte Zielgruppen beziehungsweise Multiplikator*innen. Bei Letzteren handelt es sich um jene Personen oder Institutionen, die eine wesentliche Rolle im Umsetzungsprozess innehaben und die Etablierung etwaiger Maßnahmen in der Praxis unterstützen. Zielgruppen werden seitens des FGÖ unter folgenden Aspekten definiert und beschrieben:

- Bildung, Einkommen, berufliche Position, soziale Herkunft
- Migrationshintergrund, Wohnregion
- Lebensalter, Gender, Familienstand
- Ressourcen, Werte, Interessen und Bedarf der jeweiligen Gruppe (FGÖ, 2021)

Als Fokus von Gesundheitsinformationen können beispielsweise folgende Zielgruppen definiert werden (exemplarische Darstellung), wobei das Geschlecht als übergeordnete Kategorie fast immer eine Rolle spielt und beachtet werden sollte. (So wirken etwa viele Medikamente bei Frauen und Männern unterschiedlich, egal ob es sich um Frauen und

Männer mit oder ohne Migrationshintergrund, mit oder ohne Leseschwäche etc. handelt) (siehe Abschn. 4.4.2, Zielgruppenorientiert und geschlechtergerecht informieren).

- Inländische oder ausländische Personen
- Personen eigener oder anderer Herkunft
- Personen mit Migrationshintergrund (Unterteilung in kulturelle Regionen oder ethnische Herkunft zielführend)
- Personen mit Zugang zur Maximalversorgung oder in entlegeneren Gebieten wohnhafte Personen
- Frauen*, Männer*, nichtbinäre Personen
- Kinder, Jugendliche
- Personen über 65 Jahren
- Personen über 80, die zu Hause leben
- Personen mit Suchtproblemen oder Personen in Substitutionsbehandlung
- Pflegebedürftige Personen
- Alleinlebende Personen oder Personen mit familiärem/sozialem Anschluss
- Personen mit Leseschwäche oder mit fehlender Lesekompetenz
- Sehbehinderte Personen oder hörbehinderte Personen
- Chronisch Kranke oder akut Kranke
- Kassenpatient*innen oder Privatpatient*innen
- Medizinische Laien oder Gesundheitsfachpersonen
- Und so weiter …

Wichtig ist zu überlegen, wer die Zielgruppe ist, damit diese auch gut adressiert werden kann. Wesentlich ist dabei, die Zielgruppe zu isolieren und deren spezifische Bedürfnisse zu ermitteln, gleich dem Sprichwort, in den Schuhen der anderen Person zu gehen. Hierzu gehört, so, wie es im therapeutischen Setting schon seit langem angewendet wird, dass die Lebenswelt bzw. -realität der jeweiligen Zielgruppe in die Patient*innen-Information eingearbeitet wird, ohne diese jedoch in irgendeiner Art und Weise zu bewerten. Sollte mit der Patient*innen-Information beispielsweise die Zielgruppe von Personen > 65 Jahren adressiert werden, so ist es notwendig, **deren Bedürfnisse zu verstehen,** um sie in der jeweiligen Informationsbroschüre auch effizient ansprechen zu können. Nur so kann gewährleistet werden, dass die Erläuterungen und Informationen mit einer hohen Wahrscheinlichkeit auch korrekt verstanden werden (siehe Abschn. 4.4.4, Aktivierende Elemente – Techniken zur Motivation von Nutzer*innen). Es ist somit unabdingbar, die Zielgruppe dort „abzuholen", wo sie zurzeit in Bezug auf Wissensstand oder Kompetenzniveau steht, und sie mit der angebotenen guten Gesundheitsinformation bestmöglich zu unterstützen. Um dafür eine Lösung zu finden, ist es unumgänglich, Personen aus der Zielgruppe in die Erarbeitung der jeweiligen Gesundheitsinformation miteinzubeziehen (siehe Abschn. 4.1.2, Anwender*innen und Nutzer*innen miteinbeziehen). Die folgenden Fragen sind geeignet, diesen Entscheidungsprozess zu unterstützen (Federal Plain Language Guide, 2011):

Tab. 3.9 Checkbox: Individualität der Zielgruppe

Fragestellung	Beantwortung
• Wird die Zielgruppe in der Gesundheitsinformation klar benannt?	☐Ja ☐Nein
Definition der Zielgruppe:	
• Für wen ist die Information konkret gedacht?	☐Ja ☐Nein
• Wurden die Charakteristika der jeweiligen Zielgruppe und die Auswirkungen der Gesundheitsinformation auf diese thematisiert?	☐Ja ☐Nein
• Wurde die Zielgruppe in der Gruppe der Entwickler*innen definiert?	☐Ja ☐Nein
Miteinbeziehung der Zielgruppe:	
• Wurden auch die Erwartungen und Bedürfnisse der Zielgruppe erhoben und berücksichtigt?	☐Ja ☐Nein
• Wurden auch Mitglieder der Zielgruppe in die Erarbeitung miteinbezogen?	☐Ja ☐Nein

- Wer ist die Zielgruppe? Sind es die Patient*innen selbst oder braucht es dazu Angehörige, die ebenfalls angesprochen werden müssen?
- Was weiß die Zielgruppe bereits über das jeweilige Thema? Kann von einem bestimmten Grundwissen oder Vorwissen ausgegangen werden oder muss erst der Grundstein für ein bestimmtes Thema gelegt werden?
- Welches Wissen soll der Zielgruppe vermittelt werden? Wo liegen die wesentlichen Inhalte und was wäre nur sozusagen Information am Rande?
- Wie muss die Gesundheitsinformation gestaltet sein, um den gewünschten Effekt erzielen zu können? Welche Aspekte tragen bei der Zielgruppe zum Verständnis der Information bei? (Z.B. werden 80-Jährigen vermehrt auf herkömmliche Angebote eingehen, die ohne digitale Medien leicht zugänglich sind; bei einer jüngeren Zielgruppe hingegen könnten Links und Online-Angebote eine wertvolle weitere Informationsquelle darstellen.)

Dabei gilt es selbstverständlich zu berücksichtigen, dass verschiedene Zielgruppen auch unterschiedliche Bedürfnisse haben (Tab. 3.9). Auf diese soll eine gute Gesundheitsinformation entsprechend eingehen, auch wenn als Konsequenz dessen verschiedene Versionen einer Gesundheitsinformation zu erstellen sind (Schoberer et al., 2016a; Wizowski et al., 2014b).

Weitere Informationen und Hilfestellungen finden Sie hier
- Definition der Zielgruppe seitens des FGÖ: https://fgoe.org/glossar/zielgruppe
- Zielgruppengerecht formulierte Gesundheitsinformationen zum Download unter: https://www.gesundheitsinformation.de/

3.7 Gute Gesundheitsinformationen finden und prüfen

In diesem Abschnitt beantworten wir die Fragen

- Wo können gute Gesundheitsinformationen gefunden werden?
- Warum ist es wichtig, Gesundheitsinformationen zu prüfen?
- Wie können Gesundheitsinformationen geprüft werden?

Bevor neue Gesundheitsinformationen entwickelt werden, ist es wichtig zu überprüfen, ob es bereits bestehendes Material gibt, das verwendet oder gegebenenfalls angepasst werden kann (Wizowski et al., 2014a). Dies spart Ressourcen und vermeidet zudem ein Überangebot an Gesundheitsinformationen, das Nutzer*innen Schwierigkeiten bereiten kann, die für sie adäquate Gesundheitsinformation auszuwählen.

Besonders in großen Organisationen, wie etwa einer universitären Klinik, gibt es häufig schon Gesundheitsinformationen (z. B. selbst erstellte oder von externen Stellen eingebrachte Broschüren oder Werbematerialien), die in der täglichen Praxis über Jahre hinweg unreflektiert verwendet werden. Oftmals aber fehlen Gesundheitsinformationen in schriftlicher Form und es werden, sozusagen aus der Not heraus, Werbefolder oder andere Materialien aufgelegt, welche entweder nicht für die Zielgruppe der Nutzer*innen oder deren Angehöriger geeignet sind oder das Thema nur einseitig betrachten. Hierzu wurde in einer österreichischen, in allgemeinmedizinischen Praxen durchgeführten Studie festgestellt, dass weit mehr als die Hälfte der in den analysierten Praxen aufliegenden Broschüren und Folder als problematisch anzusehende Inhalte enthalten und damit für die geplante Nutzung nicht geeignet sind. Dennoch werden sie von den Hausärzten und Hausärztinnen regelmäßig in der Konsultation mit Patient*innen verwendet (Posch et al., 2020). Für Angehörige von Gesundheitsberufen ist es wichtig zu wissen, wo sich gute Gesundheitsinformationen finden lassen und wie sie gute von weniger geeigneten Gesundheitsinformationen unterscheiden können.

3.7.1 Qualitativ hochwertige Gesundheitsinformationen finden

In diesem Abschnitt beantworten wir die Fragen

- Welche Informationen zu Anbieter*innen evidenzbasierter Gesundheitsinformationen sind wichtig?
- Gibt es nützliche nationale und internationale Websites?
- Welche Unterstützung gibt es bei der Entscheidung über die Verwendung bestehender Gesundheitsinformationen?

Zu zahlreichen gesundheitsrelevanten Themen ist bereits eine gute Gesundheitsinformation verfügbar, sodass kein weiteres Material erstellt werden muss. Die Verwendung bereits existierender Gesundheitsinformationen **spart einerseits Ressourcen** und verhindert zudem, dass es mehrere Materialien zum gleichen Thema gibt, wodurch es für Nutzer*innen schwierig wird, sich für eine bestimmte Gesundheitsinformation zu entscheiden. Entspricht die verfügbare Gesundheitsinformation nicht allen Kriterien einer guten Gesundheitsinformation beziehungsweise bedarf es einer lokalen Bearbeitung der Inhalte oder des Layouts, so besteht häufig die Möglichkeit, bestehende Gesundheitsinformationen anzupassen. Dies darf allerdings ausschließlich in Absprache und mit dem Einverständnis der Originalautor*innen erfolgen.

Nutzung lokaler Gesundheitsinformationen

Wenn für die eigene Gesundheitsorganisation Gesundheitsinformationen erstellt werden sollen, so muss als erster Schritt die Sichtung der Informationen der eigenen Einrichtung erfolgen. Eine Studie in österreichischen Krankenhäusern und Pflegeheimen hat ergeben, dass ein **Missverhältnis zwischen verfügbaren und verwendeten Gesundheits-informationen** herrscht. So wurden in einem Drittel der teilnehmenden Einrichtungen Gesundheitsinformationen zu pflegerelevanten Themen nicht auf den Abteilungen aus-gehändigt beziehungsweise aufgelegt, obwohl diese in der Einrichtung verfügbar und relevant gewesen wären. Andererseits wurden auf einzelnen Abteilungen Gesundheits-informationen ausgehändigt, obwohl diese den Leitungspersonen der Einrichtung nicht bekannt waren (Schoberer et al., 2012). Sind in der eigenen Einrichtung keine relevanten und adäquaten Gesundheitsinformationen zum interessierenden Thema verfügbar, so können auf Websites verschiedener anderer Anbieter*innen relevante Gesundheits-informationen bezogen werden (Wizowski et al., 2014a):

- Gesundheitsverbände und -organisationen
- nationale Gesundheitsinformationsportale
- Forschungszentren, Universitäten und Hochschulen
- Interessenvertretungen und Selbsthilfeorganisationen

Gute Gesundheitsinformationen auf nationalen und internationalen Webseiten

Zahlreiche nationale und internationale Organisationen und Vereinigungen haben es sich zum Ziel gesetzt, evidenzbasiertes Wissen für medizinische Laien zugänglich zu machen. Besonders vertrauenswürdige, frei zugängliche englischsprachige Webseiten sind *Cochrane Evidence* und *Informed Health* (Oxman & Paulsen, 2019). Auf diesen Web-sites finden sich evidenzbasierte und laienverständliche Informationen zur Wirksamkeit von gesundheitsrelevanten Interventionen. *Cochrane Evidence* bietet Zusammenfassungen von Cochrane Reviews in einfacher Sprache, die für Patient*innen und die Öffentlich-keit bestimmt sind. Sie werden in mehrere Sprachen übersetzt, darunter auch Deutsch. *Cochrane Evidence* beschränkt sich auf Informationen zu Behandlungseffekten und bietet darüber hinaus keine weiteren Informationen. *Informed Health* ist die englischsprachige Version der deutschen Website *Gesundheitsinformation.de* und bietet neben Informationen über Behandlungseffekte auch andere Informationen zu einem breiten Themenspektrum (Oxman & Paulsen, 2019). Die Website wird vom *Institut für Qualität und Wirtschaftlich-*

keit im Gesundheitswesen (IQWiG), einem fachlich unabhängigen, wissenschaftlichen deutschen Institut erstellt. Eine österreichische Website mit evidenzbasierten Informationen in leicht verständlicher Sprache wird von Cochrane Österreich zur Verfügung gestellt und nennt sich „*medizin transparent*" (https://www.medizin-transparent.at/) (Kerschner, 2017). Ähnlich wie *medizin transparent* bietet auch der *Individuelle Gesundheits-leistungen-Monitor* (IGeL) wissenschaftlich fundierte Gesundheitsinformationen mit einer Nutzen-Schaden-Bewertung. Die Bewertungen beziehen sich auf individuelle Gesund-heitsleistungen, die nicht in den Leistungskatalog der deutschen Krankenkassen fallen und somit von den Patient*innen selbst zu bezahlen sind (Gehms, 2018).

Gesundheitsinformationen zu einem breiten Themenspektrum, unabhängig und klar strukturiert aufbereitet und in mehreren Sprachen verfügbar, werden vom Ärztlichen Zentrum für Qualität in der Medizin (ÄZQ) auf dem Portal *Patienten-Information.de* zur Verfügung gestellt. Das ÄZQ ist eine wissenschaftliche Einrichtung der deutschen Bundesärztekammer und der Kassenärztlichen Bundesvereinigung (ÄZQ – Patienten-Information.de, 2020). Deren Gesundheitsinformationen können zudem in einem über-sichtlichen A4-Format ausgedruckt werden, beziehungsweise können Broschüren gegen einen Kostenbeitrag bestellt werden. Eine Website mit einem ähnlich breiten Themenspektrum wurde vom österreichischen Bundesministerium für Arbeit, Soziales, Gesundheit und Konsumentenschutz in Auftrag gegeben und nennt sich *Öffentliches Gesundheitsportal Österreichs*. Die dort abrufbaren Informationen über Krankheiten orientieren sich an den Kriterien der evidenzbasierten Medizin und den Kriterien *Guter Gesundheitsinformation Österreich* (Soyel et al., 2019).

Laienverständliche und evidenzbasierte Gesundheitsinformationen, Broschüren und Informationsblätter zum Thema Krebs, Krebsvorbeugung und -früherkennung können vom Krebsinformationsdienst des Deutschen Krebsforschungszentrums bezogen werden. Informationsblätter und Broschüren können als Druckversion heruntergeladen werden und werden zudem innerhalb Deutschlands kostenfrei versandt (Krebsinformationsdienst des Deutschen Krebsforschungszentrums, 2020).

Nutzung guter Gesundheitsinformationen aus dem World Wide Web

Nicht alle Gesundheitsinformationen der angeführten Websites können direkt in die Praxis übernommen werden. Manche bieten zwar vertrauenswürdige und geprüfte Informationen in vereinfachter Sprache (zum Beispiel *Cochrane Evidence*), sind jedoch nicht spezifisch an die eigene Zielgruppe und den bestimmenden Zweck angepasst beziehungsweise erfüllen nicht alle Kriterien einer *plain language* (siehe Abschn. 4.4.1, Gesundheitsinformation in laienverständlicher Sprache). Für Entwickler*innen von Gesundheitsinformationen bedeutet dies, dass evidenzbasiertes Wissen für das neu zu entwickelnde Gesundheitsinformationsmaterial zwar genutzt werden kann und die Entwickler*innen sich dadurch die Arbeitsschritte der systematischen Recherche, Bewertung und Zusammenfassung der bestehenden Literatur ersparen, dennoch dieses Wissen erst für die Zielgruppe entsprechend aufbereitet, gestaltet und getestet werden muss (siehe Abschn. 4.7, Spezielle Anforderungen an Websites und soziale Medien).

Tab. 3.10 Checkbox: Gesundheitsinformationen finden und prüfen

Fragestellung	Beantwortung
Wurde überprüft, ob es in der Einrichtung bereits eine Gesundheitsinformation zum entsprechenden Thema gibt?	☐Ja ☐Nein
Wurde auf vertrauenswürdigen Websites nach einer Gesundheitsinformation zum gewünschten Thema recherchiert?	☐Ja ☐Nein
Wenn Frage 1 oder Frage 2 mit „ja" beantwortet wurde:	
Wurde überprüft, inwieweit das Material die aktuelle Praxis und den aktuellen Wissensstand reflektiert?	☐Ja ☐Nein
Wurde überprüft, inwieweit das Material für die Zielgruppe lesbar und verständlich ist (erster Eindruck)?	☐Ja ☐Nein
Wurde überprüft, inwieweit die Inhalte der Gesundheitsinformation für die Zielgruppe relevant sind?	☐Ja ☐Nein

Auswahl von Gesundheitsinformationen

Wizowski et al. (2014a) empfehlen, eine erste Auswahl von Gesundheitsinformationen anhand der Überprüfung folgender drei Kriterien zu treffen: **Korrektheit, Verständlichkeit und Umsetzbarkeit** (Wizowski et al., 2014a). Das bedeutet, das vorhandene Material dahingehend zu überprüfen, inwieweit es die aktuelle Praxis und den aktuellen Wissensstand reflektiert, inwieweit es für die Zielgruppe lesbar und verständlich ist und inwieweit es Informationen enthält, die für die intendierten Nutzer*innen relevant sind. Diese Kriterien sollen die Annahme, Adaption oder Ablehnung einer Gesundheitsinformation begründen (siehe Abschn. 2.2, Qualitätskriterien für gute Gesundheitsinformation; Tab. 3.10).

Weitere Informationen und Hilfestellungen finden Sie hier

Englischsprachige Websites mit evidenzbasierten Gesundheitsinformationen:

- Cochrane Evidence: https://www.cochrane.org/evidence
- Informed Health: www.informedhealth.org/

Deutschsprachige Websites mit evidenzbasierten Gesundheitsinformationen:

- Laienverständliche Zusammenfassungen von Cochrane Evidence: https://www.cochrane.org/de/evidence
- Medizin Transparent von Cochrane Österreich: https://www.medizin-transparent.at/
- IGeL(Individuelle Gesundheitsleistungen)-Monitor https://www.igel-monitor.de/
- Cochrane Blgg: https://wissenwaswirkt.org/

Evidenzbasierte Gesundheitsinformationen mit Materialien zum Download:

- Evidenzbasierte Gesundheitsinformationen vom Institut für Qualität und Wirtschaftlichkeit im Gesundheitswesen (IQWiG): https://www.gesundheits-information.de/
- Das öffentliche Gesundheitsportal Österreichs: https://www.gesundheit.gv.at/
- Faktenboxen des Max-Planck-Instituts für Bildungsforschung https://www.aok.de/pk/uni/medizin-versorgung/aok-faktenboxen/
- Gesundheitsinformationen des ÄZQ: https://www.patienten-information.de/
- Der Krebsinformationsdienst des Deutschen Krebsinformationszentrums: https://www.krebsinformationsdienst.de/.

3.7.2 Instrumente zur Bewertung der Qualität von Gesundheitsinformationsmaterialien

In diesem Abschnitt beantworten wir die Fragen

- Welche Instrumente stehen zur Bewertung von Gesundheitsinformationen zur Verfügung?
- Wie kann ein Instrument bei der Entscheidung unterstützen?
- Welche praktischen Hilfestellungen können die Umsetzung erleichtern?

Bestehende Gesundheitsinformationen können mit Instrumenten auf die Erfüllung inhaltlicher und struktureller Qualitätskriterien hin geprüft werden. In den letzten Jahrzehnten wurden zahlreiche Instrumente entwickelt, wobei sich diese hinsichtlich Zielnutzer*innengruppe (z. B. Laien oder Angehörige von Gesundheitsberufen), Zielinformationsmaterial (z. B. Schulungsmaterial oder Entscheidungshilfe), Umfang und inkludierter Qualitätsdomänen unterscheiden. Häufig ermöglicht ein solches Instrument die Bewertung anhand der Kriterien bzw. Domänen Inhalt, Struktur, Lesbarkeit, Layout, Entwicklung, Handlungsmöglichkeiten und Identifikationsdaten. Derzeit ist allerdings kein Instrument verfügbar, welches sämtliche für Gesundheitsinformationen relevanten Domänen beinhaltet (Schoberer, 2017).

International anerkannte und validierte Instrumente
Nachfolgend wird eine Auswahl an international anerkannten und validierten Instrumenten vorgestellt, die für die Prüfung von Gesundheitsinformationen geeignet sind.

Das **Ensuring Quality Information for Patients (EQIP)** Instrument kann für eine Vielzahl von Gesundheitsinformationsmaterialien angewandt werden und wurde bereits zur Beurteilung von Materialien über diagnostische Verfahren, medizinische Interventionen und pflegerelevante Präventionsmaßnahmen getestet (Moult et al., 2004; Charvet-Berard et al., 2008; Schoberer et al., 2016b). Das Instrument besteht aus 36 Items und ist unterteilt in die Domänen Inhalt (18 Items), Identifikationsdaten (6 Items) und Struktur (12 Items). Bei der Domäne Inhalt werden unter anderem die Beschreibung der Vor- und Nachteile der in der Gesundheitsinformation adressierten Maßnahmen und die Angabe zu weiterführenden Quellen bewertet. Die Domäne Identifikationsdaten bezieht sich auf Angaben zur Entwicklung der Gesundheitsinformation (Finanzierung, Publikationsdatum usw.), und die Domäne Struktur überprüft sprachliche Aspekte und das Layout. Jedes Item wird auf einer 4-Punkte-Skala bewertet (ja, teilweise, nein, nicht anwendbar) und dient der Berechnung eines Qualitätsscores, welcher mithilfe des EQIP-Algorithmus berechnet werden kann. Insgesamt können 100 Punkte erreicht werden, wobei höhere Werte auf eine höhere Qualität der Gesundheitsinformation hinweisen (Charvet-Berard et al., 2008).

Ein Instrument zur Einschätzung der Qualität von Gesundheitsinformationen zu Behandlungsverfahren ist das **DISCERN-Instrument** (Ademiluyi et al., 2003; Charnock et al., 1999), welches auch in deutscher Sprache verfügbar ist. Das DISCERN-Instrument ist sowohl für medizinische Laien als auch Gesundheitsfachpersonen geeignet und beinhaltet drei Abschnitte mit insgesamt 16 Items. Im ersten Abschnitt wird die Zuverlässigkeit der Informationen (8 Items) und im zweiten die Beschreibung der verschiedenen Behandlungsverfahren (7 Items) bewertet. Der dritte Abschnitt (1 Item) bezieht sich auf die Gesamtbewertung der Gesundheitsinformation. Das Instrument dient insbesondere der Bewertung der Objektivität und Vollständigkeit von Gesundheitsinformationen zu Behandlungsverfahren; das Layout und die Verwendung einer laienverständlichen Sprache werden nicht beurteilt.

Ähnlich wie das DISCERN-Instrument dient das **International Patient Decision Aid Standards instrument (IDPASi)** der Qualitätsbeurteilung von Gesundheitsinformationen zu Behandlungsverfahren, insbesondere Entscheidungshilfen (Elwyn et al., 2009). Das IDPASi basiert auf den 74 Items der originalen IDPAS Checkliste (Elwyn et al., 2006) und eignet sich für die Bewertung von gedruckten Entscheidungshilfen, Videos oder Webseiten zur Entscheidungsfindung. Das IDPASi gliedert sich in die Domänen Information, Wahrscheinlichkeiten, Werte, Anleitung zur Entscheidungsfindung, Entwicklung, Evidenz, Offenlegung, laienverständliche Sprache und Evaluation. Zudem beinhaltet es acht Items, welche auf Gesundheitsinformationen zu Screening-Entscheidungen ausgerichtet sind. Das bedeutet, dass neben der objektiven Darstellung der Behandlungsoptionen, der systematischen Entwicklung und der laienverständlichen Sprache auch Methoden zur Klärung der eigenen Werte und Präferenzen beurteilt werden (Elwyn et al., 2009). Aufgrund der Komplexität des Instruments eignet es sich allerdings in geringerem Maße für die Bewertung durch medizinische Laien und Konsument*innen von Entscheidungshilfen.

Ein reliables und valides Bewertungsinstrument, das sowohl von medizinischen Laien als auch Gesundheitsfachpersonen und Forscher*innen angewandt werden kann, ist das **Patient Education Materials Assessment Tool (PEMAT)** (Shoemaker et al., 2014;

Vishnevetsky et al., 2018). Das PEMAT ist in zwei Versionen verfügbar, einmal zur Bewertung gedruckter und einmal zur Bewertung audiovisueller Gesundheitsinformationen, und überprüft die zwei Domänen Verständlichkeit und Aktionsmöglichkeit (engl. *actionability*). Die 19 Items der Verständlichkeit beziehen sich auf den Inhalt, die Schreibweise, die Verwendung von Zahlen, das Layout und Design sowie auf die Verwendung unterstützender visueller Elemente wie Tabellen und Graphiken. Die Domäne Aktionsmöglichkeit besteht aus 4 (für audiovisuelle Informationen) beziehungsweise 7 Items (für gedruckte Gesundheitsinformationen). Unter Aktionsmöglichkeit versteht man, inwiefern Nutzer*innen unterschiedlicher Herkunft und mit unterschiedlicher Gesundheitskompetenz in der Lage sind, durch die Beschäftigung mit der betreffenden Gesundheitsinformation aktiv Maßnahmen zu setzen. (Shoemaker et al., 2014) Ein Beispiel für eine Aktionsmöglichkeit wäre, wenn in der Gesundheitsinformation empfohlene Handlungen in expliziten, überschaubaren Schritten dargelegt sind. Das PEMAT eignet sich insbesondere für die Beurteilung von Schulungsmaterialien und Informationsmaterialien mit informativem Charakter. Identifikationsfragen und Fragen zur Entwicklung der Gesundheitsinformation sind nicht Inhalt von PEMAT.

Ein in Forschungsstudien häufig verwendetes und validiertes Instrument zur Beurteilung der Angemessenheit von gedruckten Gesundheitsinformationen ist das **Suitability Assessment of Materials (SAM)** (Doak et al., 1994; Rhee et al., 2013; Robins et al., 2016; Vallance et al., 2008; Weintraub et al., 2004). Das SAM beurteilt, inwieweit Nutzer*innen mit geringer Gesundheitskompetenz eine Gesundheitsinformation lesen, verstehen und entsprechende Handlungen setzen können (Doak et al., 1996). Das Instrument ist an dem durch das Material generierten Lernerfolg orientiert und eignet sich demnach besonders für die Beurteilung von Schulungsunterlagen. Das SAM besteht aus den sechs Domänen Inhalt, Lesbarkeit (inklusive eines Reading Scores), grafische Darstellungen, Layout und Typographie, Lernanreize und Motivation sowie kulturelle Angemessenheit. Die Items sind klar formuliert und mit Erklärungen versehen. Die Antwortmöglichkeiten sind in drei Kategorien gegliedert (ausgezeichnet, angemessen, nicht passend) und jeweils mit detaillierten Beschreibungen und Beispielen untermauert, wodurch eine eindeutige Zuordnung zu einer Antwortkategorie möglich ist. Ein Gesamtscore kann berechnet werden, indem man die erreichten Punkte durch die höchstmögliche Punkteanzahl von 42 teilt und mit 100 multipliziert. So erhält man einen Prozentsatz, wobei 0–39 % bedeuten, dass das Material ungeeignet ist, und über 69 %, dass das Material ausgezeichnet zur Information und Schulung von Patient*innen geeignet ist (Doak et al., 1996). Angaben zur Identifikation und Entwicklung der Gesundheitsinformation sind im SAM nicht thematisiert.

Die in der Tab. 3.11 dargestellte Übersicht soll die Entscheidung über ein passendes Instrument zur Qualitätsbewertung von Gesundheitsinformationen unterstützen. Alternativ können auch die **Patient*innen-Informations-Qualitätskriterien (PIQ-Kriterien)** nach Hoffmann und Schwarz verwendet werden. Die PIQ stellen eine Zusammenfassung von rund 24 nationalen und internationalen Instrumenten dar und beziehen auch den Aspekt der Beteiligung der Nutzer*innen mit ein und eignen sich für

Tab. 3.11 Instrumente zur Qualitätsbewertung von Gesundheitsinformationen

Instrument	EQIP	DISCERN	IDPAS	PMAT	SAM	PIQ-Kriterien
Zielgruppe	Gesundheitsfachpersonen	Gesundheitsfachpersonen, Laien	Gesundheitsfachpersonen	Gesundheitsfachpersonen, Laien	Gesundheitsfachpersonen	Gesundheitsfachpersonen
Art der Informationen	Jegliche Art von Gesundheitsinformation	Gesundheitsinformation mit informativem Charakter (v. a. Behandlungsverfahren) Entscheidungshilfen	Entscheidungshilfen	Gesundheitsinformationen mit informativem Charakter, Schulungsmaterial	Gesundheitsinformationen mit informativem Charakter, Schulungsmaterial	Gesundheitsinformationen mit informativem Charakter, Schulungsmaterial Entscheidungshilfen
Präsentation der Information	Gedruckte Information	Vorwiegend gedruckte Informationen	Gedruckte Information, Videos, Webseiten	Gedruckte und audiovisuelle Informationen	Gedruckte Informationen	Gedruckte und audiovisuelle Informationen
Anzahl der Domänen/Items	3/36	3/16	9–10/47	2/23–26	6/21	6/21
Möglichkeit zur Berechnung von Qualitätsscores	Ja	Nein	Nein	Ja	Ja	Ja

Tab. 3.12 Checkbox: Vorgehen zur Bewertung der Qualität

Fragestellung	Beantwortung
Wurde die Gesundheitsinformation mit einem geeigneten Instrument zur Bewertung der Qualität beurteilt?	□Ja □Nein
Wurden alle relevanten Qualitätsdomänen von dem Instrument bewertet?	□Ja □Nein
Wenn Frage 2 „Nein":	
• Wurde ein weiteres Instrument zur Beurteilung genutzt oder wurden einzelne Domänen mit einem zusätzlichen Instrument beurteilt?	□Ja □Nein
• Wurde die Gesundheitsinformation in allen relevanten Domänen als adäquat beurteilt?	□Ja □Nein
• Wurde eine Evaluation der Gesundheitsinformation durch die Zielgruppe durchgeführt?	□Ja □Nein

die Prüfung und Erstellung von Gesundheitsinformationen (siehe Abschn. 2.3, Qualitätskriterien für gute Gesundheitsinformationen).

Die Beurteilung einer Gesundheitsinformation mittels eines validierten Instruments ist ein unerlässlicher Schritt vor deren Einsatz in der Praxis. Da keines der verfügbaren Instrumente alle relevanten Qualitätsdomänen untersucht (Schoberer, 2017), empfiehlt es sich, mehrere Instrumente zur Beurteilung heranzuziehen beziehungsweise einzelne, aus einem anderen Instrument stammende Domänen zusätzlich zu bewerten (zum Beispiel das PEMAT und zusätzlich die Domäne Identifikationsdaten des EQIP Instruments). Zudem ersetzt die Expert*innen-Beurteilung mit einem Instrument nicht die Evaluierung der Gesundheitsinformation durch die potenziellen Nutzer*innen (Roberts et al., 2018; Schoberer et al., 2018; Zheng et al., 2018). Nur wenige Instrumente stehen für die Nutzer*innen-Evaluation zur Verfügung (z. B. das DISCERN Instrument und das PEMAT), wobei diese sich nicht für alle Arten von Gesundheitsinformationen eignen (siehe Abschn. 4.1.2, Anwender*innen und Nutzer*innen miteinbeziehen; Tab. 3.12).

Weitere Informationen und Hilfestellungen finden Sie hier
- Das EQIP Instrument kann nur über die Originalpublikation bezogen werden: http://citeseerx.ist.psu.edu/viewdoc/download?doi=10.1.1.580.2543&rep=rep1&type=pdf
- Das DISCERN-Instrument in deutscher Sprache: http://www.discern.de/instrument.htm
- Die IDPAS Checkliste und das 47-Item-IDPASi: http://ipdas.ohri.ca/using.html
- Das PEMAT zur Bewertung gedruckter und audiovisueller Gesundheitsinformationen: https://www.ahrq.gov/ncepcr/tools/self-mgmt/pemat.html
- SAM – eine anwender*innen-freundliche Version: http://aspiruslibrary.org/literacy/SAM.pdf
- PIQ-Kriterien nach Hoffmann und Schwarz, http://asqs.at/

Literatur

Adams, R. J. (2010). Improving health outcomes with better patient understanding and education. *Risk Management and Healthcare Policy 3*, 61–72.

Ademiluyi, G., Rees, C. E., & Sheard, C. E. (2003). Evaluating the reliability and validity of three tools to assess the quality of health information on the Internet. *Patient Education and Counseling, 50*(2), 151–155. https://doi.org/10.1016/S0738-3991(02)00124-6.

Aghakhani, N., Khademvatan, K., & Dehghani, M. R. (2014). The effect of written material and verbal method education on anxiety and depression in patients with myocardial infarction in selected hospitals in Iran. *Journal of Advances in Medical Education & Professionalism, 2*(4), 165–169. http://www.ncbi.nlm.nih.gov/pubmed/25512941.

AWMF. (2020). Erklärung von Interessen und Umgang mit Interessenkonflikten bei Leitlinienvorhaben. https://www.awmf.org/leitlinien/awmf-regelwerk/ll-entwicklung/awmf-regelwerk-01-planung-und-organisation/po-interessenkonflikte/interessenskonflikte.html. Zugegriffen: 23. Sept. 2020.

Ärztliche Zentrum für Qualität in der Medizin (ÄZQ). Patienteninformation.de. Berlin. https://patienten-information.de/. Zugegriffen: 24. Aug. 2020.

BMGF. (2017). Gute Gesundheitsinformation Österreich. https://oepgk.at/wp-content/uploads/2017/04/Gute-Gesundheitsinformation-%C3%96sterreich.pdf. Zugegriffen: 24. Sept. 2018.

Bogner, A., & Menz, W. (2002). Expertenwissen und Forschungspraxis. In *Das Experteninterview. Theorie, Methode, Anwendung*. https://doi.org/10.1007/978-3-8349-9441-7_28.

Bundesärztekammer. (2020). WMA Deklaration von Helsinki – Ethische Grundsätze für die medizinische Forschung am Menschen. https://www.bundesaerztekammer.de/fileadmin/user_upload/downloads/pdf-Ordner/International/Deklaration_von_Helsinki_2013_20190905.pdf. Zugegriffen: 23. Sept. 2020.

Bürgerliches Gesetzbuch in der Fassung der Bekanntmachung vom 2. Januar 2002 (BGBl. I S. 42, 2909; 2003 I S. 738), das zuletzt durch Artikel 1 des Gesetzes vom 12. Juni 2020 (BGBl. I S. 1245) geändert worden ist. https://www.gesetze-im-internet.de/bgb/BJNR001950896.html. Zugegriffen: 24. Aug. 2020.

Charnock, D., Shepperd, S., Needham, G., & Gann, R. (1999). DISCERN: An instrument for judging the quality of written consumer health information on treatment choices. *Journal of Epidemiology and Community Health*. https://doi.org/10.1136/jech.53.2.105.

Charvet-Berard, A. I., Chopard, P., & Perneger, T. V. (2008). Measuring quality of patient information documents with an expanded EQIP scale. *Patient Education and Counseling*. https://doi.org/10.1016/j.pec.2007.11.018.

Deutsches Netzwerk Evidenzbasierte Medizin. (2015). Gute Praxis Gesundheitsinformation. Berlin. http://www.ebm-netzwerk.de/gpgi. Zugegriffen: 24. Aug. 2020.

Deutsches Netzwerk Evidenzbasierte Medizin. (2016). Gute Praxis Gesundheitsinformation. Ein Positionspapier des Deutschen Netzwerks Evidenzbasierte Medizin e.V., Version 2.0, Stand: 21.07.2016. Berlin. https://www.ebm-netzwerk.de/de/medien/pdf/gpgi_2_20160721.pdf. Zugegriffen: 9. Nov. 2020.

Doak, C., Doak, L. G., & Root, J. H. (1996). *Teaching patients with low literacy skills* (2nd ed.). J.B. Lippincott Company. https://www.hsph.harvard.edu/healthliteracy/resources/teaching-patients-with-low-literacy-skills/.

Doak, C., Doak, L., Miller, K., & Wilder, L. (1994). *Suitability assessment of materials (SAM)*. American Public Health Association.

Elwyn, G., O'Connor, A., Stacey, D., Volk, R., Edwards, A., & Coulter, A. (2006). Developing a quality criteria framework for patient decision aids: Online international Delphi consensus process. *British Medical Journal* (Vol. 333, Issue 7565, S. 417–419). BMJ. https://doi.org/10.1136/bmj.38926.629329.AE.

Elwyn, G., O'Connor, A. M., Bennett, C., Newcombe, R. G., Politi, M., Durand, M. A., Drake, E., Joseph-Williams, N., Khangura, S., Saarimaki, A., Sivell, S., Stiel, M., Bernstein, S. J., Col, N., Coulter, A., Eden, K., Härter, M., Rovner, M. H., Moumjid, N., … Edwards, A. (2009). Assessing the quality of decision support technologies using the International Patient Decision Aid Standards instrument (IPDASi). *PLoS ONE, 4*(3). https://doi.org/10.1371/journal.pone.0004705.

Elwyn, G., Durand, M. A., Song, J., Aarts, J., Barr, P. J., Berger, Z., Cochran, N., Frosch, D., Galasiski, D., Gulbrandsen, P., Han, P. K. J., Härter, M., Kinnersley, P., Lloyd, A., Mishra, M., Perestelo-Perez, L., Scholl, I., Tomori, K., Trevena, L., & Van Der Weijden, T. (2017). A three-talk model for shared decision making: Multistage consultation process. *BMJ (Online), 359*, 1–7. https://doi.org/10.1136/bmj.j4891.

Fonds Gesundes Österreich, Wissen. Zielgruppe. http://fgoe.org/glossar/zielgruppe. Zugegriffen: 14. Jan. 2021.

Franzén, K., Johansson, J. E., Andersson, G., & Nilsson, K. (2008). Urinary incontinence: Evaluation of an information campaign directed towards the general public. *Scandinavian Journal of Urology and Nephrology, 42*(6), 534–538. https://doi.org/10.1080/00365590802229962.

Frauengesundheitszentrum. (2018). Methodenpapier Frauengesundheitszentrum. Gute Gesundheitsinformation Österreich. Die 15 Qualitätskriterien. Verfasst von Sladek, U.; Gallé, F.; externer Begutachter: Koch, K., Graz. http://www.frauengesundheitszentrum.eu/qualitaeskriterien-die-gute-gesundheitsinformation-oesterreich/. Zugegriffen: 09. Nov. 2020.

Freter, H. (2008). *Markt- und Kundensegmentierung. Kundenorientierte Markterfassung und -bearbeitung* (2. Aufl.). Kohlhammer.

Füreder, H., & Soffried, J. (2016). Die gesundheitskompetente Sozialversicherung: Methodenbox. https://www.sozialversicherung.at/cdscontent/?contentid=10007.843982&portal=svportal. Zugegriffen: 24. Sept. 2020.

Gabler Wirtschaftslexikon. Projektmanagement (PM). https://wirtschaftslexikon.gabler.de/definition/projektmanagement-pm-46130. Zugegriffen: 24. Sept. 2020.

Gehms, M. (2018). Häufig angebotene IGeL widersprechen medizinischen Empfehlungen und können schaden. https://www.mds-ev.de/uploads/media/downloads/18_05_03_PM_IGeL-Monitor_01.pdf. Zugegriffen: 14. Jan. 2021.

Good Clinical Practice Network. (2020.) ICH harmonised guideline integrated addendum to ICH E6(R1): Guideline for Good Clinical Practice ICH E6(R2) ICH Consensus Guideline. https://ichgcp.net/de. Zugegriffen: 23. Sept. 2020.

Horvath, K. et al. (2017). Qualität medizinischer Informationsbroschüren in den Hausarztpraxen der Steiermark: (MEDIB-Hausarzt). Graz. https://allgemeinmedizin.medunigraz.at/fileadmin/institute-oes/allgemeinmedizin/Publikationen/Berichte/2017/IAMEV_MEDIB_final.pdf. Zugegriffen: 09. Nov. 2020.

International Organisation for Standardisation (ISO). (2015). ISO 9001:2015 Qualitätsmanagementsysteme – Anforderungen. Brüssel 2015(ISO), International Organisation for Standardisation. 2015. Qualitätsmanagementsysteme – Grundlagen und Begriffe (ISO 9000:2015); Deutsche und Englische Fassung EN ISO 9000:2015.

IOM (Institute of Medicine). (2009). *Conflict of interest in medical research, education, and practice*. The National Academies Press. https://doi.org/10.17226/12598.

IQWiG (2019). Allgemeine Methoden. Entwurf für Version 6.0 vom 05.12.2019. Köln. https://www.iqwig.de/ueber-uns/methoden/methodenpapier/. Zugegriffen: 20. Mai. 2021.

IQWIG. (2020). Offenlegung von Beziehungen. https://www.iqwig.de/sich-einbringen/offenlegung-von-beziehungen/faq-formblatt-offenlegung-von-beziehungen/. Zugegriffen: 20. Mai. 2021.

Johnson, A., & Sandford, J. (2005). Written and verbal information versus verbal information only for patients being discharged from acute hospital settings to home: Systematic review. *Health Education Research, 20*(4), 423–429. https://doi.org/10.1093/her/cyg141.

Kerschner, B. (2017). Qualität bei Gesundheitsinformationen ist möglich. Wissen Was Wirkt. https://wissenwaswirkt.org/qualitaet-bei-gesundheitsinformationen-ist-moeglich. Zugegriffen: 14. Jan. 2021.

Kerschner, B., et al. (2015). Wie evidenzbasiert berichten Print- und Online-Medien in Österreich? Eine quantitative Analyse. *Zeitschrift für Evidenz, Fortbildung und Qualität im Gesundheitswesen.* https://doi.org/10.1016/j.zefq.2015.05.014.

Kessels, R. P. C. (2003). Patients' memory for medical information. *Journal of the Royal Society of Medicine, 96*(5), 219–222. https://doi.org/10.1258/jrsm.96.5.219.

Klemperer, D. (2008). Interessenkonflikte: Gefahr für das ärztliche Urteilsvermögen. *Dtsch Ärztebl, 105*(40), A2098–2100.

Krebsinformationsdienst des Deutschen Krebsforschungszentrums. (2020). Unsere Broschüren zum Thema Krebs. https://www.krebsinformationsdienst.de/service/iblatt/index.php. Zugegriffen: 28. Jan. 2020.

Latorre-Postigo, J. M., Ros-Segura, L., Navarro-Bravo, B., Ricarte-Trives, J. J., Serrano-Selva, J. P., & López-Torres-Hidalgo, J. (2017). Older adults' memory for medical information, effect of number and mode of presentation: An experimental study. *Patient Education and Counseling, 100*(1), 160–166. https://doi.org/10.1016/j.pec.2016.08.001.

London, F. (2009). *No time to teach: The essence of patient and family education for health care providers.* Pritchett & Hull Associates. https://books.google.ie/books/about/No_Time_to_Teach.html?id=Ia8aFXkoFBYC&pgis=1.

Lühnen, J., Albrecht, M., Mühlhauser, I., & Steckelberg, A. (2017). Leitlinie evidenzbasierte Gesundheitsinformation. Hamburg. https://www.leitlinie-gesundheitsinformation.de/wp-content/uploads/2017/07/Leitlinie-evidenzbasierte-Gesundheitsinformation.pdf. Zugegriffen: 09. Nov. 2020.

Moult, B., Franck, L. S., & Brady, H. (2004). Ensuring quality information for patients: Development and preliminary validation of a new instrument to improve the quality of written health care information. *Health Expectations.* https://doi.org/10.1111/j.1369-7625.2004.00273.x.

ÖPGK. (2018a). Gute Gesundheitsinformation Österreich. Die 15 Qualitätskriterien. Der Weg zum Methodenpapier — Anleitung für Organisationen, herausgegeben von Bundesministerium für Arbeit, Soziales, Gesundheit und Konsumentenschutz (BMASGK) und Österreichische Plattform Gesundheitskompetenz (ÖPGK) in Zusammenarbeit mit dem Frauengesundheitszentrum. Wien (3. Aufl.). https://oepgk.at/wp-content/uploads/2018/11/gute-gesundheitsinformation-oesterreich.pdf. Zugegriffen: 09. Nov. 2020.

ÖPGK. (2018b). Gute Gesundheitsinformation – Überblick über die 15 Qualitätskriterien für zielgruppenorientierte, evidenzbasierte Broschüren, Videos, Websites und Apps. Bundesministerium für Arbeit, Soziales, Gesundheit und Konsumentenschutz und Österreichische Plattform Gesundheitskompetenz (ÖPGK). Verfasst von Frauengesundheitszentrum und ÖPGK. Basiert auf der Guten Praxis Gesundheitsinformation des Deutschen Netzwerks für Evidenzbasierte Medizin. Wien. 3. Aufl. https://oepgk.at/wp-content/uploads/2018/11/15-qualitaetskriterien-der-guten-gesundheitsinformation-oesterreich.pdf. Zugegriffen: 09. Nov. 2020.

ÖPGK. (2019a). Gute Gesundheitsinformation. ÖPGK-Factsheet, Version 04/2019. ÖPGK –AG Gute Gesundheitsinformation. Wien. https://oepgk.at/wp-content/uploads/2019/05/factsheet_gute_gesundheitsinformationen.pdf. Zugegriffen: 09. Nov. 2020.

ÖPGK. (2019b). Gesundheitskompetenz in Organisationen verwirklichen. Ein Praxisleitfaden. Wien. https://oepgk.at/wp-content/uploads/2019/06/praxisleitfaden.pdf. Zugegriffen: 09. Nov. 2020.

ÖPGK. (2019c). Gute Gesundheitsinformation. ÖPGK-Factsheet, Version 04/2019. Wien: ÖPGK. https://oepgk.at/wp-content/uploads/2019/05/factsheet_gute_gesundheitsinformationen.pdf. Zugegriffen: 24. Sept. 2020.

Oxman, A. D., & Paulsen, E. J. (2019). Who can you trust? A review of free online sources of "trustworthy" information about treatment effects for patients and the public. *BMC Medical Informatics and Decision Making, 19*(1). BioMed Central Ltd. https://doi.org/10.1186/s12911-019-0772-5.

Papadakos, C., Papadakos, J., Catton, P., Houston, P., McKernan, P., & Friedman, A. J. (2014). From theory to pamphlet: The 3Ws and an H process for the development of meaningful patient education resources. *Journal of Cancer Education, 29*(2), 304–310. https://doi.org/10.1007/s13187-013-0600-z.

Plain Language and Action Network. (2011). *Federal plain language guidelines* (Vol. 1). https://plainlanguage.gov/guidelines/. Zugegriffen: 14. Jan. 2021.

Posch, N. et al. (2020) Written patient information materials used in general practices fail to meet acceptable quality standard. *BMC Family Practice.* https://doi.org/10.1186/s12875-020-1085-6.

Projektmanagement – Handbuch. Das Projektteam. https://www.projektmanagementhandbuch.de/handbuch/projektinitiierung/das-projektteam/. Zugegriffen: 24. Sept. 2020.

Rhee, R. L., Von Feldt, J. M., Schumacher, H. R., & Merkel, P. A. (2013). Readability and suitability assessment of patient education materials in rheumatic diseases. *Arthritis Care and Research, 65*(10), 1702–1706. https://doi.org/10.1002/acr.22046.

RIS, Landesrecht konsolidiert Steiermark: Gesamte Rechtsvorschrift für Vereinbarung zur Sicherstellung der Patientenrechte (Patientencharta), Fassung vom 12.01.2021, LGBl. Nr. 101/2002, Gesetzesnummer 20000175, Dokumentnummer LST40002725. https://www.ris.bka.gv.at/GeltendeFassung.wxe?Abfrage=LrStmk&Gesetzesnummer=20000175. Zugegriffen: 12. Jan. 2021.

Roberts, H. J., Zhang, D., Earp, B. E., Blazar, P., & Dyer, G. S. M. (2018). Patient self-reported utility of hand surgery online patient education materials. *Musculoskeletal Care, 16*(4), 458–462. https://doi.org/10.1002/msc.1360.

Robins, S., Barr, H. J., Idelson, R., Lambert, S., & Zelkowitz, P. (2016). Online health information regarding male infertility: An evaluation of readability, suitability, and quality. *Interactive Journal of Medical Research, 5*(4), e25. https://doi.org/10.2196/ijmr.6440.

Roski, R. (2009). Akteure, Ziele und Stakeholder im Gesundheitswesen – Business Marketing, Social Marketing und Zielgruppensegmentierung. *Zielgruppengerechte Gesundheitskommunikation.* https://doi.org/10.1007/978-3-531-91476-3_1.

Sänger, S., Lang, B., Klemperer, D., Thomeczek, C., & Dierks, M. L. (2006). Manual Patienteninformation. Empfehlung zur Erstellung evidenzbasierter Patienteninformationen. In *Schriftenreihe des Ärztlichen Zentrums für Qualität in der Medizin, Band 25.* Ärztliches Zentrum für Qualität in der Medizin.

Schoberer, D. (2017). *Enhancement of patient education.* Medical University Graz.

Schoberer, D., Halfens, R. J. G., Lohrmann, C., & Ma, R. N. (2012). Availability of written patient information addressing certain nursing care problems in Austrian and Dutch hospitals and nursing homes: A cross-sectional study aimed at enhancing shared decision-making and person-centeredness. *The International Journal of Person Centered Medicine, 2*(3), 437–444.

Schoberer, D., Breimaier, H. E., Mandl, M., Halfens, R. J. G., & Lohrmann, C. (2016a). Involving the consumers: An exploration of users' and caregivers' needs and expectations on a fall prevention brochure: A qualitative study. *Geriatric Nursing, 37*(3), 207–214. https://doi.org/10.1016/j.gerinurse.2016.02.011.

Schoberer, D., Mijnarends, D. M., Fliedner, M., Halfens, R. J. G., & Lohrmann, C. (2016b). Quality of Austrian and Dutch falls-prevention information: A comparative descriptive study. *Health Education Journal, 75*(2), 220–234. https://doi.org/10.1177/0017896915573045.

Schoberer, D., Eglseer, D., Halfens, R. J. G., & Lohrmann, C. (2018). Development and evaluation of brochures for fall prevention education created to empower nursing home residents and family members. *International Journal of Older People Nursing, 13*(2), 1–10. https://doi.org/10.1111/opn.12187.

Shoemaker, S. J., Wolf, M. S., & Brach, C. (2014). Development of the Patient Education Materials Assessment Tool (PEMAT): A new measure of understandability and actionability for print and audiovisual patient information. *Patient Education and Counseling.* https://doi.org/10.1016/j.pec.2014.05.027.

Soyel, G., Fousek, S., Ramssl-Sauer, A., & Lehermayr, K. (2019a). *Erstellung evidenzbasierter Gesundheitsinformationen für das öffentliche Gesundheitsportal. Methoden.* Gesundheit Österreich, Wien. https://www.gesundheit.gv.at/r/ueber-uns/qualitaetskriterien/20190529_Erstellung_von_Gesundheitsinformationen_Methoden.pdf?ps9nf5. Zugegriffen: 28. Apr. 2020.

Soyel, G., Fousek, S., Ramssl-Sauer, A., & Lehermayr, K. (2019b). *Erstellung evidenzbasierter Gesundheitsinformationen für das öffentliche Gesundheitsportal. Methoden.* Gesundheit Österreich. Wien. https://www.gesundheit.gv.at/r/ueber-uns/qualitaetskriterien/20190529_Erstellung_von_Gesundheitsinformationen_Methoden.pdf?ps9nf5. Zugegriffen: 09. Nov. 2020.

SPS Magazin. Was macht ein gutes Projektteam aus? https://www.sps-magazin.de/?inc=artikel/article_show&nr=78033. Zugegriffen: 24. Sept. 2020.

Vallance, J. K., Taylor, L. M., & Lavallee, C. (2008). Suitability and readability assessment of educational print resources related to physical activity: Implications and recommendations for practice. *Patient Education and Counseling, 72*(2), 342–349. https://doi.org/10.1016/j.pec.2008.03.010.

Van Den Borne, H. W. (1998). The patient from receiver of information to informed decision-maker. *Patient Education and Counseling, 34*(2), 89–102. https://doi.org/10.1016/S0738-3991(97)00085-2.

Vishnevetsky, J., Walters, C. B., & Tan, K. S. (2018). Interrater reliability of the Patient Education Materials Assessment Tool (PEMAT). *Patient Education and Counseling, 101*(3), 490–496. https://doi.org/10.1016/j.pec.2017.09.003.

Walter, U., Schneider, N., & Plaumann, M. (2008). Empowerment Bei Älteren. *Gesundheitswesen.* https://doi.org/10.1055/s-0028-1103270.

Weintraub, D., Maliski, S. L., Fink, A., Choe, S., & Litwin, M. S. (2004). Suitability of prostate cancer education materials: Applying a standardized assessment tool to currently available materials. *Patient Education and Counseling, 55*(2), 275–280. https://doi.org/10.1016/j.pec.2003.10.003.

WHO. (2016). Tackling food marketing to children in a digital world: Trans-disciplinary perspectives. https://www.euro.who.int/__data/assets/pdf_file/0017/322226/Tackling-food-marketing-children-digital-world-trans-disciplinary-perspectives-en.pdf. Zugegriffen: 23. Sept. 2020.

Wizowski, L., Harper, T. and Hutchings, T. (2014a) Writing health information for patients and families. https://muhcpatienteducation.mcgill.ca/Writing_HI_Edition4.pdf. Zugegriffen: 14. Jan. 2021.

Wizowski, L.; Harper, T.; Hutchings, T. (2014b). *Writing Health information for patients and families – A guide to developing educational materials that promote health literacy.* Hamilton Health Sciences.

Zheng, H., Rosal, M. C., Li, W., Borg, A., Yang, W., Ayers, D. C., & Franklin, P. D. (2018). A web-based treatment decision support tool for patients with advanced knee arthritis: Evaluation of user interface and content design. *Journal of Medical Internet Research, 20*(4). https://doi.org/10.2196/humanfactors.8568.

Zschorlich, B., Knelangen, M., & Bastian, H. (2011). Die Entwicklung von Gesundheitsinformationen unter Beteiligung von Bürgerinnen und Bürgern am Institut für Qualität und Wirtschaftlichkeit im Gesundheitswesen (IQWiG). *Gesundheitswesen.* https://doi.org/10.1055/s-0030-1261879.

Entwicklung – Struktur, Inhalt und Sprache von Gesundheitsinformationen

4

Magdalena Hoffmann, Christine Maria Schwarz, Daniela Schoberer, Felice Gallé, Eva Jabinger, Claudia Voithofer und Gerald Sendlhofer

M. Hoffmann (✉) · C. M. Schwarz
Medizinische Universität Graz, Graz, Österreich
E-Mail: magdalena.hoffmann@medunigraz.at

C. M. Schwarz
E-Mail: christine.schwarz@medunigraz.at

D. Schoberer · C. Voithofer
Institut für Pflegewissenschaft, Medizinische Universität Graz, Graz, Österreich
E-Mail: daniela.schoberer@medunigraz.at

C. Voithofer
E-Mail: claudia.voithofer@stud.medunigraz.at

F. Gallé
Frauengesundheitszentrum, Graz, Österreich
E-Mail: felice.galle@fgz.co.at

E. Jabinger
Fachhochschule Gesundheit (fhg) – Zentrum für Gesundheitsberufe Tirol GmbH, Innsbruck, Österreich
E-Mail: eva.jabinger@fhg-tirol.ac.at

G. Sendlhofer
LKH-Univ. Klinikum Graz, Graz, Österreich
E-Mail: gerald.sendlhofer@uniklinikum.kages.at

M. Hoffmann et al. (Hrsg.), *Patienten und Angehörige richtig informieren*, https://doi.org/10.1007/978-3-658-35274-5_4

Inhaltsverzeichnis

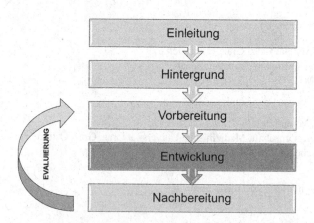

Sind die Vorbereitungen abgeschlossen und damit alle wichtigen Fragen hinsichtlich Freigabe, Kosten, Ziel, Zweck und Zielgruppe geklärt sowie die eigene Organisation auf bereits bestehendes Material geprüft worden, kann die Entwicklung der guten Gesundheitsinformation in Angriff genommen werden.

Die folgenden Abschnitte informieren und unterstützen die Leser*innen bei diesem wichtigen Entwicklungsprozess. Zu diesem Zweck werden dessen wichtigsten Schritte sowie die Umsetzung einzelner Qualitätskriterien bei der Erstellung im Detail beschrieben.

Die Erstellung einer guten Gesundheitsinformation kann grundsätzlich mit einem großen Aufwand verbunden sein, und häufig sehen sich Entwickler*innen vor der Herausforderung begrenzter zeitlicher und personeller Ressourcen oder Kompetenzen. Das Ziel, evidenzbasierte hochwertige Gesundheitsinformationen gemeinsam mit den Nutzer*innen zu entwickeln, die darüber hinaus einer Vielzahl von Qualitätskriterien entsprechen, kann zu einer sehr großen persönlichen und auch finanziellen Herausforderung werden.

Hilfreich dabei sind ein Methodenpapier, gelebtes Wissensmanagement in der Organisation, Unterstützung durch verschiedene Expert*innen im Entwicklungsteam sowie ein funktionierendes Qualitätsmanagementsystem, welches die Evaluierungsprozesse festlegt (siehe Abschn. 3.1, Methodenpapier in der Organisation, und Abschn. 5.2, Wissensmanagement).

Im Sinne eines kontinuierlichen Verbesserungsprozesses soll auch der Prozess der Erstellung guter Gesundheitsinformationen in der Organisation gelebt und reflektiert werden.

So macht es bei der Erstellung von Gesundheitsinformationen Sinn, in bestimmten Organisationen die Einhaltung von (Mindest-) Qualitätskriterien als ersten Schritt festzulegen. Damit wird vermieden, die Schwelle für Ersteller*innen hinsichtlich Aufwand, Kompetenz und Kosten von Beginn an entmutigend hoch anzusetzen (siehe Abschn. 2.3, Qualitätskriterien für gute Gesundheitsinformationen). Im Rahmen des Organisationsentwicklungsprozesses muss es dann das Ziel sein, in weiteren Entwicklungsschritten die bestmöglichen Gesundheitsinformationen für die Zielgruppe zu erstellen.

4.1 Inhalte der Gesundheitsinformation festlegen

In diesem Abschnitt beantworten wir die Fragen

- Warum ist es wichtig, das Ziel einer Gesundheitsinformation festzulegen?
- Warum ist es wichtig, den Wissensbedarf der Anwender*innen zu kennen?
- Warum braucht es das „beste" verfügbare Wissen?
- Warum hängen die Gestaltung und Umsetzung einer guten Gesundheitsinformation von Qualitätskriterien ab?

Die Inhalte einer Gesundheitsinformation werden vorrangig von der Zielgruppe und ihren Informationsbedürfnissen sowie dem geplanten Thema bestimmt. Einfluss hat auch, ob es sich um eine Aufklärung zu therapeutischen, diagnostischen oder Screening-Maßnahmen handelt, um Informationen, die der Orientierung im Gesundheitssystem dienen, oder um Informationen zur Gesundheitsförderung oder Prävention (siehe Abschn. 3.6, Bestimmung von Ziel, Zweck und Zielgruppe). In jedem Fall hat der Inhalt dazu geeignet zu sein, den Nutzer*innen der Information umfassendes und nützliches evidenzbasiertes Wissen für ihre selbstbestimmten Entscheidungen zu liefern. Damit dies gelingt, braucht es immer den Bezug zum Alltag der Zielgruppe und Informationen zur Frage: **Was bedeutet das für mein Leben?** Es ist daher sinnvoll und angemessen, bereits in der Phase der Planung der Inhalte Betroffene beziehungsweise Vertreter*innen der Zielgruppe zu beteiligen (siehe Abschn. 4.1.2, Anwender*innen und Nutzer*innen miteinbeziehen). Daneben ist auch der Punkt Transparenz nicht zu vernachlässigen. So sind Angaben dazu, wer die Gesundheitsinformation herausgegeben, verfasst und finanziert hat, ebenso wichtiger Teil des Inhalts wie Aktualität, Methoden, Quellen und mögliche Interessenskonflikte (siehe Abschn. 2.3, Qualitätskriterien für gute Gesundheitsinformationen, und Abschn. 4.8, Angaben Zu Metadaten).

4.1.1 Wissensbedarf potenzieller Anwender*innen klären

In diesem Abschnitt beantworten wir die Fragen

- Warum wird Wissen über die Zielgruppe als Grundlage benötigt?
- Welche Informationsbedürfnisse können in Erfahrung gebracht werden?
- Wie kann die Umsetzung in der Praxis gelingen?

Um Gesundheitsinformationen maßschneidern zu können und damit relevant, nützlich, verständlich und attraktiv zu machen, braucht es Klarheit über Thema und Zielgruppe. Auskunft über die Informationsbedürfnisse der potenziellen Nutzer*innen erhält man aus Studien, durch die Beteiligung von Personen aus der Zielgruppe und indem man die Expertise von Multiplikator*innen einbezieht, die mit der Zielgruppe arbeiten (siehe Abschn. 4.1.2, Anwender*innen und Nutzer*innen miteinbeziehen). Dabei geht es auch um typische Missverständnisse, häufige Fragen, bekannte Wissenslücken sowie Stärken, an denen die Gesundheitsinformation anknüpfen kann. Hier können ergänzend auch eigene Erfahrungen aus dem direkten Kontakt mit Personen aus der Zielgruppe nützlich sein, etwa im Rahmen ärztlicher Konsultationen oder aus Beratungsgesprächen von in der Gesundheitsförderung Tätigen.

Praxisbezogen beschreibt zum Beispiel das Frauengesundheitszentrum in Graz in seinem Methodenpapier nach der *Guten Gesundheitsinformation Österreich* zu dem Qualitätskriterium *1. Identifizierung besonderer Informationsbedürfnisse:*

„So vielfältig Frauen und Mädchen sind, so unterschiedlich können ihre Erwartungen an Gesundheitsinformationen sein. Welche Fragestellungen im Vordergrund stehen, welche Informationen besonders relevant sind, um Entscheidungen treffen zu können, und wie die Informationen aufbereitet sein müssen, erfahren wir zum Beispiel in Beratungsgesprächen oder Workshops mit Frauen und Mädchen, in der Zusammenarbeit mit Fachpersonen aus

dem Sozial- und Gesundheitswesen und indem wir Frauen und Mädchen direkt bei der Erstellung und Beurteilung von Informationsmaterialien beteiligen […]. Außerdem ziehen wir aktuelle Forschungsergebnisse, die sich mit Informationsbedürfnissen verschiedener Zielgruppen befassen, heran. " (Frauengesundheitszentrum, 2018a, b).

Ganz direkt mit den Informationsbedürfnissen der Zielgruppe hängt etwa das Angebot von *Medizin Transparent* zusammen. Die Expert*innen von Cochrane Österreich und der Donau-Universität Krems überprüfen in diesem Projekt vorrangig Gesundheitsbehauptungen aus Medien, die Leser*innen an sie senden. In seinem Methodenpapier führt *Medizin Transparent* aus:

„Grundlage der Themenauswahl […] sind Anfragen von Leserinnen und Lesern zu verbreiteten Mythen oder Behauptungen aus den Medien, dem Internet oder der Werbung. Auch ohne Anfrage greifen wir ein Thema auf, wenn es in den Medien in großem Ausmaß diskutiert wird und daher ein großes, öffentliches Interesse anzunehmen ist." (Kerschner & Harflinger, 2018).

Für welche Methode(n) die Ersteller*innen sich bei der Entwicklung einer bestimmten Gesundheitsinformation entscheiden, wird je nach Zielgruppe, Thema, und Ressourcen variieren. Wichtig ist, die Entscheidung nachvollziehbar offenzulegen und das Vorgehen transparent zu beschreiben.

Um die Informationsbedürfnisse der Zielgruppe möglichst genau zu erfassen, empfiehlt es sich, jene selbst nach ihren Bedürfnissen und Wünschen zu fragen. Noch scheuen viele Ersteller*innen vor der Beteiligung potenzieller Anwender*innen und Nutzer*innen zurück. Studien zeigen aber, dass sich der Mehraufwand lohnt: Wer jene einbezieht, um die es geht, kann Gesundheitsinformationen verständlicher und nützlicher gestalten (Schoberer et. al., 2018) (siehe Abschn. 4.1.2, Anwender*innen und Nutzer*innen miteinbeziehen; Tab. 4.1).

Tab. 4.1 Checkbox: Wissensbedarf erheben

Schritte	Erledigt
Überblick über Thema	▢Ja ▢Nein
Literaturrecherche zur Zielgruppe	▢Ja ▢Nein
Beteiligung potenzieller Anwender*innen	▢Ja ▢Nein
Expertise von Multiplikator*innen	▢Ja ▢Nein
Erfahrung aus direktem Kontakt	▢Ja ▢Nein

4.1.2   Anwender*innen und Nutzer*innen miteinbeziehen

In diesem Abschnitt beantworten wir die Fragen

- Warum ist das Einbeziehen von Anwender*innen und Nutzer*innen für eine gute Gesundheitsinformation wichtig?
- Zu welchen Zeitpunkten können Anwender*innen und Nutzer*innen miteinbezogen werden?
- Wie kann Feedback von Anwender*innen und Nutzer*innen eingeholt werden?

In diesem Abschnitt wird beschrieben, warum das Einbeziehen der zukünftigen Anwender*innen und Nutzer*innen für den Erstellungsprozess, aber auch für das Endergebnis von großem Vorteil ist. Dabei wird davon ausgegangen, dass Anwender*innen und Nutzer*innen grundsätzlich medizinische Laien sind, jedoch durchaus als Expert*innen für die eigene Krankheit beziehungsweise für die eigene Gesundheit angesehen werden können. Dabei können Anwender*innen und Nutzer*innen zu unterschiedlichen Zeitpunkten in den Erstellungsprozess miteinbezogen werden. Dies kann zum Beispiel durch Befragungen oder Interviews, aber auch in Fokusgruppengesprächen erfolgen. Nicht zuletzt können Anwender*innen und Nutzer*innen auch Teil des Entwicklungsteams werden (siehe Abschn. 3.3, Entwickler*innen-Team formieren).

Medizinische Laien als Expert*innen für die eigene Krankheit und Gesundheit
Menschen, die ein starkes Interesse an Gesundheit und einer gesunden Lebensführung haben oder selbst von einer Krankheit betroffen sind, werden rasch zu Expert*innen für die eigene Erkrankung beziehungsweise für die eigene Gesundheit. Während gesundheitsberufliche Expert*innen und Forscher*innen zwar neues Wissen generieren können, welches meist in Mittelwerten und Prozenten ausgedrückt wird, sind es schließlich die Betroffenen selbst, die aufgrund ihrer Erlebnisse die individuellen Auswirkungen einer Krankheit beziehungsweise die Wirkung oder die Praxistauglichkeit der Empfehlungen, die auf diesem generierten Wissen basieren, feststellen und bewerten können. Daher ist es unumgänglich, Anwender*innen und Nutzer*innen miteinzubeziehen, wenn Informationen für eine bestimmte Zielgruppe erstellt werden sollen.

Der richtige Zeitpunkt für die Beteiligung von Anwender*innen und Nutzer*innen
Für das Miteinbeziehen von Anwender*innen und Nutzer*innen am Entwicklungsprozess einer Gesundheitsinformation gibt es unterschiedliche gut geeignete Zeitpunkte. Welcher der individuell optimale Zeitpunkt dafür ist, hängt stark von den Ressourcen und den Möglichkeiten der Entwickler*innen ab. Dabei hat jede zeitliche Option unterschiedliche Vor- und Nachteile.

Vor der Erstellung
Optimalerweise besteht die Möglichkeit, Anwender*innen und Nutzer*innen gleich von Beginn an in den Entwicklungsprozess miteinzubeziehen. Sie können Teil des Entwickler*innen-Teams werden oder aber auch in einem sogenannten Anwender*innen- und Nutzer*innen-**Beirat** in jeden Prozessschritt miteinbezogen werden. Dabei vertreten die Anwender*innen und Nutzer*innen von Beginn an die Bedürfnisse und Ziele der Zielgruppe.

Im Erstellungsprozess Anwender*innen und Nutzer*innen können an unterschiedlichen Phasen des Entwicklungsprozesses beteiligt werden, unter anderem bereits zu Beginn bei der Festlegung der Inhalte. Hier werden beispielsweise die Anwender*innen und Nutzer*innen zu den gewünschten Inhalten befragt, was in **Fokusgruppen, Einzelinterviews** oder anhand von **Fragebögen** erfolgen kann.

Vor der finalen Fertigstellung Eine andere Möglichkeit des Miteinbeziehens besteht darin, die Anwender*innen und Nutzer*innen dann hinzuzunehmen, wenn die Inhalte bereits aufbereitet sind, aber noch nicht verbreitet wurden. Auch dies kann mittels Fokusgruppen, Einzelinterviews oder anhand von Fragebögen erfolgen.

Eine **Vorlage mit Fragen** (Evaluierungsbogen) zur Evaluierung der Nützlichkeit einer Gesundheitsinformation durch die Anwender*innen, angelehnt an Wizowski et al. 2014b) und adaptiert durch Schoberer et al. (2020), findet sich in Tab. 4.2.

Zum Zwecke der Evaluierung wird die bereits präfinale Gesundheitsinformation zusammen mit dem nachfolgenden Evaluierungsbogen an die teilnehmenden Anwender*innen und Nutzer*innen zur Feedbackeinholung verteilt. Dabei ist besonders darauf zu achten, dass die Befragten ihre Antworten anonym und ohne Zeitdruck geben können. Das folgende Feedback wird dann vor der finalen Fertigstellung der Gesundheitsinformation von den Entwickler*innen ausgewertet, berücksichtigt und eingearbeitet (Tab. 4.3).

4.2 Identifizierung, Bewertung und Auswahl aktueller wissenschaftlicher Literatur

In diesem Abschnitt beantworten wir die Fragen

- Welche Möglichkeiten zur systematischen Nutzung von Literatur bestehen für Gesundheitsinformationen?
- Welche Quellen der Identifikation von Leitlinien, Übersichtsarbeiten und Primärstudien stehen zur Verfügung?
- Wie kann die Bewertung von Evidenzsynthesen und Primärstudien erfolgen?
- Wie kann bereits zusammengefasstes Wissen genutzt werden?

Tab. 4.2 Vorlage zur Evaluierung einer Gesundheitsinformation durch Anwender*innen und Nutzer*innen

Sagen Sie uns, was Sie denken!					
Nachdem Sie die beiliegende Gesundheitsinformation gelesen haben, antworten Sie bitte auf die folgenden Aussagen. Ihre Antworten und Kommentare werden uns helfen, die Information zu verbessern. Diese Befragung erfolgt anonym und lässt durch das unbeschriftete Kuvert keinen Rückschluss auf Ihre Person zu. Sie können jederzeit von Ihrer Zustimmung zur Teilnahme an der Befragung ohne jegliche Folgen zurücktreten Wir danken ganz herzlich für Ihren Beitrag zur Qualitätssicherung					
Geschlecht: □ **männlich,** □ **weiblich,** □ **divers**					
Altersgruppen: □ **6–14 Jahre,** □ **15–20 Jahre,** □ **21–30 Jahre,** □ **31–40 Jahre,** □ **41–50 Jahre,** □ **51–60 Jahre,** □ **61–70 Jahre,** □ **71–80 Jahre,** □ ≥ **81 Jahre**					
Höchste abgeschlossene Schulbildung?					
□ **Pflichtschulabschluss,** □ **Lehre,** □ **Matura,** □ **Studium,** □ **Sonstiges**					
Kreuzen Sie bitte an, inwiefern Sie den folgenden Aussagen zustimmen	**Stimme nicht zu (1) …. bis stimme voll zu (5)**				
Die Wörter/Sätze sind einfach zu lesen	1	2	3	4	5
Die Information ist einfach zu verstehen	1	2	3	4	5
Die Information zu lesen, war für mich hilfreich	1	2	3	4	5
Die Information half mir, besser zu verstehen beziehungsweise mein Wissen zu erweitern	1	2	3	4	5
Die Information half mir zu wissen, wie ich mich in meiner aktuellen Situation verhalten soll beziehungsweise was ich umsetzen soll	1	2	3	4	5
Die Information hat meine Fragen beantwortet	1	2	3	4	5
Ich würde diese Information anderen Patient*innen und/oder Personen in einer ähnlichen Situation empfehlen	1	2	3	4	5
Die Zeichnungen, Bilder, Piktogramme halfen mir, die Informationen zu verstehen	1	2	3	4	5
Die Gestaltung war für mich ansprechend	1	2	3	4	5
Ich hätte mir mehr Informationen gewünscht zu:					
Ich hätte mir weniger Informationen gewünscht über:					
Andere Kommentare und Vorschläge:					
Wie gut finden Sie die Information gesamt? (1 = nicht genügend bis 5 = sehr gut) □ 1, □ 2, □ 3, □ 4, □ 5					
Vielen Dank!					

Ergebnisse aus **vertrauenswürdiger wissenschaftlicher Literatur** mit einem hohen Evidenzlevel sollten die Grundlage jeder Empfehlung beziehungsweise Kernaussage von Gesundheitsinformationen mit informativem Charakter, Schulungsmaterialien und Entscheidungshilfen darstellen (siehe Abschn. 3.6, Bestimmung von Ziel, Zweck und Zielgruppe).

Tab. 4.3 Checkbox: Anwender*innen und Nutzer*innen miteinbeziehen

Fragestellung	Beantwortung
Wurden die Anwender*innen und Nutzer*innen identifiziert?	☐Ja ☐Nein
Stehen Anwender*innen und Nutzer*innen zur Verfügung, um:	☐Ja ☐Nein
• sie in einen Beirat mitaufzunehmen?	☐Ja ☐Nein
• sie in einer Fokusgruppe zu befragen?	☐Ja ☐Nein
• sie mittels eines Fragebogens zu befragen?	☐Ja ☐Nein
• sie in einem Interview zu befragen?	☐Ja ☐Nein
Welcher Zeitpunkt eignet sich für das Entwickler*innen-Team, um Anwender*innen und Nutzer*innen am besten miteinzubeziehen? Wurde dies abgeklärt?	☐Ja ☐Nein
• Richtiger Zeitpunkt?	☐Ja ☐Nein
• Ausreichend Ressourcen?	☐Ja ☐Nein

Die Auswahl der Literatur

Als Literatur mit einem hohen Evidenzlevel gelten systematische Zusammenfassungen von Literatur (sogenannte Evidenzsynthesen), wie beispielsweise systematische Übersichtsarbeiten, evidenzbasierte Leitlinien und Health Technology Assessments (Cochrane, 2019; DiCenso et al., 2009). Die Verwendung bereits systematisch aufbereiteter Literatur spart enorme Zeitressourcen, da nicht erst Einzelstudien gelesen, bewertet und zusammengefasst werden müssen (Hemingway & Brereton, 2009; Mallett et al., 2012). Sind keine systematischen Zusammenfassungen verfügbar, muss eine systematische Zusammenfassung von Primärliteratur (Einzelstudien) erfolgen. Unabhängig von der Kategorie der verwendeten Literatur sollte diese systematisch identifiziert werden (Charnock et al., 1999; Dreier et al., 2013; Steckelberg et al., 2005).

Kennzeichen einer systematischen Recherche sind (Nordhausen & Hirt, 2018):

- klar formulierte Ziele/Forschungsfragen
- vordefinierte Ein- und Ausschlusskriterien in Bezug auf die Auswahl der Evidenz
- Verwendung mehrerer für die Forschungsfrage und das Design passender Datenbanken/Suchmaschinen
- bei der Verwendung von Literaturdatenbanken: Entwicklung eines Suchstrings mit allen relevanten Suchkomponenten inklusive Synonymen, Mesh-Begriffen, Trunkierungen und entsprechenden booleschen Operatoren (zum Beispiel AND, „+", OR, NOT und „–")
- Dokumentation der Literaturrecherche zur Nachvollziehbarkeit inklusive Namens der Datenbank/Suchmaschine, Suchstring, Eingrenzungen (Suchfelder, Suchfilter), Trefferanzahl, Suchdatum

Die systematische Recherche und objektive Auswahl der Literatur ist besonders wichtig, um die Vertrauenswürdigkeit der Gesundheitsinformation zu sichern (Bunge et al., 2010). Werden nur einzelne Studien herangezogen, ohne sich einen gründlichen Überblick über die gesamte Studienlage eines Themas zu machen, kann das in einer sehr einseitigen Darstellung münden beziehungsweise sogar zu einer verfälschten Darstellung der Evidenz führen (Althubaiti, 2016).

Zur Beurteilung der Vertrauenswürdigkeit der Literatur ist deren Bewertung mit einem für die Forschungsmethode geeigneten Bewertungsinstrument (siehe *Weitere Informationen und Hilfestellungen* am Ende dieses Abschnittes) unerlässlich (Hemingway & Brereton, 2009).

Nutzung von evidenzbasierten Leitlinien als Evidenz

Unter einer evidenzbasierten Leitlinie wird ein Kompendium aus systematisch entwickelten Empfehlungen verstanden, welches in der Gesundheitsversorgung tätige Berufsgruppen und Patient*innen dabei unterstützt, Entscheidungen für eine optimale Gesundheitsversorgung treffen zu können (Brouwers et al., 2010; Woolf et al., 1999).

Wird als inhaltliche Grundlage der Gesundheitsinformation Evidenz aus einer oder mehreren evidenzbasierten Leitlinien verwendet, so soll auch diese systematisch identifiziert und bewertet werden. Das bedeutet, dass a priori klare Ein- und Ausschlusskriterien in Bezug auf die Inhalte der Leitlinie (z. B. in Bezug auf die Population, interessierende Maßnahmen) definiert werden. Dies ermöglicht, dass mehrere Personen eine Auswahl der Leitlinien nach einheitlichen Kriterien vornehmen können und eine relativ rasche Auswahl möglich ist. Für die Recherche nach Leitlinien zu gesundheitsrelevanten Themen eignen sich Leitliniendatenbanken. Beispiele für Leitliniendatenbanken sind:

- Guidelines International Network (https://www.g-i-n.net/)
- Scottish Intercollegiate Guidelines Network (https://www.sign.ac.uk/)
- Agency for Healthcare Research and Quality (https://www.ahrq.gov/)
- Arbeitsgemeinschaft der Wissenschaftlichen Medizinischen Fachgesellschaften (https://www.awmf.org/)

Zusätzlich zur Datenbankrecherche können Recherchen von leitlinienerstellenden Organisationen (z. B. dem *National Institute for Health and Care Excellence* https://www.nice.org.uk/) und auf Websites von Fachgesellschaften nützlich sein (Blümle et al., 2019). Bei der Entscheidung für eine oder mehrere Leitlinien ist die Aktualität und Qualität der Leitlinien von besonderer Bedeutung. Leitlinien sollten längstens alle fünf Jahre aktualisiert werden (Guideline International Network, 2019) und gelten demnach als nicht aktuell, wenn sie älter als fünf Jahre sind. Leitlinien, die den Einschlusskriterien entsprechen und aktuell sind, sollten hinsichtlich ihrer Qualität beziehungsweise Vertrauenswürdigkeit beurteilt werden. Zur Bewertung von Leitlinien eignet sich das Bewertungsinstrument AGREE II (Brouwers et al., 2010). Eine modifizierte Version des AGREE-II-Instruments ist auch in deutscher Sprache verfügbar und nennt sich Deutsches Instrument zur methodischen Leitlinien-Bewertung, kurz DELBI (Arbeitsgemeinschaft der Wissenschaftlichen Medizinischen Fachgesellschaften & Ärztliches Zentrum für Qualität in der Medizin, 2008). Leitlinien sollten nur dann als Evidenzgrundlage für Gesundheitsinformationen genutzt werden, wenn diese transparent entwickelt wurden und eine hohe Qualität aufweisen (Brouwers et al., 2010).

Bei der Verwendung evidenzbasierten Leitlinien gilt es zu beachten, dass die enthaltenen Leitlinienempfehlungen zwar grundsätzlich auf der besten verfügbaren Evidenz basieren, bei der Empfehlungsgradierung von den Entwickler*innen zusätzlich aber auch Aspekte wie Kosten und lokale Umsetzbarkeit von Maßnahmen berücksichtigt werden müssen (Guyatt et al., 2009). Das bedeutet, dass bei der Verwendung von internationalen Leitlinien die lokale Übertragbarkeit der Empfehlungen zu prüfen ist. Auch die Abklärung der Zielgruppe ist bei der Übertragbarkeit der Empfehlungen zu berücksichtigen.

Nutzung von systematischen Übersichtsarbeiten als Evidenz

Um geeignete Übersichtsarbeiten zur Beantwortung der relevanten Fragen der in Entwicklung befindlichen Gesundheitsinformation identifizieren zu können, bedarf es der Formulierung klarer Forschungsfragen und entsprechender Ein- und Ausschlusskriterien (in Bezug auf Population, Intervention/Thema und Endpunkte). Zur Generierung eines Suchstrings empfiehlt es sich, die relevanten Komponenten der Forschungsfragen zu verwenden, wie beispielsweise Zielpopulation, Intervention und relevante Endpunkte. Die Recherche sollte in internationalen Datenbanken, allen voran in der *Cochrane Database of Systematic Reviews* (CDSR) erfolgen (Blümle et al., 2019). Die CDSR ist eine Teildatenbank der Cochrane Library und beinhaltet ausschließlich Cochrane Reviews, welche von unabhängigen Reviewer*innen begutachtet wurden. Die Cochrane Library ist ausschließlich in englischer Sprache verfügbar; es gibt jedoch eine deutsche Webseite mit Übersetzungen und Zusammenfassungen von Cochrane Reviews in deutscher Sprache (Nordhausen & Hirt, 2018) (siehe *Weitere Informationen und Hilfestellungen* am Ende dieses Abschnittes). Weitere Datenbanken mit gesundheitsrelevanten Übersichtsarbeiten sind beispielsweise PubMed, EMBASE, CINAHL, PEDro, PsycINFO. Informationen zur Nutzung und zu den Schwerpunkten verschiedener Datenbanken finden sich im Handbuch von Nordhausen und Hirt (2018).

Bei der Verwendung von Übersichtsarbeiten empfiehlt es sich, eine **zeitliche Begrenzung** (zum Beispiel auf die letzten 5 Jahre) festzulegen, um möglichst nur aktuelle Arbeiten einzuschließen. Systematische Übersichtsarbeiten, die den Einschlusskriterien entsprechen und aktuell sind, sollen bezüglich ihrer Vertrauenswürdigkeit beurteilt werden. Ein validiertes Instrument zur Beurteilung der Güte von systematischen Übersichtsarbeiten ist das AMSTAR 2-Instrument (A MeaSurement Tool to Assess systematic Reviews) von Shea et al. (Shea et al., 2017).

Als Evidenzgrundlage für Gesundheitsinformationen sollen nur Übersichtsarbeiten genutzt werden, welche systematisch entwickelt wurden und eine entsprechende Güte aufweisen.

Nutzung von Primärstudien als Evidenz

Sind keine aktuellen und qualitativ adäquaten evidenzbasierten Leitlinien und systematische Übersichtsarbeiten verfügbar, so muss Primärliteratur als Grundlage der zu erstellenden Gesundheitsinformation herangezogen werden. Je nach Forschungsfrage sind Primärstudien wie etwa Interventionsstudien (bei Fragen der Effektivität von Maßnahmen), Diagnosestudien (bei Fragen der Genauigkeit von Instrumenten), Beobachtungsstudien (bei Fragen bezüglich Risiken, Ursachen und Prognosen) oder qualitative Studien (z. B. bei Fragen zu Wahrnehmungen, Erfahrungen oder Bedürfnissen) dafür geeignete Studientypen. Klar formulierte Forschungsfragen und vorab definierte Ein- und Ausschlusskriterien sind die Grundlage der Entwicklung von Suchstrings und leiten die Recherche und Auswahl der Studien. In Bezug auf das Studiendesign wird empfohlen, für die entsprechende Forschungsfrage jenes mit dem höchstmöglichen Evidenzlevel zu wählen (Phillips et al., 2014). Bei Fragen zur Effektivität von Maßnahmen wären dies randomisierte kontrollierte Studien, sofern keine systematischen Übersichtsarbeiten zur Verfügung stehen. Für die Recherche nach Primärstudien eignen sich, je nach Thema, verschiedene Fachdatenbanken (Blümle et al., 2019). Fachdatenbanken mit einem sehr breiten Themenspektrum sind beispielsweise MEDLINE, PubMed, CENTRAL, EMBASE, Web of Science Core Collection und CINAHL. Fachdatenbanken mit speziellen Themen wären beispielsweise PEDro (für physiotherapeutische Themen), PsycINFO (für psychologische/verhaltenswissenschaftliche Themen) oder SSOAR (für sozialwissenschaftliche Themen) (Nordhausen & Hirt, 2018). Anschließend an die umfangreiche Recherche und Selektion der relevanten Studien müssen auch Primärstudien wiederum hinsichtlich ihrer Vertrauenswürdigkeit beurteilt werden. Zu diesem Zweck existiert eine große Anzahl von Bewertungshilfen zur Beurteilung der Güte von Primärstudien. Einen „Goldstandard" gibt es allerdings nicht (Glenny, 2005). Checklisten für eine Vielzahl an Studiendesigns (qualitative Studien, randomisierte kontrollierte Studien, diagnostische Studien, Fall-Kontroll-Studien, Kohortenstudien und ökonomische Studien) stellt beispielsweise das *Critical Appraisal Skills Programm* zur Verfügung (Critical Appraisal Skills Programme, 2018) (siehe *Weitere Informationen und Hilfestellungen* am Ende dieses Abschnittes). Um die Ergebnisse von Primärstudien für Gesundheitsinformationen nutzen zu können, müssen diese in einem letzten Schritt statistisch oder narrativ zusammengefasst werden.

Nutzung von bereits zusammengefasstem, laienverständlich aufbereitetem Wissen als Evidenz

Gibt es bereits zusammengefasstes, laienverständlich aufbereitetes Wissen zu einzelnen gesundheitsrelevanten Fragen beziehungsweise Themen, so ist es sinnvoll und nicht zuletzt auch ressourcenschonend, dieses als Evidenzgrundlage heranzuziehen. Voraussetzung zur Nutzung dieses Wissens für die eigene Gesundheitsinformation ist dessen Aktualität und Vertrauenswürdigkeit. Bei vertrauenswürdigem Wissen handelt es sich zum Beispiel um Websites mit Gesundheitsinformationen, die von unabhängigen Anbieter*innen erstellt wurden, welche sich selbst verpflichteten haben, hohe Qualitätskriterien einzuhalten (Kerschner et al., 2018). Vertrauenswürdige Websites sind beispielsweise jene von *Medizin Transparent* oder dem *IGeL-Monitor* (siehe Abschn. 3.7, Gute Gesundheitsinformationen finden und prüfen; Tab. 4.4).

Weitere Informationen und Hilfestellungen finden Sie hier

- Manual zur Literaturrecherche in Fachdatenbanken: http://refhunter.eu/
- Zusammengefasste und übersetzte Cochrane Reviews: https://www.cochrane.org/de/evidence
- Levels of Evidence gemäß dem Oxford Centre for Evidence-based Medicine: https://www.cebm.net/2009/06/oxford-centre-evidence-based-medicine-levels-evidence-march-2009/
- Manual zur systematischen Recherche für Evidenzsynthesen: https://www.awmf.org/fileadmin/user_upload/Leitlinien/Werkzeuge/20190403_Manual_Recherche.pdf

Instrumente zur Bewertung von Leitlinien:

Tab. 4.4 Checkbox: Identifizierung, Bewertung und Auswahl von Literatur

Fragestellung	Beantwortung
Sind klare Forschungsfragen, die für den Inhalt der Gesundheitsinformation relevant sind, definiert?	☐Ja ☐Nein
Wurde überprüft, ob zur Forschungsfrage bereits eine systematische Zusammenfassung der Literatur (evidenzbasierte Leitlinie, systematische Übersichtsarbeit) besteht?	☐Ja ☐Nein
Gibt es vertrauenswürdige Quellen, die einzelne Fragen/Themen bereits behandelt haben?	☐Ja ☐Nein
Sind die Kriterien zur Auswahl der Literatur (Ein-/Ausschlusskriterien) klar dargelegt?	☐Ja ☐Nein
Bei der Verwendung von Literaturdatenbanken: Ist der Suchstring vollständig und korrekt?	☐Ja ☐Nein
Fand die Recherche in mehreren relevanten Literaturdatenbanken bzw. in mehreren Leitliniendatenbanken statt?	☐Ja ☐Nein
Wurde die Literaturrecherche nachvollziehbar dokumentiert?	☐Ja ☐Nein
Wurde die relevante Literatur hinsichtlich ihrer Qualität bewertet?	☐Ja ☐Nein
Ist die Basis wichtiger Aussagen bzw. Empfehlungen der Gesundheitsinformation vertrauenswürdige wissenschaftliche Literatur mit einem möglichst hohen Evidenzlevel?	☐Ja ☐Nein

- AGREE II (https://www.agreetrust.org/agree-ii/)
- DELBI   (https://www.leitlinien.de/leitlinien-grundlagen/leitlinienbewertung/
  delbi)

Instrumente zur Bewertung von systematischen Übersichtsarbeiten

- AMSTAR 2 https://amstar.ca/Amstar_Checklist.php
- Systematic Review Appraisal Worksheet des Oxford Centers for Evidence-
  based Medicine https://www.cebm.net/wp-content/uploads/2014/04/Systematic
  +review+appraisal+worksheet.pdf
- CASP Appraisal Checklist https://casp-uk.net/wp-content/uploads/2018/01/
  CASP-Systematic-Review-Checklist_2018.pdf

Instrumente zur Bewertung von Primärstudien

- CASP Appraisal Checklists (u. a. für randomisierte kontrollierte Studien,
  qualitative Studien, Beobachtungsstudien, Diagnosestudien) https://casp-uk.net/
  casp-tools-checklists/
- Appraisal Worksheets des Oxford Centers for Evidence-based Medicine (u. a.
  für randomisiert kontrollierte Studien, Diagnosestudien, Prognosestudien)
  https://www.cebm.net/2014/06/critical-appraisal/

4.3 Darstellung der Evidenz

In diesem Abschnitt beantworten wir die Fragen

- Warum ist es wichtig, die Evidenz darzustellen?
- Welche Herausforderungen stellen sich bei der Darstellung der Evidenz?
- Welche praktischen Tipps und Vorschläge stehen zur Verfügung?

Jede gute Gesundheitsinformation basiert auf einer möglichst hohen Evidenz. Die
Nutzung der bestmöglichen Evidenz liegt in der Verantwortung der Entwickler*innen.
Die Leser*innen und Nutzer*innen einer guten Gesundheitsinformation sollen sich
darauf verlassen können, dass die Informationen, die sie erhalten, auf dem besten verfügbaren Wissen basieren. Allerdings hat nicht jede Gesundheitsinformation und
jeder Inhalt die gleiche Evidenz, denn häufig basieren viele Gesundheitsthemen auf
individuellen Erfahrungswerten von Gesundheitsdienstleister*innen und stellen damit
sogenanntes Expert*innen-Wissen dar. Zu manchen Themen gibt es also kaum Evidenz
auf wissenschaftlicher Basis. Daher ist es notwendig, **Unsicherheiten** hinsichtlich des

in der Gesundheitsinformation eingearbeiteten Wissens zu kennzeichnen und für die Nutzer*innen transparent zu machen.

Evidenzbasierte „gute" Gesundheitsinformationen

Wie bereits angeführt, sollen Gesundheitsinformationen einen **möglichst hohen Grad an Evidenz** aufweisen. Wenn etwas eine hohe Evidenz hat, wird davon ausgegangen, dass dieses Wissen derzeit ein sozusagen unbezweifelbares Wissen ist, einen besonders hohen Wahrheitsgehalt besitzt und das beste aktuell verfügbare Wissen vereint.

In der Medizin wird auch von der sogenannten evidenzbasierten Medizin gesprochen.

Evidenzbasierte Medizin (EbM) ist der gewissenhafte, ausdrückliche und vernünftige Gebrauch der gegenwärtig besten externen, wissenschaftlichen Evidenz für Entscheidungen in der medizinischen Versorgung individueller Patienten und Patientinnen. Die Praxis der EbM bedeutet die Integration individueller klinischer Expertise mit der bestverfügbaren externen Evidenz aus systematischer Forschung (Cochrane Deutschland, 2020).

Die bestmögliche Evidenz zur Beantwortung einer Gesundheitsfrage zu finden, stellt jedoch selbst Gesundheitsexpert*innen und Wissenschafter*innen vor große Herausforderungen. Zum einen, weil das gesamte verfügbare Gesundheitswissen mittlerweile immense Ausmaße angenommen hat und kontinuierlich rasant wächst, und zum anderen, weil die Verfügbarkeit von aktuellem Wissen hingegen begrenzt ist. Häufig sind auch die Ressourcen der Ersteller*innen von Gesundheitsinformationen begrenzt.

Darstellung der Evidenz für medizinische Laien

Zur adäquaten Darstellung des aktuellen Wissens (der Evidenz) bedient sich die Wissenschaft unterschiedlicher Methoden und Konzepte. Oft wird von Behandlungspfaden, Leitlinien oder systematischen Übersichtarbeiten gesprochen. Leitlinien werden beispielsweise von medizinischen wissenschaftlichen Fachgesellschaften herausgegeben. In diesen Fachgesellschaften werden Leitlinien systematisch entwickelt, um die Ärzteschaft, aber auch andere Angehörige von Gesundheitsberufen in der schnellen Entscheidungsfindung zu unterstützen. Auch in der Pflegewissenschaft oder anderen professionalisierten Gesundheitsdisziplinen wird dieses Vorgehen gewählt, um die bestmögliche Evidenz etwa zu einer Gesundheitsfrage, einer Operationstechnik, einer Therapiemethode oder einer bestimmten Medikamentenwirkung zu finden (siehe: Abschn. 3.7, Gute Gesundheitsinformationen finden und prüfen).

Das wichtigste Qualitätskriterium einer „guten" Gesundheitsinformation also ist die Verwendung der besten zur Verfügung stehenden Evidenz. Diese ist in der Folge für die Anwender*innen dieser Gesundheitsinformation **sichtbar zu machen,** und zwar besonders dann, wenn für deren Erstellung keine einheitliche oder durchgängige Evidenz zur Verfügung stand. Das bedeutet zum Beispiel, dass in einer Gesundheitsinformation eine Empfehlung für ein bestimmtes gesundheitsförderliches Verhalten oder eine medizinische Therapieoption wie eine Operation eine sehr hohe Evidenz hat (da sie auf systematischen Reviews und Leitlinien einer Fachgesellschaft basiert). Eine andere

Empfehlung jedoch, die nur über eine sehr geringe Evidenz verfügt (Expert*innen-Tipps, unbelegtes Wissen, Erfahrungswissen), könnte aber für die Nutzer*innen dennoch Relevanz haben.

Anzumerken ist, dass es zu vielen Gesundheitsfragen derzeit immer noch keine oder **keine einheitliche Evidenz** gibt. Zum einen, weil gerade im Bereich der Gesundheitsversorgung auch viel mit Erfahrungswissen gearbeitet wird und bestimmte Fragestellungen bislang noch nie mit wissenschaftlichen Methoden untersucht wurden, zumal es in manchen Fällen auch unethisch wäre, bestimmte Methoden oder Fragestellungen an Menschen zu testen. Zum anderen, weil Gesundheitswissen sehr dynamisch und nicht auf jeden Menschen in jeder Situation gleich anwendbar ist.

Im Rahmen der Entwicklung einer guten Gesundheitsinformation wird daher empfohlen, die enthaltenen Informationen mit einer hohen Evidenz im Vergleich zu den Informationen mit einer niedrigen Evidenz **unterschiedlich darzustellen** oder eben zu kennzeichnen.

Die Information hinsichtlich dieser Evidenz muss als Quellenangabe oder Literaturangabe erfolgen. Zusätzlich ist es für Nutzer*innen hilfreich, wenn es neben den Quellenangaben auch eine optische Darstellung der Evidenz gibt, welche beispielsweise ein zusammenfassendes Symbol oder ein Piktogramm sein kann. Man muss bedenken, dass in manchen Fällen eine Gesundheitsinformation, die auf einer hohen Anzahl von Quellen beruht, an Praxistauglichkeit verliert, wenn auf die zum Beispiel eine Seite umfassenden Information 2–6 Seiten Quellenangaben folgen. In diesen Fällen macht es durchaus mehr Sinn, einen Hinweis auf die weiterführende Literatur auf einem zusätzlichen Blatt zu veröffentlichen. Ein Beispiel dafür stellt das sogenannte Metadatenblatt dar. Am Metadatenblatt beziehungsweise auf der Erstellhistorie sollen dann, wenn vorhanden, die entsprechenden Literaturangaben, aber auch andere Daten wie Namen und Berufe der Entwickler*innen, teilnehmende Organisationen oder mögliche Interessenskonflikte auffindbar sein (siehe Abschn. 4.8, Angaben zu Metadaten).

Gleicherweise verhält es sich bei der Darstellung der Evidenz. Es kann eine Hilfestellung für Nutzer*innen sein, wenn die Entwickler*innen die Evidenz zusammengefasst beziehungsweise vereinfacht darstellen. In Tab. 4.5 sind einige Beispiele angeführt (siehe auch Tab. 4.6).

4.4 Sprachliche Gestaltung und Zahlen in Gesundheitsinformationen

In diesem Abschnitt beantworten wir die Fragen

- Wie können Gesundheitsinformationen sprachlich und gestalterisch an die individuelle Gesundheitskompetenz der Nutzer*innen angepasst werden?
- Wie werden Gesundheitsinformationen verständlicher und ansprechender?
- Wie kann die sprachliche Gestaltung überprüft werden?

Tab. 4.5 Darstellung der Evidenz

Darstellung der Evidenz	Gradierung/Bedeutung	Anmerkung
Nummer, Schulnoten	1,2,3,4,5 (Österreich) 1,2,3,4,5,6 (Deutschland) 6,5,4,3,2,1 (Schweiz)	Je nach Land unterschiedlich, 5 oder 6 Stufen
Piktogramme	(Piktogramme: Doktorhüte und Daumen-hoch-Symbole in abgestuften Reihen)	Einfache Darstellung, Legende stets erforderlich
Buchstaben	A, B, C, D, E, F	Einfache Darstellung, Legende stets erforderlich
Symbole	+ ++ +++	Einfache Darstellung, Legende stets erforderlich
Textliche Beschreibung	Organisatorische Information Expert*innen-Tipps Ausgewählte wissenschaftliche Studien Höchste wissenschaftliche Evidenz	Beschreibend

Zahlreiche Untersuchungen haben gezeigt, dass Gesundheitsinformationen häufig in einer für medizinische Laien schwer verständlichen Sprache verfasst sind (Helitzer et al., 2009; Stinson et al., 2011; Betschart et al., 2018; Daraz et al., 2018; Brütting et al., 2019). Komplex dargestellte Gesundheitsinformationen sind besonders problematisch für Menschen mit geringer Gesundheitskompetenz (Bastable & Gramet, 2011; Aghakhani et al., 2014; Grotluschen et al., 2016a), wovon in Österreich und auch anderen Ländern vor allem viele ältere Menschen betroffen sind (Grotluschen et al., 2016b). Unter Gesundheitskompetenz versteht man die Fähigkeit, Informationen im Gesundheitswesen zu suchen, zu verstehen und für sich nutzbar zu machen (Adams, 2010) (siehe

Tab. 4.6 Checkbox: Fragen zur Klärung der Evidenz und deren Darstellung

Fragestellung zur Prüfung	Beantwortung
Ist klar, welche Evidenz der Gesundheitsinformation zugrunde liegt?	☐Ja ☐Nein
Ist die Evidenz in der Gesundheitsinformation einheitlich?	☐Ja ☐Nein
Gibt es Unterschiede bei der Evidenz, weil in der Gesundheitsinformation unterschiedliche Themen behandelt werden?	☐Ja ☐Nein
Muss für die Zielgruppen die Evidenz in unterschiedlicher Art und Weise dargestellt werden?	☐Ja ☐Nein
Ist die Darstellung der Evidenz in der Gesundheitsinformation einheitlich?	☐Ja ☐Nein
Bei der Verwendung von Symbolen, Piktogrammen oder Buchstaben: Wurde auch eine erläuternde Legende eingefügt?	☐Ja ☐Nein

Abschn. 2.1, Gesundheitskompetenz und gesundheitskompetente Organisation). Durch die Verwendung einer vereinfachten, sogenannten laienverständlichen Sprache *(plain language)*, können gesundheitsrelevante Informationen auch von Menschen mit geringer Gesundheitskompetenz gelesen und verstanden werden (Wizowski et al., 2014a). Zur Überprüfung der Verständlichkeit einer Gesundheitsinformation bedarf es einer ganzheitlichen Betrachtung der Information, wobei das Design, persönliche Charakteristika der Nutzer*innen und der Schreibstil berücksichtigt werden müssen (Jindal & Macdermid, 2017). Als einfache Hilfsmittel, um den Schwierigkeitsgrad eines Textes einer Gesundheitsinformation zu bestimmen, eignen sich Instrumente zur Testung der Lesbarkeit, sogenannte *Reading Scores.* Auch wenn diese Instrumente lediglich die Lesbarkeit evaluieren und keine Aussage über die allgemeine Verständlichkeit eines Textes geben (Jindal & Macdermid, 2017), sind sie ein relevanter Indikator für den Schwierigkeitsgrad eines Textes.

4.4.1　Gesundheitsinformation in laienverständlicher Sprache

In diesem Abschnitt beantworten wir die Fragen

- Was versteht man unter einer laienverständlichen Gesundheitsinformation?
- Welche spezifischen Beispiele zur laienverständlichen Sprache können bei der Gestaltung helfen?
- Wie können die strukturellen und gestalterischen Aspekte in laienverständlichen Gesundheitsinformationen umgesetzt werden?

Unter einer laienverständlichen Gesundheitsinformation versteht man Gesundheitsinformation in leicht verständlicher Sprache, die an die Sprachkompetenzen der Nutzer*innen angepasst ist. Dadurch kommt es beim Lesen des Materials weder zu einer Über- noch Unterforderung (Wünsche, 2016). Um Informationsmaterial in einer laienverständlichen Sprache *(plain language)* gestalten zu können, ist es demnach notwendig, sich das zuvor festgelegte Zielpublikum in Erinnerung zu rufen (Plain Language and Action Network, 2011) (siehe Abschn. 3.6.2, Die Individualität der Zielgruppe berücksichtigen). In Deutschland arbeitet das Deutsche Institut für Normung an einer Norm (DIN-Norm) für leichte Sprache die 2021 fertiggestellt werden soll. Die laienverständliche Aufbereitung von Informationsmaterial betrifft sowohl die verwendete Sprache als auch die Gestaltung beziehungsweise die Struktur des Informationsmaterials.

Allgemeine Empfehlungen zu laienverständlicher Sprache
Die nachfolgenden Empfehlungen mit Beispielen eines laienverständlichen Sprachgebrauchs orientieren sich an Empfehlungen des *Plain Language Action and Information Networks* (Plain Language and Action Network, 2011), sowie an internationalen Forschungsergebnissen (Clayton, 2010; Fagerlin et al., 2011; McCaffery et al., 2013; Schwarz et al., 2021; Wünsche, 2016).

- Nutzer*innen sollten **direkt angesprochen** werden.
  - *Beispiel:* „Gehen Sie (als Diabetiker*in) regelmäßig zu den Kontrollterminen bei Ihrer Ärztin/Ihrem Arzt", anstatt: „Diabetiker*innen wäre es zu empfehlen regelmäßig die vorgesehenen ärztlichen Termine wahrzunehmen."
- Ein **aktiver Schreibstil** sollte einem passiven vorgezogen werden; das heißt, es sollten aktive Verben und Personalpronomen verwendet werden.
  - *Beispiel:* „Für die Untersuchung bekommen Sie eine Narkose", anstatt: „Die Untersuchung erfolgt in Allgemeinanästhesie".
- Die Gesundheitsinformation sollte in **leicht verständlichen Worten** geschrieben sein, die im Wortschatz der Nutzer*innen enthalten sind (Alltagssprache). Auf fachspezifischen Jargon sollte generell verzichtet werden.
  - *Beispiel:* „wenn es nötig ist", anstatt: „im Bedarfsfall."
  - Ist es notwendig, Fachbegriffe zu verwenden, so sollte deren Bedeutung erklärt werden. Es sollten jedoch keine allgemeinverständlichen Begriffe erklärt werden, sondern lediglich notwendige Fachbegriffe! Die Entscheidung darüber, welche Begriffe einer näheren Erläuterung bedürfen, kann die direkte Auseinandersetzung mit dem Zielpublikum erfordern.
- Innerhalb der Sätze sollten **Verben nahe an den Objekten und Subjekten,** zu denen sie gehören, platziert werden. Zudem sollten Sätze so **kurz** wie möglich gehalten werden.
  Beispiel: „Kommen Sie bitte in die Ambulanz, wenn sich Ihr Zustand verschlechtert. Sie sollten zu uns kommen, wenn Sie:
  - plötzlich starke Schmerzen haben,
  - stark und lange bluten,
  - Fieber ab 38 Grad haben",

anstatt: „Wenn sich ihr Zustand plötzlich verändert und Komplikationen auftreten, wie starke Schmerzen, langanhaltende Blutungen oder Fieber, suchen Sie bitte die Ambulanz auf."

- Sätze sollten mit der **Kernaussage** beginnen. Voraussetzungen oder Ausnahmen sollten im Nebensatz hinzugefügt werden oder in einem weiteren Satz thematisiert werden.
    - *Beispiel:* „Für die Operation werden Sie in einen Dämmerschlaf versetzt und bekommen eine örtliche Betäubung. Sollte dies nicht möglich sein, bekommen Sie eine Narkose, wenn Ihr Gesundheitszustand das zulässt", anstatt: „Wenn die Versetzung in einen Dämmerschlaf und die örtliche Betäubung nicht möglich sind, erfolgt der Eingriff in Allgemeinanästhesie, falls der Allgemeinzustand der Patientin/des Patienten dies zulässt."
- **Definitionen** sollten auf ein Minimum beschränkt werden.
- Auf **Phrasen, Anglizismen und andere Fremdworte,** wie *best practice,* evidenzbasiert, weiteres Procedere, Standard, etc. sollte verzichtet werden.
- **Versteckte Verben** beziehungsweise **Nominalisierungen** (Verben, die zu Nomen = Hauptwörtern werden) sollten vermieden werden.
    - *Beispiel*: „Mit einem Stent wird das verengte Blutgefäß aufgedehnt", anstatt: „Durch eine Stentanlage erfolgt eine Dilatation des betroffenen Blutgefäßes."
- **Negativformulierungen** sollten vermieden werden.
    - *Beispiel:* „Um Pflegegeld zu erhalten, müssen Sie von einem Arzt untersucht werden", anstatt: „Ohne ärztliche Untersuchung kann keine Ersteinstufung in das Pflegegeldmodell erfolgen."
- Durch eine **klare Ausdrucksweise** kann den Nutzer*innen geholfen werden zu verstehen, welche Art von Anforderung vermittelt werden soll. „Muss" kann beispielsweise für eine Verpflichtung, „Darf nicht" für ein Verbot und „Sollte" für eine Empfehlung mit Ermessensspielraum verwendet werden.
- **Akronyme und Abkürzungen** sollten nur sparsam eingesetzt werden. Man sollte nicht davon ausgehen, dass die Nutzer*innen alle Abkürzungen kennen.
    - *Beispiel:* „zum Beispiel", statt „z. B."
- Begriffe, die sich auf ein und dieselbe Sache beziehen, sollten konsequent verwendet werden, anstatt sie durch andere Begriffe derselben Bedeutung auszutauschen. Für viele Begriffe gibt es **Synonyme,** wie beispielsweise für Gesundheitsinformation (Broschüre, Flyer, Informationsmaterial). Man sollte sich für einen Begriff, den man verwenden möchte, entscheiden und diesen durchgängig verwenden.
- **Schrägstriche** sollten vermieden werden. Mit der Schreibweise „und/oder" meinen Autor*innen in der Regel „entweder a oder b oder beide". Eine konkrete Schreibweise gibt Klarheit; demnach sollte man entweder „und" oder „oder" verwenden. Sollte man wirklich beide Möglichkeiten meinen, so kann man „entweder a oder b oder beide" schreiben.
- Für **Übergänge** sollten Worte verwendet werden, die Beziehungen zwischen Inhalten herstellen, eine Zusammenfassung ankündigen oder eine Schlussfolgerung

beziehungsweise Gegenüberstellung einleiten, um den Nutzer*innen zu helfen, dem Inhalt folgen zu können. Beispiele hierfür wären Worte wie: dies, jenes, deshalb, zusätzlich, des Weiteren, trotzdem, anders ausgedrückt, zusammengefasst.

Die laienverständliche Sprache betrifft auch die Kommunikation von Effektmaßen (siehe Abschn. 4.4.3, Darstellung von Zahlen als Häufigkeiten und Risikomaße).

Strukturelle und gestalterische Aspekte laienverständlicher Gesundheitsinformationen

Eine **übersichtliche Strukturierung** ist wichtig, damit sich die Nutzer*innen rasch in den Gesundheitsinformationen zurechtfinden. Überschriften sollten möglichst kurz und prägnant sein. Prinzipiell sind folgende Arten von Überschriften empfohlen (Plain Language and Action Network, 2011):

- Überschriften, die als Frage formuliert sind, können genutzt werden, um mögliche Fragen von Nutzer*innen aufzugreifen. So können Nutzer*innen rasch jene Informationen finden, die sie suchen.
  - *Beispiel:* „Welche Komplikationen kann es durch die Behandlung geben?"
- Überschriften, die als Aussage formuliert sind, können dann nützlich werden, wenn unklar ist, welche Fragen die Nutzer*innen stellen würden.
  - *Beispiel:* „Komplikationen bei der Behandlung"
  - Wird nur ein Wort als Themenüberschrift verwendet, so kann das für die Nutzer*innen zu ungenau sein. Unter dem Begriff „Komplikationen" könnten sowohl Komplikationen der Erkrankung als auch der Therapie verstanden werden.

Textpassagen sollten kurzgehalten werden. Längere Abschnitte können durch Zwischenüberschriften geteilt werden. Aufzählungszeichen, Tabellen und Designfunktionen lockern den Textfluss auf und wecken visuelles Interesse. Beispiele sollten zur Erklärung komplexer Inhalte genutzt werden (siehe: Abschn. 4.5 Layout und Design; Tab. 4.7).

Weitere Informationen und Hilfestellungen finden Sie hier
- Federal Plain Language Guidelines des Plain Language Action and Information Networks:
  https://www.plainlanguage.gov/
- Plain Language Association International (PLAIN):
  https://plainlanguagenetwork.org/
- Leitlinie evidenzbasierte Gesundheitsinformation:
  http://www.leitliniegesundheitsinformation.de/
- Toolkit zum Schreiben von Gesundheitsinformationen (Toolkit Part 3):
  https://www.cms.gov/Outreach-and-Education/Outreach/WrittenMaterialsToolkit/

Tab. 4.7 Checkbox: Laienverständliche Sprache anwenden

Fragestellung	Beantwortung
Wurde ein aktiver Schreibstil verwendet?	☐Ja ☐Nein
Werden Nutzer*innen direkt angesprochen?	☐Ja ☐Nein
Wurde auf Fachjargon verzichtet bzw. wurden notwendige Fachbegriffe erläutert?	☐Ja ☐Nein
Ist die Ausdrucksweise klar? Wissen Nutzer*innen, was sie tun sollten/müssen/können?	☐Ja ☐Nein
Wurden durchgängig dieselben Begriffe verwendet?	☐Ja ☐Nein
Wurde auf Abkürzungen verzichtet?	☐Ja ☐Nein
Sind die Überschriften als Frage oder Aussage formuliert?	☐Ja ☐Nein

- The Health Literacy Style Manual:
  http://www.coveringkidsandfamilies.org/resources/docs/stylemanual.pdf
- Health Literacy: A Guide:
  https://azhin.org/cummings/healthliteracy
- Einfach teilhaben.de:
  https://www.einfach-teilhaben.de/DE/AS/Themen/LiebeSexualitaet/liebesexualitaet_node.html

4.4.2 Zielgruppenorientiert und geschlechtergerecht informieren

In diesem Abschnitt beantworten wir Fragen zu

- Was ist Diversität und wie kann sie am besten abgebildet werden?
- Welcher Zusammenhang besteht zwischen Geschlecht und sozialen Faktoren?
- Welche Kriterien sollen für eine gute und geschlechtergerechte Gesundheitsinformation beachtet werden?

Gute Gesundheitsinformation orientiert sich an ihrer Zielgruppe, entsteht unter der Beteiligung von Betroffenen und spricht jene direkt an, die sie erreichen will, – weil das strategisch vernünftig und ethisch geboten ist. Deshalb sollen Entwickler*innen, am Alltag der Menschen, die sie informieren wollen, anschließen und Klischees in Sprache und Bild vermeiden. Die *Leitlinie evidenzbasierte Gesundheitsinformation* betont dazu:

„Es ist ethisch geboten, respektvoll und sensibel auf die Wertvorstellungen und Sorgen der Nutzerinnen und Nutzer von Gesundheitsinformationen einzugehen, ihre Autonomie, kulturellen Unterschiede, subjektive Gesundheitsvorstellungen und Theorien, geschlechts- und altersspezifischen Belange, sowie die Belange von Menschen mit Behinderungen zu achten" (Lühnen et al., 2017).

Diversität und Zielgruppenorientierung

„Den Patienten" gibt es nicht, „die Konsumentin" ebenso wenig. Bei der Erstellung von Gesundheitsinformationen ist es wichtig, **Diversität anzuerkennen und abzubilden** und die in der Leitlinie beschriebenen Faktoren wie Geschlecht, Alter, Kultur und mehr durchgängig zu beachten, und zwar bei der Fragestellung, der Recherche, der Planung des Beteiligungsprozesses, dem Verfassen des Textes bis hin zur Bildauswahl. Stellt sich bei der Recherche heraus, dass es keine Evidenz zu der spezifischen Zielgruppe gibt, so muss dies in der Gesundheitsinformation vermerkt werden. (Den Ersteller*innen und Herausgeber*innen kommt hier Verantwortung zu – und die Möglichkeit, weitere Forschung einzufordern oder zumindest anzuregen.)

Wie umfassend die Zielgruppe berücksichtigt werden soll, ist in der *Guten Gesundheitsinformation Österreich* (sowie der *Guten Praxis Gesundheitsinformation*) festgehalten:

> „*Qualitätskriterium 8. Anpassung an die Zielgruppe" Ziel: Inhalt, kulturelle Aspekte, Sprache, Gestaltung und Medium sind auf die Zielgruppe abgestimmt. Wichtige Fragen: Wie werden Nutzerinnen und Nutzer von der Planung bis zur Auswertung der Gesundheitsinformation beteiligt, um die Qualität und Nützlichkeit zu sichern?* (ÖPGK, 2018b).

Es gilt also nicht nur, eine Gesundheitsinformation je nach Zielgruppe in eine oder mehrere **Sprachen** – auch zum Beispiel leichte Sprache oder ein Video in Gebärdensprache – übersetzen zu lassen. Gerade in Bezug auf Gesundheit, Krankheiten und Körperlichkeit gilt es auch **kulturelle Aspekte** zu berücksichtigen, etwa unterschiedliche Erklärungsmodelle für Krankheiten, die Verankerung von Krankheit und Heilung in einem spirituellen Kontext oder ganz praktisch die vielen unterschiedlichen Weisen, in denen quer über die Welt hinweg Schmerzen beschrieben werden. Wo es um Ausgrenzung, Beschämung oder gesundheitliche Folgen von Armut geht, handelt es sich hingegen nicht um kulturelle, sondern um **soziale Faktoren** und damit um Folgen von Ungerechtigkeiten. Um diesem Umstand Rechnung zu tragen, ist für Ersteller*innen von Gesundheitsinformationen ein aufmerksamer analytischer Blick unerlässlich und externe Expertise oft hilfreich.

Neben klassischen Broschüren oder Texten für Websites sind weitere **Formate** möglich (siehe Abschn. 3.6.1, Ziel und Zweck der Information). Wichtig ist, dass das gewählte Format die Zielgruppe anspricht und für sie verständlich ist. So können etwa für Jugendliche Gesundheitsinformationen als Comics oder Online-Quiz produziert werden.

Ob es um kulturelle und soziale Aspekte geht oder um die Frage nach der passenden Produktform, ein wesentlicher Schlüssel für die Planung und Umsetzung einer Gesundheitsinformation ist **Beteiligung.** Dazu gibt es weit mehr Möglichkeiten als die übliche Fokusgruppe zur Bedarfserhebung. Personen aus der Zielgruppe können in verschiedenen Funktionen einbezogen werden: bei der Erstellung des Konzepts, dem Verfassen des Textes, der Bildauswahl oder -gestaltung, in einem Nutzer*innen-Beirat, für einen Prätest und mehr (ÖPGK, 2018a) (siehe Abschn. 4.1.1, Wissensbedarf potenzieller Anwender*innen klären, sowie Abschn. 4.1.2, Anwender*innen und Nutzer*innen miteinbeziehen). In dieser Hinsicht können nicht nur Vertreter*innen der Zielgruppe selbst, sondern auch Multiplikator*innen, die mit dieser Gruppe arbeiten, hilfreich sein.

Wichtig ist es, sowohl für Übersetzung wie für Partizipation von Anfang an Ressourcen einzuplanen und alle nötigen Schritte im Projektplan festzuschreiben. Ein Schritt, der leicht vergessen wird, ist, den beteiligten Personen mitzuteilen, wie ihre Rückmeldungen verarbeitet wurden, und sie über die Veröffentlichung der Gesundheitsinformation zu informieren. Ein wichtiges Zeichen der Wertschätzung!

Geschlechtergerechtigkeit für Qualität

Neben Alter und sozialen Faktoren ist das Geschlecht ein wesentlicher Faktor für Gesundheit und muss daher in Gesundheitsinformationen unbedingt berücksichtigt werden. Frauen und Männer haben unterschiedliche Stärken und Risiken, erkranken an unterschiedlichen Krankheiten und zeigen bei gleichen Erkrankungen mitunter unterschiedliche Symptome. Sie reagieren anders auf manche Medikamente und nützen das Gesundheitswesen auf unterschiedliche Weise. Frauen bilden nicht nur die Hälfte der Weltbevölkerung, sie sind auch häufig für die Gesundheit ihrer gesamten Familie zuständig und stellen die große Mehrheit der Pflegenden dar, sowohl professionell im Gesundheitswesen als auch in der Pflege von Angehörigen. Das alles macht sie zu wichtigen Adressatinnen für Gesundheitsinformationen. Evidenzbasierte Informationen sollen für sie zutreffend und nützlich sein. In Sprache, Bild und Grafik, Inhalt und Beispielen sollen Gesundheitsinformationen die Lebensrealität und die körperlichen Veränderungen und Krankheiten von Frauen und Männern treffend darstellen, Stereotype vermeiden und Vielfalt sichtbar machen. Auf nichtzutreffende Informationen können Unter-, Über- und Fehlversorgung folgen. Diese verursachen persönliches Leid und belasten das Gesundheitswesen. Man unterscheidet das **biologische Geschlecht** (Sex) und das **soziale Geschlecht** (Gender). Beides hat Einfluss auf die Gesundheit: medizinische und genetische Faktoren ebenso wie gesellschaftliche Rollenbilder und unterschiedliche Chancen und Belastungen für Frauen und Männer. Beides zu beachten ist ein Qualitätskriterium für Studiendesigns, wissenschaftliche Veröffentlichungen sowie für Gesundheitsinformationen für Bürger*innen. Diese Tatsache schlägt sich international bereits in zahlreichen Empfehlungen und Regelungen nieder (Criado-Perez, 2020; Gallé et al., 2015b; Kolip & Hurrelmann, 2016; Groth, 2017; Heidari et al., 2016; ICMJE, 2016; Canadian Institutes of Health Research 2020; Gender-Net 2020; BMASGK, 2018; World Health Organisation, 1986, 2002, 2008a, b, 2009, 2010, 2011).

Die Gute Gesundheitsinformation Österreich (ÖPGK, 2018a) hält im Qualitätskriterium *7. Berücksichtigung von Alters- und Geschlechterunterschieden fest:*

> *„Der natürliche Krankheitsverlauf, die Risiken, Symptome, Morbidität, Mortalität, Wirkungen und unerwünschte Wirkungen von Interventionen, die gesundheitsbezogene Lebensqualität und die Begleitumstände einer Behandlung können je nach Alter und Geschlecht variieren. [...] Daher sind in der Fragestellung, der Suchstrategie, der Auswertung, der Analyse und Darstellung sowohl das Alter, wie auch das biologische und soziale Geschlecht gesondert anzugeben. Es ist anzuführen, falls dies für die Fragestellung*

nicht relevant ist. Es ist ebenfalls zu nennen, wenn eine Studie keine gesonderten Angaben macht und daher die Evidenz für das jeweilige Geschlecht oder Alter fraglich ist."

Es genügt also nicht, in einer evidenzbasierten Gesundheitsinformation sprachlich zu „gendern". Es geht vielmehr auch darum, die biologischen und sozialen geschlechtsspezifischen Merkmale (Sex und Gender), Unterschiede und Gleichheiten zwischen Frauen und Männern **systematisch zu recherchieren, zu analysieren und die Ergebnisse für die Zielgruppe passend zu kommunizieren** – ebenso wie fehlendes Wissen (Groth & Gallé, 2015).

Geschlecht und soziale Faktoren (Lebenslage, sozialer Status) spielen beide eine wichtige Rolle. So macht es etwa einen Unterschied, ob Gesundheitsinformationen für Frauen oder Männer verfasst werden. Und ebenso macht es einen Unterschied, ob sie für Frauen beziehungsweise Männer aus einer bildungsnahen oder aus einer bildungsfernen Schicht verfasst werden. Beides sollten Ersteller*innen berücksichtigen, damit die von ihnen erarbeiteten Gesundheitsinformationen ankommen und wirken.

Kriterien für geschlechtergerechte Gesundheitsinformation

Im Rahmen der Erstellung der *Guten Gesundheitsinformation Österreich* wurden konkrete Qualitätskriterien für sex- und gendergerechte, evidenzbasierte Gesundheitsinformationen ergänzend vom Redaktionskomitee formuliert (Gallé et al., 2015a, adaptiert von Gallé). Dabei geht es um die Berücksichtigung von biologischem und sozialem Geschlecht beim Erstellungsprozess von Gesundheitsinformationen sowohl in Inhalt und Sprache als auch in Darstellungen und Bildern:

- *Während des Erstellungsprozesses: An der Erstellung geschlechterspezifischer Gesundheitsinformationen werden Frauen und Männer gleichermaßen beteiligt. Genderexpert*innen werden beigezogen, die sowohl Inhalte als auch Darstellung auf Gendergerechtigkeit und Gendersensibilität überprüfen, etwa anhand des Gender Assessment Tools der Weltgesundheitsorganisation (2011) oder der Health & Medicine Checklist von Schiebinger et al. (2011–2018). [Siehe Weitere Informationen und Hilfestellungen am Ende dieses Abschnittes]*
- *Im Inhalt: Zu den in der Gesundheitsinformation jeweils zu behandelnden Fragestellungen werden systematisch geschlechterspezifische Daten recherchiert. Lebensphasenspezifisch normale gesundheitliche Veränderungen wie auch Erkrankungen von Frauen und Männern werden geschlechterspezifisch beschrieben. Dies umfasst die Auswirkungen von Sex und Gender auf den natürlichen Krankheitsverlauf, die Risiken, Symptome, Morbidität, Mortalität, Wirkungen und unerwünschte Wirkungen von Interventionen, gesundheitsbezogene Lebensqualität und Begleitumstände der Behandlung. Sind geschlechterspezifische Daten in den Forschungsergebnissen nicht vorhanden oder nicht differenziert genannt, so ist dies explizit zu machen. Dadurch wird sichtbar, dass in der Forschung, in der Dokumentation und der Auswertung Handlungsbedarf besteht, geschlechterspezifische Daten zu erheben und auszuwerten.*

- **In der Sprache:** *Sprache formt das Bewusstsein und damit die Wahrnehmung der Wirklichkeit. Sprache, die Frauen und Mädchen nicht benennt, lässt sie verschwinden und stützt bestehende Ungerechtigkeiten. Zahlreiche sprachwissenschaftliche Studien belegen, dass Texte, die ausschließlich die männliche Sprachform verwenden, bei Rezipient*innen eine kognitive Überrepräsentanz von Männern erzeugen. Gleichzeitig werden Frauen gedanklich nicht einbezogen.*
  Die Kriterien evidenzbasierter Gesundheitsinformation legen fest, dass Gesundheitsinformationen in einer geschlechtergerechten [und diversitätssensiblen] Sprache formuliert sind. Hierbei helfen zahlreiche Leitfäden für geschlechtergerechtes Formulieren. [Siehe Weitere Informationen und Hilfestellungen am Ende dieses Abschnittes]

- **In Darstellung und Bildern:** *Fotos, grafische Darstellungen und Piktogramme erzeugen bewusste und unbewusste Vorstellungen und Interpretationen über die Wirklichkeit, insbesondere auch über Geschlechterverhältnisse und Geschlechterrollen. Daher legen die Kriterien evidenzbasierter Gesundheitsinformation fest, dass die grafische Gestaltung geschlechtergerecht [und diversitätssensibel] erfolgt.*
  - *Sichtbarmachen [von Diversität] auf Bildern, Piktogrammen, Grafiken.*
  - *Passende Bilder: So sollte für eine Brustkrebsfrüherkennungsbroschüre keine junge Frau abgebildet werden, wenn Mammographie- Screening ab dem 50. Lebensjahr angeboten wird.*
  - *Symmetrie: gleichberechtigte Darstellung von Frauen und Männern in den Rollen von Patientinnen und Patienten, Ärztinnen und Ärzten, Physiotherapeutinnen und Physiotherapeuten usw.*
  - *Aufbrechen von Rollenklischees: auch Frauen in traditionell männlichen Situationen, Männer in traditionell weiblichen Situationen Frauen ≠ passiv, Objekt, Nähe/Emotion, Unterlegenheit, Sexualisierung, Opfer, Familie/Wellness, Fürsorge, Kinder Männer ≠ aktiv, Subjekt, Distanz/Kühnheit, Überlegenheit, Beschützer, Auto/Technik, Egoismus*
  - *Achten auf: Körperhaltung, Bildhintergrund, Ausstattungselemente, Perspektive, Anordnung der Personen, Blicke (wer schaut in die Kamera, wer schaut weg), Bildtexte*
  - *Frauen und Männer in ihrer Vielfalt darstellen: Alter, Aussehen, mit und ohne Einschränkungen, unterschiedlicher Körperbau, aus verschiedenen Ländern und Kulturen kommend, unterschiedliche Bildungsniveaus usw.* (Gallé et al., 2015a).

Geschlecht (be)schreiben

In der praktischen Umsetzung stellt sich spätestens, wenn es an das Schreiben der Gesundheitsinformation geht, für die Herausgeber*innen und Ersteller*innen die Frage, in welcher Form sie Geschlechtergerechtigkeit und Diversität sprachlich umsetzen möchten. Jenseits des üblichen generischen Maskulinums (männliche Form in der Mehrzahl für alle: etwa *Patienten* für Frauen und Männer) gibt es mehrere Möglichkeiten. Die gebräuchlichsten sind:

- Doppelnennung *(Patientinnen und Patienten)*: bildet nur Frauen und Männer ab, braucht mehr Platz, entspricht aber am ehesten den Schreib- und Lesegewohnheiten.
- Binnen-I *(PatientInnen)*: bereits recht gebräuchlich, bildet aber nur Frauen und Männer ab, ebenso wie der
- Schrägstrich *(Patient/innen)*.
- Gender-Sternchen oder Asterisk *(Patient*innen)* und
- Gender-Gap *(Patient_innen)* beziehen auch nichtbinäre Personen ein.
- Doppelpunkt *(Patient:innen)*: kann von Screenreadern für leseschwache und blinde Personen vorgelesen werden.

Jede Variante hat also Vor- und Nachteile. Zudem können die Werte der Autor*innen und Institutionen mit der Wertehaltung sowie den Rezeptionsgewohnheiten und -fähigkeiten (Verständlichkeit, Barrierefreiheit) der Zielgruppe in Konflikt kommen. Die Nutzer*innen dort abzuholen, wo sie stehen, ist ebenso wichtig, wie einen Beitrag für Veränderung hin zu einer gerechteren Gesellschaft zu leisten. Studien haben bereits hinlänglich gezeigt, dass „Mitmeinen" *(Patienten* für alle) nicht funktioniert (Stahlberg & Sczesny, 2001). Ein Rezept, das alle Gesundheitsinformationen geschlechtergerecht macht und allen entspricht, gibt es aber nicht. Hilfreich sind Leitfäden und Expert*innen, die konsultiert werden können und Schulungen anbieten (siehe *Weitere Informationen und Hilfestellungen* am Ende dieses Abschnittes). Die Zielgruppe einzubeziehen, bewährt sich auch in diesem Fall (Tab. 4.8). Ebenfalls empfiehlt es sich, Verständnis nicht vorauszusetzen, sondern eine Erklärung anzubieten. So heißt es etwa in der Einleitung dieses Buches:

„Im Rahmen der Bucherstellung haben sich die Autor*innen darauf verständigt, den sogenannten ‚Gender Star' (*) als Ausdruck einer gendersensiblen Sprache zu verwenden. Auch wenn diese Lösung nicht perfekt ist, war es den Autor*innen gerade im Zusammenhang mit der Erstellung von Gesundheitsinformationen wichtig, die Diversität der Menschen zu berücksichtigen und auch darzustellen".

Tab. 4.8 Checkbox: Zielgruppenorientierte, geschlechtergerechte Gesundheitsinformation

Fragestellung	Erledigt
Wurde die Zielgruppe beteiligt?	☐Ja ☐Nein
Ist eine Übersetzung notwendig?	☐Ja ☐Nein
Sollen externe Expert*innen beigezogen werden?	☐Ja ☐Nein
Wurden Spezifika der Zielgruppe, besonders Sex und Gender, im Inhalt beachtet?	☐Ja ☐Nein
Wurden Spezifika der Zielgruppe, besonders Sex und Gender, in der Sprache beachtet?	☐Ja ☐Nein
Wurden Spezifika der Zielgruppe, besonders Sex und Gender, in Darstellungen und Bildern beachtet?	☐Ja ☐Nein

Tab. 4.9 Leitfäden, Tipps und Tools für geschlechtergerechte und verständliche Gesundheitsinformation

Material	Auffindbar
Kriterien für sex- und gendergerechte, evidenzbasierte Gesundheitsinformation	http://www.frauengesundheitszentrum.eu/wp-content/uploads/2020/06/2020_6_15_Hand-out-zu-Poster.pdf
Genderwörterbuch (Usinger, Johanna)	https://geschicktgendern.de/
Tipps und Tools für Wort, Bild und Ton (Journalist*innenbund, Deutschland)	https://www.genderleicht.de/
Frauen und Männer gut informieren (Frauengesundheitszentrum, Graz)	http://www.frauengesundheitszentrum.eu/frauen-und-maenner-gut-informieren/
Richtig gendern (Duden)	Diewald, Gabriele; Steinhauer, Anja. 2017. Richtig gendern. Wie Sie angemessen und verständlich schreiben. Duden. Berlin
Factsheet Verständliche Sprache (ÖPGK)	https://oepgk.at/wp-content/uploads/2020/06/factsheet_verstaendliche-sprache_v-05-2020.pdf
Gender Assessment Tool (WHO)	https://www.who.int/gender/mainstreaming/GMH_Participant_GenderAssessmentTool.pdf?ua=1
Health & Medicine Checklist (Stanford University)	http://genderedinnovations.stanford.edu/methods/health_med_checklist.html

Weitere Informationen und Hilfestellungen finden Sie hier
In Tab. 4.9 sind Leitfäden, Tipps und Tools für das Erstellen geschlechtergerechter und verständlicher Gesundheitsinformationen gesammelt.

4.4.3 Darstellung von Zahlen als Häufigkeiten und Risikomaße

In diesem Abschnitt beantworten wir die Fragen

- Warum haben Zahlen eine große Bedeutung für gute Gesundheitsinformationen?
- Welche Grundsätze gelten bei der Kommunikation von Zahlenangaben und Wahrscheinlichkeiten?
- Wie können grafische Darstellungen das Verständnis von Zahlen positiv beeinflussen?

Die **Darstellung über Nutzen oder Schaden** einer bestimmten Behandlungsmethode ist von entscheidender Relevanz für Patient*innen, da nicht jede Methode bei allen Patient*innen eine positive Wirkung erzielt (Nutzen), sondern es bei manchen auch Schaden anrichten kann. Zahlen können wertvolle Entscheidungshilfen sein. Besonders wichtig sind dabei die Darstellungen von **Wahrscheinlichkeiten oder Risikoangaben.** Zahlen können bei Entscheidungen helfen, aber nur, wenn sie **verlässlich, klar und neutral präsentiert** werden (Steckelberg et al., 2005).

Ob eine medizinische Maßnahme nützlich für Patient*innen ist, kann unterschiedlich dargestellt werden. Das kann mitunter dazu führen, dass Personen etwas anders verstehen, als mit der Information eigentlich gemeint ist. Daher sind in Bezug auf die Risikokommunikation folgende Punkte von Bedeutung:

- konsequente Kommunikation von Unsicherheiten und Risiken
- Schaffung von Vertrauen durch Transparenz
- Zahlen zu einer vereinheitlichenden Bezugsgröße ins Verhältnis setzen (z. B. X zu 100.000)
- Grafiken, Relation zu anderen Risiken darstellen (Wegwarth et al., 2020)

Verwendung von Zahlen in Gesundheitsinformationen

Bei der Verwendung von Zahlen in Gesundheitsinformationen sind einige wichtige Punkte zu beachten. Bei der Darstellung von Zahlen, Risikoangaben und Wahrscheinlichkeiten hängt es durchaus auch von der Art und Weise der Kommunikation ab, ob und wie die präsentierten Zahlen verstanden werden.

Zahlen sollten so geschrieben werden, dass die intendierten Nutzer*innen sie leichter verstehen. Das bedeutet, dass römische Zahlen bei Seitenzahlen oder Aufzählungen vermieden werden und lieber arabischen Zahlen der Vorzug gegeben werden sollte. Zahlen und Ziffern sollten nicht ausgeschrieben werden, da Zahlen- und Ziffernangaben einfacher zu verstehen sind als Worte, zum Beispiel also statt einhundertdreißig besser 130. Datums- und Zeitangaben hingegen können zur leichten Verständlichkeit durchaus ausgeschrieben werden, zum Beispiel 1. Jänner 2021. Telefonnummern sind wiederum leichter mit eingefügten Leerzeichen zu erfassen (Lühnen et al., 2015).

Zahlen versus Sprache

Informationen zu Nutzen und Schaden von Maßnahmen, zu unerwünschten Wirkungen von Medikamenten oder zur Häufigkeit von Erkrankungen sollten nicht ausschließlich verbal beschrieben werden, sondern unbedingt mithilfe numerischer Darstellungen präsentiert werden (Lühnen et al., 2015).

Leser*innen tendieren dazu, sprachlich beschriebene Risiken, also zum Beispiel ob etwas häufig oder selten vorkommt, oft falsch einzuschätzen. Daher sollten Entwickler*innen von evidenzbasierten Gesundheitsinformationen immer auch die zugrunde liegenden Zahlen nennen, damit die Leser*innen die Risiken realistischer abschätzen können. Um diesen Effekt hilfreich zu unterstützen, können auch Grafiken eingesetzt werden (Lühnen et al., 2017).

Kommunikation von Zahlenangaben

Für die Kommunikation von Zahlenangaben und Wahrscheinlichkeiten gelten unter anderem folgende Grundsätze:

- Nutzen und Schaden von Maßnahmen sollen durch **absolute Risikomaße** dargestellt werden. Absolute Risikomaße ermöglichen den Leser*innen einer Gesundheitsinformation präzisere Abschätzungen und führen nicht zu Fehleinschätzungen (Bunge et al., 2010).
- Bei **Wahrscheinlichkeiten > 1 %** kann man auch die Darstellung in Prozent anstelle der Darstellung in natürlichen Häufigkeiten wählen. Aktuelle Studien zeigen, dass bei Wahrscheinlichkeiten > 1 % sowohl Prozentangaben als auch natürliche Häufigkeiten von den Leser*innen ungefähr gleich gut verstanden werden (Lühnen et al., 2015). Natürliche Häufigkeiten können durch Angabe von Bezugsgrößen (Denominatoren) dargestellt werden (zum Beispiel 1 von 100).
- Ein Beispiel für eine Prozentangabe: Bei 85 % der Patienten haben Rückenschmerzen keine eindeutige körperliche Ursache. Das Gegenstück natürliche Häufigkeit: Bei 85 von 100 Patienten haben Rückenschmerzen keine eindeutige körperliche Ursache.
- Eine **einheitliche und sinnvolle Bezugsgröße** ist bei der Darstellung von Nutzen und Risiken von erheblicher Bedeutung, da dies den Leser*innen erlaubt, die Ergebnisse besser zu vergleichen (Lühnen et al., 2015). Nur mithilfe einer sinnvollen Bezugsgröße wird es den Leser*innen ermöglicht, die Größenordnung eines Problems oder zum Beispiel die Effektivität einer Maßnahme zu erkennen.
- Als Ausgangspunkt einer Information über Nutzen oder Schaden einer Therapie sollte **ein Basisrisiko** genannt werden, zum Beispiel der „natürliche Krankheitsverlauf". Damit wird beschrieben, ob sich ein Beschwerdebild auch ohne Behandlung verbessert, verschlechtert oder konstant bleibt (Kraus-Füreder et al., 2020).
- Durch die **absolute Risikoreduktion** wird die Risikodifferenz zwischen den Ereignisraten in einer Therapiegruppe und der entsprechenden Kontrollgruppe dargestellt. Ein Beispiel dafür: Das Mammographie-Screening senkt das Risiko, an Brustkrebs zu sterben, von 5 auf 4 je 1000 Frauen (0,1 %) [Absolute Risikoreduktion: Vermeidung eines Todesfalls pro 1000 Frauen 1/1000 * 100 = 0,1 %].
- Nutzen und Schaden können auch durch die Bezugsrahmensetzung **„Framing"** ausgedrückt werden (zum Beispiel × von 200 Personen überleben) (Koch, 2016). Dabei ist zu beachten, dass unterschiedliches Framing bei Patient*innen zu unterschiedlichen Effekten führen und sich beispielsweise auf die Risikowahrnehmung und das Verständnis der Information auswirken kann. Daher ist bei solchen Angaben unbedingt auf Ausgewogenheit zu achten, um die Leser*innen nicht in die eine oder andere Richtung zu beeinflussen (Kraus-Füreder et al., 2020).

Als weitere Unterstützung sind auch sogenannte Faktenboxen wertvoll, die Nutzen und Schaden von diagnostischen, präventiven oder medikamentösen Maßnahmen verdeutlichen (Siehe *Weitere Informationen und Hilfestellungen* am Ende dieses Abschnittes) (Kraus-Füreder et al., 2020).

Sicherheit der Daten und Interpretation von Zahlendarstellungen
Generell ist bei der zahlenmäßigen Darstellung von Wahrscheinlichkeiten auf die Qualität und **Sicherheit der Daten** zu achten. Falls die Datenlage unsicher erscheint, sollte
dies kommuniziert und auf eine Angabe verzichtet werden.

Weiters sollten die Verfasser*innen von Gesundheitsinformationen bedenken,
dass die **Interpretation von Zahlendarstellungen** auch von Person zu Person und je
nach Bildungsstand der betreffenden Person unterschiedlich ausfallen kann. Von der
alleinigen sprachlichen Darstellung in Bezug auf Risiken, Nutzen und Schaden (verbale
Deskriptoren wie z. B. häufig, gelegentlich, selten) soll Abstand genommen werden, da
sprachliche Darstellungen oft zu einer Überschätzung der Risiken führen. Außerdem gibt
es keine Einigkeit in der sprachlichen Darstellung von Ergebnissen (Steckelberg et al.,
2005; Berry et al., 2002).

Graphische Darstellungen
Die Darstellung von Zahlen in Grafiken kann oftmals das Verständnis der Patient*innen
verbessern, weil die Ergebnisse dadurch anschaulicher werden. Der Nachteil dabei ist
aber, dass manche Darstellungen die Informationen verzerren können und daher auch
kritisch betrachtet werden müssen (Steckelberg et al., 2005; Ancker et al., 2006). Auch
mögliche Unterschiede in der Interpretation der Nutzer*innen darf nicht außer Acht
gelassen werden. Daher ist es wichtig, sämtliche Bezugsgrößen einheitlich und klar
anzugeben. Grafiken mit einer vollständigen **Legende und einer angemessenen Skalen-
beschriftung** können das schnellere Erfassen einer Aussage erleichtern. In Gesundheitsinformationen können unterschiedlichste Formate verwendet werden; dabei eignen sich
vor allem **Balkendiagramme oder Piktogramme** gut zur visuellen Darstellung von
Zahlen (Lühnen et al., 2015).

Balkendiagramme Allgemein werden **Balkendiagramme** von Patient*innen gut verstanden und als hilfreich empfunden. Die Skalierung spielt jedoch auch hier eine große
Rolle (Steckelberg et al., 2005; Lipkus & Hollands, 1999). Ein Balkendiagramm eignet
sich zur grafischen Darstellung der Häufigkeit von Ausprägungen beliebig skalierter
Merkmale, wobei absolute oder relative Häufigkeiten dargestellt werden können.

Darstellung 100 Personen Durch die beispielhafte Darstellung von 100 Personen
werden die Bezugsgrößen für die Leser*innen einer guten Gesundheitsinformation
anschaulicher und besser verständlich gemacht. Bei solchen **Piktogrammen** werden
Patient*innen-Kohorten in 100er- oder 1000er-Einheiten unter Zuhilfenahme einfacher
Symbole und unterschiedlicher Farbgebung dargestellt (siehe Abb. 4.1). Die Darstellung von 100 Personen (oder bei sehr seltenen Ereignissen in einer entsprechend
größeren Bezugsgröße) ermöglicht eine anschauliche Präsentation (Steckelberg et al.,
2005). Solche Schaubilder haben allerdings den Nachteil, dass sie in der Gesundheitsinformation sehr viel Platz benötigen (Kraus-Füreder et al., 2020). Siehe dazu auch
Tab. 4.10.

Abb. 4.1 Darstellung von 100 Personen, adaptiert nach Steckelberg et al. (2005)

Tab. 4.10 Checkbox: Darstellung von Zahlen

Fragestellung	Beantwortung
Wurde auf die alleinige verbale Darstellung von Risiken, Nutzen und Schaden verzichtet?	□Ja □Nein
Wurden Nutzen und Schaden durch absolute Risikomaße dargestellt?	□Ja □Nein
Ist die Vergleichbarkeit der Zahlen gegeben?	□Ja □Nein
Wurden sinnvolle und einheitliche Bezugsgrößen gewählt?	□Ja □Nein
Wurde auf eine sichere Datenlage geachtet?	□Ja □Nein
Wurden für die grafische Darstellung der Zahlen Piktogramme oder Balkendiagramme gewählt?	□Ja □Nein

Weitere Informationen und Hilfestellungen finden Sie hier

- Leitlinie evidenzbasierte Gesundheitsinformation:
  https://www.ebm-netzwerk.de/de/medien/pdf/leitlinie-evidenzbasierte-gesundheitsinformation-fin.pdf
- Broschüre „Kompetent als Patientin und Patient":
  https://www.sozialversicherung.at/cdscontent/?contentid=10007.844514&portal=svportal
- Faktenboxen:
  https://www.sozialversicherung.at/cdscontent/?contentid=10007.846052&portal=svportal

4.4.4 Aktivierende Elemente – Techniken zur Motivation von Nutzer*innen

In diesem Abschnitt beantworten wir die Fragen

- Warum ist es wichtig, Interesse zu wecken?
- Was versteht man unter aktivierenden Elementen?
- Welche Tipps stehen für die praktische Umsetzung zur Verfügung?

Tagtäglich sind wir Menschen mit einer großen Menge an Informationen und Inhalten, dem sogenannten Content, konfrontiert und aufgefordert zu filtern, was für uns relevant, interessant oder ansprechend ist. Das machen wir unter anderem dadurch, dass wir das wahrnehmen und lesen, was uns begeistert und genauso müssen auch Inhalte in Patient*innen-Informationen aufbereitet sein, das heißt, sie müssen Aufmerksamkeit und Interesse wecken.

Das Interesse wecken

Um das Interesse von Leser*innen oder Nutzer*innen zu wecken, ist es empfehlenswert, sich Impulse aus dem Bereich der Marketingkommunikation zu holen. Bei der Erstellung einer Gesundheitsinformation ist es wesentlich darauf zu achten, wer Inhalte liefern kann (Masciadri & Zupancic, 2010). Von Fachexpert*innen bis hin zu Nutzer*innen sollte, im Rahmen der Projektgruppe zur Erstellung einer Patient*innen-Information, die Expertise zahlreicher Inputträger*innen eingeholt werden (siehe Abschn. 3.3, Entwickler*innen-Team formieren).

Letzten Endes wird aber selbst eine inhaltlich treffend dargestellte, gute Gesundheitsinformation nur dann gelesen, wenn der Inhalt so aufbereitet ist, dass das Interesse der Leser*innen geweckt wird. Ein wesentlicher Anhaltspunkt dabei ist, dass die Inhalte der Zielgruppe angepasst dargestellt werden und auf deren Bedürfnisse eingegangen wird. Worauf in dieser Phase der Zielgruppenidentifizierung zu achten ist, darauf wurde einem früheren Kapitel bereits näher eingegangen (siehe Abschn. 3.6, Bestimmung von Ziel, Zweck und Zielgruppe). Die Zielgruppenansprache spielt auf allen Ebenen der Kommunikation mit Nutzer*innen eine maßgebliche Rolle, unabhängig davon, ob es sich um die Erstellung einer Broschüre, um einen Beitrag in einer Fachzeitschrift oder um einen Online-Beitrag auf einer Website handelt (Masciadri & Zupancic, 2010).

Um die in den Leser*innen geweckte Aufmerksamkeit zu erhalten, können sogenannte aktivierende Elemente eingesetzt werden. Hier besteht die Möglichkeit, sich bei der Gestaltung von Informationsbroschüren an den Erfahrungen und Forschungsergebnissen der Markenkommunikation zu orientieren. Diese liefern Informationen darüber, mit welchen Elementen in Informationsbroschüren der Blickverlauf gesteuert werden kann und welche Arten von Texten eher gelesen werden als andere.

Damit wesentliche Textelemente auch tatsächlich erfasst werden, spielt deren Platzierung eine tragende Rolle. So kann der Einbau bestimmter Emotionen auslösender Elemente – sogenannte emotionale Erlebniswerte – bei der Gestaltung von Gesundheitsinformationen unterstützend und aktivierend wirken. Dazu zählen beispielsweise folgende Elemente (Raab et al., 2018):

- Humor,
- Sicherheit,
- Soziale Akzeptanz, aber auch
- Zugehörigkeit zu einer Gruppe.

Schierl verweist in diesem Zusammenhang auf den 1982 von Rosenstiel und Neumann publizierten Einfluss der Emotionalität auf die Behaltensleistung. Diese Kurve zeigt, dass die Emotionalität einen förderlichen Einfluss auf die Behaltensleistung hat, wobei positive Emotionen mit einer längeren Behaltensleistung konnotiert sind als negative (Schierl, 2017).

Aber auch physische Reize wirken bei emotionalen Reizwirkungen aktivierend. Hierbei handelt es sich in erster Linie um physiologische Reaktionen, die den menschlichen Organismus aufnahmebereit machen und ihn dafür sensibilisieren, Informationen aufzunehmen, zu speichern und zu verarbeiten. So können Größe, Kontrast und Farbe eine unterstützende Wirkung für einzelne Elemente darstellen.

Ebenso wichtig sind kognitive Reizwirkungen. Eine Information zu einem Thema sollte sowohl aus alten, bereits bekannten Inhalten bestehen als auch neue, noch unbekannte Angaben und Sachverhalte beinhalten, um eine zielführende Aufnahme der Botschaft zu erreichen (Schierl, 2017).

Konkrete Maßnahmen und Empfehlungen

- Information sollte immer **portionsweise** angeboten werden. Schritt für Schritt werden sinnvolle Teilbotschaften zu einem Gesamtbild verwoben, wobei auf Logik im Sinne einer zeitlichen und inhaltlichen Reihenfolge zu achten ist.
- Der **rote Faden** in einem Text stellt einen wesentlichen Faktor dar, durch den es schwerer fällt, mitten im Lesevorgang „auszusteigen". Hilfreich dabei ist eine übersichtliche Struktur, die durch in etwa gleich lange Absätze unterstützt wird.
- Der Stimulus soll in der **Hauptbotschaft** liegen, in welcher der zentrale Nutzen für die Leser*innen formuliert sein soll. Jedes Kommunikationsmittel braucht einen Schwerpunkt; bei schriftlichen Medien sind dies häufig Überschriften oder kurze Zusammenfassungen des Inhaltes.
- Aus der Markenkommunikation ist bekannt, dass Wörter wie „Jetzt", „Niemals" oder Satzzeichen wie „!?" aktivierend für eine/n Leser*in wirken und, gezielt eingesetzt, die Aufmerksamkeit erhöhen.
- Nicht zuletzt spielt auch der **Blickverlauf** eine wesentliche Rolle bei der Erhaltung der Leser*innen-Aufmerksamkeit. Zumindest in den westlichen Ländern führt dieser von links oben nach rechts unten. Durch klare Hinweise und wenige Fixpunkte kann der Blick auf diese Weise auch in einer Informationsbroschüre regelrecht durchgelenkt werden (Masciadri & Zupancic, 2010).

Bei der Messung des Blickverhaltens unterscheidet die Forschung zwischen

- dem gewohnheitsmäßigen Betrachten und
- dem Reagieren auf aktivierende Elemente.

Beim gewohnheitsmäßigen Betrachten wird dem weiter obenstehenden Text mehr Beachtung geschenkt als dem untenstehenden Text, und links oben erzielt die meiste

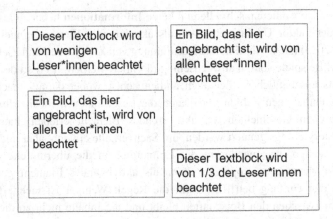

Abb. 4.2 Darstellung der Anordnung von Text und Bild. (Quelle: adaptierte Darstellung nach Mascardi, 2016)

Beachtung, links unten dagegen die geringste (Abb. 4.2). In der Regel sind Individuen aber so konditioniert, dass diese allgemeinen Prinzipien auch durchbrochen werden, wenn sprachliche oder bildliche Reize die Aufmerksamkeit auf sich ziehen. Dabei werden Bilder in der Regel vor Texten betrachtet, und abgebildete Personen vor Bildern etwaiger Gegenstände. In diesem Zusammenhang stellen besonders Gesichter einen starken aktivierenden Reiz dar. Allerdings ist darauf zu achten, dass diese auch ablenken können und dann eher kontraproduktiv wirken, weshalb sie nur sehr gezielt und sparsam eingesetzt werden sollten (Masciadri & Zupancic, 2010) (siehe Abschn. 4.4.2, Zielgruppenorientiert und geschlechtergerecht informieren).

In Bezug auf Lesen und Aufmerksamkeit wird das gewohnheitsmäßige Verhalten eher dann an den Tag gelegt, wenn es sich um Texte handelt, die wenige aktivierende Besonderheiten aufweisen. In „Bild-mit-Text-Darstellungen" werden die zum Bild gehörenden Texte mehr beachtet, wenn sie rechts neben dem Bild oder unter dem Bild positioniert werden; dies geht auf die kulturell geprägten Lesegewohnheiten in der westlichen Welt zurück (Behrens et al., 2001).

Grundsätzlich existieren fünf starke Motive, die Leser*innen dazu animieren, einen Text zu lesen.

Das ist einerseits die **Neugier,** die entsteht, wenn der Spannungsbogen zwischen einer Überschrift und dem nachfolgenden Text aufgebaut wird. Weiters kann das Gefühl der **Angst,** etwas zu versäumen oder eine wichtige Information nicht zu kennen, gezielt eingesetzt werden. Kann eine Person aus der Überschrift gewonnene Informationen mit etwas **Bekanntem** verknüpfen, dann ist die Chance ebenfalls groß, dass die gesamte Information gelesen wird. Auch die Darstellung von etwas **Nützlichem** in der Überschrift aktiviert Leser*innen dahingehend, den dazugehörigen Text zu lesen. Es muss sofort erkennbar sein, dass durch das Lesen der Inhalte eindeutige Vorteile entstehen. Da die Menschen dazu tendieren, **schnelle** und kurze **Informationen** lieber zu lesen als lange Texte, kann der Faktor Umfang ebenfalls als aktivierendes Element eingesetzt werden (Gottschling, 2013) (siehe Abschn. 3.6, Bestimmung von Ziel, Zweck und Zielgruppe).

Fakten und Beispiele sollten abwechselnd präsentiert werden. So wird der betreffende Text einerseits anschaulicher, aber auch authentischer, wobei darauf geachtet werden soll, dass die enthaltenen Zahlen und Daten die Leser*innen nicht überfluten. Da die meisten Menschen Geschichten als aktivierendes Element erleben, kann auch die Technik des Storytellings genutzt werden, um Sachverhalte einfach, aber auch emotional geladen darzustellen, was wiederum die Erinnerung an die übermittelte Information erleichtert. Ein derartiges „Kopfkino" kann als aktivierendes Element gut eingesetzt werden. Was den Umfang betrifft, so gilt die Regel: Weniger ist mehr, damit genug Zwischenraum zwischen den Botschaften bleibt und die Inhalte nicht zu dicht gedrängt dargestellt werden (Dumont & Schüller, 2016).

Wenn eine Informationsbroschüre auf eine bestimmte Institution zugeschnitten ist, so ist es ebenfalls sehr hilfreich und nützlich, den Namen der Einrichtung als Marke mitzunutzen.

Forschungsergebnisse zeigen, dass die Nutzer*innen von Gesundheitsinformationen auch mit interaktiven Elementen aktiviert werden können. Das kann bei Printmedien auf den ersten Blick etwas schwierig erscheinen, jedoch kann beispielsweise ein Quiz mit Fragen und Antworten den gewünschten Effekt erzielen. Durch das Überlegen und Rätseln wiederholen und festigen die Nutzer*innen die wesentlichen Inhalte. Auch die Methode des Storytellings erweist sich als sehr gut geeignet, da wir uns Geschichten in der Regel besser merken können, wodurch diese somit aktivierend auf die Leser*innen wirken. Auch Cartoons können diesbezüglich erfolgreich eingesetzt werden.

Nichtsdestotrotz ist es auch hilfreich, Faktenboxen einzusetzen, zum Beispiel falls man grundlegende Informationen kurz zusammengefasst in tabellarischer Form darstellen möchte. Das Eintreten eines Nutzens beziehungsweise Schadens lässt sich dadurch laienverständlich aufbereiten und einander gegenüberstellen. Studien haben gezeigt, dass die Aufbereitung in Form von Faktenboxen in den Punkten Risikowahrnehmung und Nutzen sogar bessere Ergebnisse erzielt, als wenn dazu eine Kurzzusammenfassung dargestellt würde (Lühnen et al., 2015).

In Tab. 4.11 werden die wesentlichen Punkte nochmal zusammengefasst dargestellt.

4.4.5 Instrumente zum Testen der Lesbarkeit – Reading Scores

In diesem Abschnitt beantworten wir die Fragen

- Welche Methoden der Überprüfung der Lesbarkeit stehen zur Verfügung?
- Gibt es eine rasche Übersicht über verschiedene Instrumente zur Testung der Lesbarkeit?
- Wie erfolgt die Anwendung von Instrumenten zur Testung der Lesbarkeit?

Tab. 4.11 Checkbox: Darstellung aktivierender Elemente

Elemente	Beantwortung
Wesentlicher Inhalt:	
Links oben platziert oder rechts unten	□Ja □Nein
Abwechslung von Fakten und Beispielen	□Ja □Nein
Positionierung von Text und Bild:	
Rechts neben dem Bild oder unter dem Bild	□Ja □Nein
Bilder rechts oben oder links unten	
Aktivierende Elemente:	
Neugier, Angst, Bekanntes, Nützliches, schnelle Information, Storytelling	□Ja □Nein
Quiz, Rätsel	
Aktivierende Wörter oder Satzzeichen:	
„Jetzt", „Niemals" oder „!?"	□Ja □Nein
Roter Faden:	
Strukturierter Aufbau, schrittweise Information	□Ja □Nein
Hauptstimulus:	
Zentraler Nutzen für die Leser*innen in Faktenboxen zusammengefasst	□Ja □Nein

Die Fähigkeit, Texte verstehen und umsetzen zu können, ist seit Langem Gegenstand der Forschung im Bereich der Linguistik und Pädagogik (Zamanian & Heydari, 2012). Es gibt verschiedene Möglichkeiten, Texte hinsichtlich Verständlichkeit und Lesbarkeit zu bewerten. Prinzipiell werden bei der Textbewertung drei Methoden unterschieden: Bei Expert*innen-basierten Methoden wird die Qualität des Textes und des Inhaltes von fachkundigen Personen, sogenannten Expert*innen bewertet. Bei Nutzer*innen-basierten Methoden geben Personen aus der Zielgruppe der Nutzer*innen Rückmeldung zur Verständlichkeit und Lesbarkeit eines Textes. Die am leichtesten zugängliche Methode der Lesbarkeitsüberprüfung ist die textbasierte computergestützte Methode, die sich auf den Text selbst beziehungsweise dessen Komplexität fokussiert (Hartley, 2008).

Erstellung und Analyse von Texten
Die Lesbarkeit eines Texts ist abhängig von Faktoren wie der **Länge und Komplexität der Wörter und Satzkonstruktionen** sowie der Häufigkeit der Verwendung gängiger Wörter (Zamanian & Heydari, 2012). Basierend auf diesen Faktoren wurden spezielle Instrumente entwickelt, welche die Lesbarkeit testen sollen. Diese Instrumente können zwar die inhaltliche Verständlichkeit eines Textes nicht bewerten, jedoch als **Indikator** dafür gesehen werden, wie gut Nutzer*innen dem Text folgen können (Salita, 2015). In der Literatur findet sich eine große Anzahl an **Instrumenten zum Testen der Lesbarkeit;** einen „Goldstandard" gibt es derzeit allerdings nicht (DuBay, 2004). In der Praxis lassen sich jedoch Texte so schnell einordnen. Etwa, wenn aufgezeigt werden soll, dass Texte sehr schwer verständlich sind und eher für Fachpersonen geeignet sind als für Laien.

Ausgewählte Instrumente und deren Anwendung

Als eines der am häufigsten verwendeten, ältesten und genauesten Instrumente gilt der *Flesch Reading Ease* (Flesch, 1948). Anhand einer Formel, die auf der durchschnittlichen Satzlänge und der durchschnittlichen Anzahl der Silben pro Wort basiert, wird ein Wert zwischen 0 und 100 errechnet. Je höher der Wert, desto einfacher ist der Text zu verstehen.

Folgende Referenzbereiche sind definiert.

▶ **Wichtig**

  90–100: Sehr einfach

  80–89: Einfach

  70–79: Ziemlich einfach

  60–69: Standard

  50–59: Ziemlich schwierig

  30–49: Schwierig

  0–29: Sehr verwirrend

Berechnet wird der Flesch Reading Ease mit der folgenden Formel:

206,835 – (1,015 × durchschnittliche Satzlänge) – (84,6 × durchschnittliche Silbenanzahl)

Bei dieser Formel entspricht die durchschnittliche Satzlänge der Anzahl der Wörter des Textes, geteilt durch die Anzahl der Sätze im Text, und die durchschnittliche Silbenanzahl errechnet sich aus der Anzahl der Silben eines Textes, geteilt durch die Anzahl der Wörter dieses Textes.

Der Flesch Reading Ease wurde für englischsprachige Texte entwickelt, jedoch existiert auch eine Anpassung der Formel für deutschsprachige Texte, welche 1978 von Amstad entwickelt wurde (Amstad, 1978). Für deutsche Texte wurde die Formel *(Flesch Amstad)* folgendermaßen angepasst:

180 – durchschnittliche Satzlänge – (58,5 × durchschnittliche Silbenanzahl)

Die Interpretation des Flesch-Amstad Wertes entspricht der des ursprünglichen Flesch Reading Ease.

Der *Flesch-Kincaid Grade Level Readability*-Test ist eine modifizierte Version des *Flesch Reading Ease Score*. Das Ergebnis stellt das **Leseverständnis anhand der Schulstufe** dar, die Nutzer*innen benötigen, um einen bestimmten Text lesen und verstehen zu können (DuBay, 2004). So bedeutet ein Text mit einem Wert von 60–69, dass er von einer Person mit 9 Schuljahren (also mit einem Alter von circa 15 Jahren) verstanden werden kann.

Für die englische Sprache wurden der *Flesch Reading Ease Score* und der *Flesch-Kincaid Grade Level Readability*-Test in Microsoft Word© implementiert. Eine Auswertung kann also über die Rechtschreibprüfung durchgeführt werden. Im Menüpunkt

Datei, Optionen muss unter *Dokumentprüfung* die Option *Lesbarkeitsstatistik* ausgewählt werden. Im Zuge der Überprüfung auf Rechtschreibung und Grammatik (durch Drücken der Taste F7) wird die Lesbarkeitsstatistik, wenn alle Fehler bereinigt wurden, für beide Instrumente angezeigt.

Für Texte in deutscher Sprache wird von Microsoft Word© ebenfalls eine Lesbarkeitsstatistik angezeigt, die zwar keine spezifischen Testinstrumente beinhaltet, jedoch sowohl die Anzahl an Wörtern, Zeichen, Sätzen und Absätzen sowie die durchschnittliche Anzahl der Sätze pro Absatz, Wörter pro Satz und Zeichen pro Wort angibt. Mit diesen Informationen kann eine Lesbarkeitsformel angewandt und ein entsprechender Lesbarkeitswert berechnet werden.

Der **Gunning Fog Index** (Gunning, 1968) ist ein Instrument zur Bewertung der Lesbarkeit eines Textes anhand dessen Satzlänge und der Anzahl schwer zu verstehender Wörter (= aus 3 oder mehr Silben bestehende Wörter) innerhalb einer Textpassage. Der *Gunning Fog Index* geht davon aus, dass kurze Sätze, die in einfacher Sprache geschrieben sind, leichter lesbar sind als lange Sätze, die komplexe Sprachformulierungen beinhalten. Idealerweise sollte ein Text einen Wert von 7 oder 8 erreichen, um eine Lesbarkeit für die Mehrheit der Menschen zu gewährleisten. Je höher der *Gunning Fog Index* ist, umso schwieriger ist der Text zu lesen. Ein Wert höher als 12 ist für den Großteil der Menschen als zu schwer lesbar einzustufen. *Der Gunning Fog Index* berechnet sich mithilfe folgender Formel:

0,4 × (durchschnittliche Satzlänge + Prozentzahl schwieriger Wörter)
Die durchschnittliche Satzlänge entspricht hier der Anzahl der Wörter, geteilt durch die Anzahl der Sätze im Text, und die Prozentzahl schwieriger Wörter errechnet sich, indem man die Anzahl schwieriger Wörter durch die Gesamtanzahl der Wörter dividiert. Als schwierige Wörter gelten im Sinne des *Gunning Fog Index* Wörter, die aus drei oder mehr Silben bestehen und keine Eigennamen sind sowie Kombinationswörter aus einfachen Wörtern, durch einen Bindestrich verbundene Wörter oder Wörter, die in ihrer Grundform aus zwei Silben bestehen und durch angehängte Endungen auf drei Silben erweitert werden.

Der **Lesbarkeitsindex von Björnson (LIX)** wird durch die durchschnittliche Satzlänge und den prozentualen Anteil langer Wörter im Text errechnet. Der sich daraus ergebende Wert gibt an, wie schwer oder einfach der jeweilige Text zu lesen ist. Je höher dieser Wert ist, umso schwieriger wird die Lesbarkeit des Textes eingeschätzt (Lenhard & Lenhard, 2014).

Folgende Referenzbereiche sind definiert:

▶ **Wichtig**
<40 Punkte: Kinder- und Jugendliteratur
40 bis 50 Punkte: Belletristik
50 bis 60 Punkte: Sachliteratur
>60 Punkte: Fachliteratur

Für deutsche Texte sind zur Berechnung des Lesbarkeitsindexes (LIX) nach Björnson sowohl ein Online-Rechner als auch ein Desktop-Programm verfügbar.

Weitere, international häufig verwendete Instrumente zur Berechnung der Lesbarkeit, auf die hier nicht weiter eingegangen wird, sind der *Simple Measure of Gobbledygook Grade (SMOG)* (McLaughlin, 1969), der *Automated Readability Index (ARI)* (Smith & Senter, 1967) und der *Coleman-Liau Index* (Coleman & Liau, 1975). Für alle diese Instrumente gibt es online verfügbare Berechnungstools (siehe *Weitere Informationen und Hilfestellungen* am Ende dieses Abschnittes).

Empfehlung zur Lesbarkeit von Gesundheitsinformationsmaterial

Gesundheitsrelevantes Informationsmaterial sollte prinzipiell leicht lesbar sein und demnach entsprechend hohe/niedrige Werte bei einer Lesbarkeitstestung erreichen (je nach Instrument kann ein hoher Wert eine leichte Lesbarkeit oder schwere Lesbarkeit bedeuten). Empfehlungen zur Lesbarkeit von Gesundheitsinformationsmaterial liegen zwischen einer Lesbarkeit nach sechs Schuljahren und neun Schuljahren (Clayton, 2010; McCaffery et al., 2013). Für den *Flesch Reading Ease Score* beziehungsweise den *Flesch Amstad* würde das Werte zwischen 60 und 90 entsprechen.

Bei der Anwendung von Lesbarkeitstests muss, wie bereits weiter oben erwähnt, beachtet werden, dass diese Tests alleine nicht ausreichen, um die Verständlichkeit eines Gesundheitsinformationsmaterials zu beurteilen. Lesbarkeitstests beziehen sich vor allem auf die Anzahl der Wörter und Silben; und so kann ein Text mit kurzen Sätzen und Wörtern durchaus eine hohe Lesbarkeit bestätigt bekommen, auch wenn dieser widersprüchliche Aussagen und Unklarheiten enthält (Schoberer et al., 2016a). Obwohl es Korrelationen zwischen den Ergebnissen von Instrumenten zur Testung der Lesbarkeit im Vergleich zu Expert*innen-Bewertungen der Lesbarkeit gibt (Sander et al., 2016), zeigen Reliabilitätsstudien Schwächen bezüglich dieser Übereinstimmung auf (Gemoets et al., 2004; Kandula & Zeng-Treitler, 2008; Tab. 4.12).

Weitere Informationen und Hilfestellungen finden Sie hier
Für englischsprachige Texte:

- Eine Online-Berechnung des Lesbarkeitsindexes für englische Texte unter Verwendung der Instrumente *Flesch Reading Ease Score, Flesch Kincaid Grade Level, SMOG, Coleman-Liau Index* und *ARI* ist auf folgender Website verfügbar: https://www.online-utility.org/english/readability_test_and_improve.jsp
- Für Texte in englischer Sprache ist ein Online-Rechner des *Gunning Fog Index* verfügbar, beispielsweise auf der Website: http://gunning-fog-index.com/.

Tab. 4.12 Checkbox: Testung der Lesbarkeit

Fragestellung	Beantwortung
Wurde der Text des Informationsmaterials mit einer computergestützten Lesbarkeitsüberprüfung auf den Schwierigkeitsgrad seiner Lesbarkeit hin analysiert?	□Ja □Nein
Wurde die Lesbarkeit und Verständlichkeit der textuellen Information, zusätzlich zur computergestützten Lesbarkeitsüberprüfung, durch potenzielle Nutzer*innen überprüft?	□Ja □Nein
Wurde die Lesbarkeit und Verständlichkeit der textuellen Information durch Expert*innen überprüft?	□Ja □Nein
Wurde die Lesbarkeit des Informationsmaterials (basierend auf den Ergebnissen der Lesbarkeitsüberprüfung) an die Zielgruppe angepasst?	□Ja □Nein
Wurde nach Anpassung des Textes eine neuerliche Lesbarkeitsüberprüfung durchgeführt?	□Ja □Nein

Für deutschsprachige Texte:

- Online-Version des Lesbarkeitsindex (LIX) nach Björnson: https://www.psychometrica.de/lix.html. Das Desktop-Programm kann über folgenden Link kostenlos heruntergeladen werden: http://www.psychometrica.de/lix/lix-Rechner.exe
- Die *Wortliga Textanalyse* prüft, basierend auf dem Hamburger Verständlichkeitsmodell, neben der Länge der Sätze und Wörter auch Formatierungsfehler sowie andere sprachliche Aspekte: https://wortliga.de/textanalyse/
- Das *Regensburger Analysetool für Texte* verwendet verschiedene Lesbarkeitsindizes zur Beurteilung von Texten wie den *LIX*, den *Flesch* und die *Wiener Sachtextformel:* https://www.uni-regensburg.de/sprache-literatur-kultur/germanistik-did/downloads/ratte/index.html
- Überprüfung von Texten anhand verschiedener Lesbarkeitsindizes (unter anderem auch *Flesch-Amstad*): http://www.schreiblabor.com/textanalyse/
- Weitere Links zur Berechnung des *Flesch Reading Ease* beziehungsweise des *Flesch-Amstad:* https://fleschindex.de/berechnen; http://leichtlesbar.ch/html/index.html

4.5 Layout und Design

In diesem Abschnitt beantworten wir die Fragen

- Welche Designelemente unterstützen Gesundheitsinformationen?
- Welche Empfehlungen können zur Anwendung spezifischer Designelemente gegeben werden?
- Welche Bewertungsinstrumente zum Design von Gesundheitsinformation sind verfügbar?

Neben der Verwendung einer laienverständlichen Sprache spielen Layout und Design eine weitere wesentliche Rolle bei der Erstellung von Gesundheitsinformationen. Der erste Eindruck, den Nutzer*innen von einer Gesundheitsinformation erhalten, ist oftmals entscheidend dafür, ob die Person sich weiter mit dem Material auseinandersetzt. Der Aspekt Design bezieht sich hier auf die visuelle Darstellung und Gestaltung der Gesundheitsinformation. Auch Lesbarkeit und Verständlichkeit werden durch das Design maßgeblich beeinflusst. Daher sollte ein wesentliches Ziel bei der Entwicklung von Gesundheitsinformationsmaterialien sein, visuell ansprechendes, übersichtliches und leicht erfassbares Gesundheitsinformationsmaterial zu kreieren (Parnell, 2015).

Allgemeine Designelemente
Gut gestalte Gesundheitsinformationen enthalten Text in ausreichend großer Schrift, wobei nur eine begrenzte Anzahl von Schriftarten verwendet wird. **Wichtige Abschnitte und Elemente sind deutlich erkennbar**, etwa durch die Verwendung von Fett- oder Kursivschrift oder Boxen. Aufzählungen sind derart zu gestalten, dass es leicht ist, ihnen zu folgen. Grafiken und Bilder ergänzen den Text. Zudem sollten gute Gesundheitsinformationen einen ausreichend großen Anteil an **weißen Flächen** aufweisen (European Bunge et al., 2010; European Commission, 2009; Parnell, 2015). Diese freien Flächen ermöglichen Nutzer*innen, persönliche Anmerkungen anzubringen. Bei Gesundheitsinformationen, die aktiv umgesetzt werden sollen oder beispielsweise auf eine positive Verhaltensänderung abzielen, können verschiedene Stilmittel eingesetzt werden, um die Motivation der Nutzer*innen zu erhöhen (Bunge et al., 2010; Shoemaker et al., 2014) (siehe Abschn. 4.4.4, Aktivierende Elemente – Techniken zur Motivation von Nutzer*innen).

Ebenso wie die sprachliche Formulierungen müssen auch das Design und der Umfang einer Gesundheitsinformation an die Zielgruppe angepasst werden. Eine Studie zu Bedürfnissen und Erwartungen von beispielsweise Pflegeheimbewohner*innen und Angehörigen bezüglich gesundheitsrelevanter Schulungsmaterialien ergab, dass Bewohner*innen sehr kurze und prägnante Gesundheitsinformationsmaterialien mit lediglich den für sie persönlich relevanten Informationen und mit ausreichenden Illustrationen wünschen. Angehörige hingegen bevorzugen umfassendere Informationen, inklusive aller relevanten Optionen, deren Vor- und Nachteile sowie Informationen zu Effektmaßen (Schoberer et al., 2016b).

Empfehlungen zur Anwendung ausgewählter Designelemente
Im Folgenden wird auf einzelne Teilbereiche des Designs von Gesundheitsinformationen, welche auf internationalen Empfehlungen basieren (Aldridge, 2004; European Commission, 2009; Bunge et al., 2010; Renuka & Pushpanjali, 2013; Shoemaker et al., 2014; Wizowski et al., 2014b; Parnell, 2015), eingegangen.

Schriftart und Schriftgröße

Die Auswahl der Schriftart ist entscheidend für die Lesbarkeit des Textes. Auf stilisierte Schriften sollte verzichtet werden. Sogenannte **Serif-Schriften,** wie **Times New Roman,** Century oder Palatino eignen sich für Gesundheitsinformationen in gedruckter Form. Es sollte eine gut lesbare Schriftart gewählt werden, in der ähnliche Buchstaben/Zahlen wie zum Beispiel „I", „L" und „1" leicht voneinander unterschieden werden können. Für Informationen, die auf einem elektronischen Gerät (Computer, Tablet, Smartphone) als Website oder Online-Folder dargestellt werden, eignen sich Sans-Serif-Schriften wie **Arial,** Calibri oder Verdana. Die Schriftgröße sollte so gewählt werden, dass sie gut lesbar ist. Empfohlen wird eine **Schriftgröße von mindestens 12 beziehungsweise 14 Punkt,** insbesondere wenn die Zielgruppe überwiegend aus älteren Personen besteht. Zum **Hervorheben** wichtiger Informationen und zum Zurechtfinden im Text (Verwendung von Überschriften) können unterschiedliche Schriftgrößen verwendet werden. Es sollte nicht ausschließlich in GROSSBUCHSTABEN oder *kursiv* geschrieben werden, da dies die Lesbarkeit erschwert. Der Einsatz dieser Stilmittel ist nur zur Hervorhebung einzelner Worte zu empfehlen.

Logische Abfolge und Überschriften

Gesundheitsinformationen sollten eine klare Struktur mit einer logischen Abfolge haben (Wizowski et al., 2014b). Es empfiehlt sich, Themen deutlich voneinander abzugrenzen und nicht seitenübergreifend zu präsentieren (Plain Language and Action Network, 2011). **Überschriften** können eingesetzt werden, um es den Nutzer*innen zu erleichtern, sich im Text zurechtzufinden. Zur Hervorhebung von Überschriften eignet sich die Verwendung einer anderen Farbe sowie einer größeren Schriftstärke (Fettschrift) und/oder höhere Schriftgröße. Hierbei gilt es zu beachten, dass Überschriften, die auf der gleichen logischen Ebene angesiedelt sind, einheitlich gehalten werden, um eine leichte Orientierung zu gewährleisten. Das gilt für Nummerierungen, Aufzählungszeichen, Farben, Einrückungen, Schriftarten und -größen. Bei der Verwendung von Farben für Überschriften sollte auch deren allgemeine Bedeutung nicht außer Acht gelassen werden (z. B. gilt Rot als Signalfarbe und steht für Gefahr).

Die Anzahl der **Ebenen,** die durch Überschriften und Zwischenüberschriften geschaffen werden, und der eingesetzten Designelemente muss sorgfältig abgewogen werden. Bei mehr als zwei Ebenen kann es für Nutzer*innen schwierig werden sich zurechtzufinden. Müssen komplexe Inhalte dargestellt werden, die mehrere Ebenen von Überschriften erfordern, sollte auf ein anderes Designelement (z. B. Einrückung) zurückgegriffen werden. Linien können zur Trennung von verschiedenen Absätzen eingesetzt werden und so die Orientierung erleichtern. Generell gilt es zu beachten, dass die Abstände, die sich vor und nach einer Überschrift befinden, im gesamten Schriftstück konsequent beibehalten werden sollen.

Layout und Formatierung

Was nun die Formatierung betrifft, so sollte der Text entweder linksbündig ausgerichtet sein oder Blocksatz verwendet werden. Bei Verwendung von Blocksatz kann es zu ungleichen Abständen zwischen den einzelnen Worten kommen, was die Lesbarkeit negativ beeinflusst. In solch einem Fall wird empfohlen, den Text am linken Rand auszurichten. Auch ein deutlicher Zeilenabstand stellt einen wichtigen Faktor für die Klarheit des Textes dar. Im Allgemeinen sollte der **Zeilenabstand das 1,5 fache des Abstandes** betragen, der zwischen den Wörtern besteht, die sich in einer Zeile befinden. Wird für den Text ein Spaltenformat gewählt, so muss der Rand zwischen den Spalten ausreichend groß sein, um eine angemessene Trennung der einzelnen Spalten zu gewährleisten. Sollte es notwendig sein platzsparend vorzugehen, kann auch eine Trennlinie zwischen den Spalten den gewünschten Effekt erzielen. Zu beachten ist hier, dass zusammengehörende Informationen nicht optisch getrennt werden sollen. Sollten Informationen in mehreren Sprachen verfasst werden, muss eine klare Abgrenzung zwischen den einzelnen Sprachen ersichtlich sein.

Kontrast

Ebenso von Bedeutung ist der Kontrast zwischen Text und Hintergrund. Ein zu **geringer Kontrast beeinflusst die Lesbarkeit negativ.** In diesem Zusammenhang sollten verwendete Bilder nicht hinter einem Text platziert werden. Auch Farbverläufe eignen sich nicht als Texthintergrund. Die Schrift sollte möglichst dunkel und vor einem hellen Hintergrund sein. Eine sehr helle Schrift auf dunklem Hintergrund weist zwar ebenfalls einen hohen Kontrast auf, ist jedoch nicht empfehlenswert. Auch die Farbkombination Rot-Grün sollte nicht gewählt werden, da dieser Kontrast von Menschen mit Rot-Grün-Blindheit nicht erkannt wird.

Weiße Flächen

Um das Schriftstück aufzulockern und nicht überladen wirken zu lassen, ist es notwendig, nicht die gesamten Flächen mit Schrift oder Bildern zu füllen, sondern bewusst freie beziehungsweise **weiße Flächen** als Bestandteil der Gesundheitsinformation einzuplanen. Diese weißen Flächen erhöhen die Übersichtlichkeit und Lesbarkeit des Schriftstückes. In welchem Ausmaß solche weißen Flächen für das Gesamtbild notwendig sind, ist abhängig von der Schriftgröße und der Größe der verwendeten Bilder. Allgemein wird empfohlen, dass Schriftstücke zur Hälfte aus Text und Bildermaterial und zur Hälfte aus weißen bzw. freien Flächen bestehen.

Listen und Aufzählungen

Aufzählungen sind eine geeignete Möglichkeit, Informationen kompakt aufzubereiten. Die Verwendung sogenannter **Bullet Points** wird bei Gesundheitsinformationen häufig als Stilmittel empfohlen. Zu beachten ist, dass nicht mehr als fünf bis sechs solcher Aufzählungspunkte in einer Liste verwendet werden. Es können verschiedene Aufzählungszeichen verwendet werden; dazu zählen beispielsweise einfarbige oder transparente

Kreise, Quadrate, Pfeile oder individuell angepasste Designelemente. Bei der Auswahl sollte darauf geachtet werden, dass sie dem Inhalt beziehungsweise Zweck der Liste angepasst sind. Insgesamt empfiehlt es sich, deren Verwendung innerhalb des Schriftstückes konsistent fortzuführen. Lediglich für die optische Abgrenzung von einfachen Aufzählungen/Listen und beispielsweise Empfehlungen können durchaus abweichende Aufzählungszeichen verwendet werden.

Papier

Bei der Auswahl des Papieres sollte auf eine **ausreichende Papierstärke** geachtet werden, um ein Durchscheinen zu verringern, welches das Lesen erschwert. Ebenso beeinträchtigt reflektiertes Licht die Lesbarkeit negativ, weshalb kein glänzendes oder beschichtetes Papier, sondern besser matte Papiersorten gewählt werden sollten. Bei Gesundheitsinformationen in kleinen Formaten (Broschüren, Folder etc.), die gefaltet werden, sollten Papier und Druck so gewählt werden, dass die Lesbarkeit an den Faltstellen des Textes nicht beeinträchtigt wird.

Actionability

Der Begriff Actionability beschreibt **Aktionsmöglichkeiten,** die Nutzer*innen innerhalb der Gesundheitsinformationen geboten werden. Dazu gehören alle Aspekte, die darauf abzielen, Nutzer*innen zu motivieren und zu aktivieren, sich mit der Gesundheitsinformation auseinanderzusetzen und darin beschriebene Handlungsempfehlungen eigenständig umzusetzen (siehe Abschn. 4.4.4, Aktivierende Elemente – Techniken zur Motivation von Nutzer*innen). Ein Stilmittel, um Leser*innen einer Gesundheitsinformation dazu zu motivieren, sich mit dem Material auseinanderzusetzen, ist die sogenannte **Personalisierung** der Gesundheitsinformation. Eine Personalisierung kann durch die Möglichkeit, den eigenen Namen auf dem Material einzutragen, erfolgen oder durch die Verwendung freier Flächen/leerer Zeilen, um persönliche Anmerkungen hinzuzufügen. Insbesondere bei Schulungsunterlagen ist die Möglichkeit von persönlichen Anmerkungen von nicht zu unterschätzender Bedeutung. Diese Anmerkungen können durch die Person selbst oder die beratenden Gesundheitsfachpersonen eingefügt werden, beispielsweise in Form von ergänzten personenbezogenen Hinweisen oder Ratschlägen zur Umsetzung von Empfehlungen. Die Personalisierung einer Gesundheitsinformation führt dazu, dass sich Nutzer*innen besser mit dem Material identifizieren können (Wizowski et al., 2014b).

Weitere Stilmittel, die dazu beitragen können, dass sich Menschen aktiv mit einer zur Verfügung gestellten Gesundheitsinformation auseinandersetzen, sind Checklisten, Fragebögen zur Selbstanwendung oder Schritt-für-Schritt-Anleitungen (Shoemaker et al., 2014).

Neben diesen allgemeinen Designempfehlungen für Gesundheitsinformationen darf, wie bereits mehrmals in diesem Buch erwähnt, nicht außer Acht gelassen werden, dass auch die Wünsche und Bedürfnisse der jeweiligen Zielgruppe, für die das Gesundheitsinformationsmaterial vorgesehen ist, berücksichtig werden (Bunge et al., 2010).

Gute Gesundheitsinformationen sollen sich in Ihrer Aufbereitung an die intendierten Anwender*innen orientieren, da verschiedene Zielgruppen unterschiedliche Wünsche und Erwartungen an eine Gesundheitsinformation stellen (Schoberer et al., 2016a).

Bewertung der Qualität des Designs

Zur Bewertung des Designs von Gesundheitsinformationen eignet sich das BALD (*Baker Able Leaflet Design*) Einschätzungsinstrument (Baker, 1997). Dieses Instrument wurde ursprünglich zur Bewertung von Konsument*innen-Informationen für Medikamente (Beipackzettel) erstellt und wird mittlerweile international für die Bewertung verschiedener Gesundheitsinformationen verwendet. Die Skala besteht aus insgesamt 16 Kategorien, für die jeweils zwischen 0 und 3 Punkten vergeben werden können. Mit einer Gesamtpunktezahl von 25 oder mehr werden Schriftstücke als „über dem Standard" eingestuft. Als „Standard" werden Schriftstücke mit einer Gesamtpunktzahl von 22 bis 25 bewertet. Schriftstücke mit einer Gesamtpunktzahl von 21 und darunter gelten als schlecht beziehungsweise ungeeignet. Das Einschätzungsinstrument BALD inklusive der entsprechenden Referenzwerte zur Vergabe der Punkte ist in Tab. 4.13 dargestellt (siehe auch Tab. 4.14).

Weitere Informationen und Hilfestellungen finden Sie hier

- Die Empfehlungen der EU- Kommission können unter https://ec.europa. eu/health/sites/health/files/files/eudralex/vol-2/c/2009_01_12_readability_ guideline_final_en.pdf aufgerufen werden.
- Kommunikationsdesign für Menschen mit und ohne Sehbehinderung des Deutschen Blinden- und Sehbehindertenverbands: https://www.leserlich.info/
- Die *Federal Plain Language Guideline* enthält neben Empfehlungen zur laienverständlichen Sprache auch Empfehlungen zum Layout von Gesundheitsinformationen: http://www.plainlanguage.gov/howto/guidelines/ FederalPLGuidelines/FederalPLGuidelines.pdf
- Toolkit, um Gesundheitsinformationen klar und effektiv zu gestalten, und Empfehlungen zu Designaspekten (Toolkit Part 3 und Part 5): https://www.cms. gov/Outreach-and-Education/Outreach/WrittenMaterialsToolkit/

4.5.1 Verwendung von Bildern und Grafiken

In diesem Abschnitt beantworten wir die Fragen

- Warum empfiehlt sich die Verwendung von Bildern und Grafiken?
- Warum ist es wichtig, die Zielgruppe zu berücksichtigen?
- Warum können Piktogramme in Gesundheitsinformationen hilfreich sein?

Tab. 4.13 BALD zur Einschätzung der Designqualität (Baker, 1997)

Gestaltungs-merkmal	3 Punkte	2 Punkte	1 Punkt	0 Punkte
Zeilenlänge 50–89 mm			Ja	Nein
Zeilenabstand	>2,8 mm	2,2–2,8 mm		<2,2 mm
Blocksatz			Ja	Nein
Serif Schriftart		Ja		Nein
Schriftgröße	≥12	10–11	9	<9
Erste Zeile eingezogen			Ja	Nein
Titel (Überschriften) in Kleinbuchstaben			Ja	Nein
Kursive Schrift		0 Wörter	1–3 Wörter	≥4 Wörter
Positive Empfehlungen**		Generell positiv		Häufig negativ
Hervorgehobene Überschriften		Ja		Nein
Nur arabische Zahlen			Ja	Nein
Text in Boxen			0–1 Box	>1 Box
Bilder (ohne Titelbilder)	Könnten nicht durch Text ersetzt werden			Keine oder überflüssige Bilder
Anzahl von Farben	4	3	2	1
Weiße Flächen	>40 %	30–39 %	20–29 %	<20 %
Papierqualität	>90 gsm*	75–90 gsm*		<75 gsm*

* gsm = Gramm pro Quadratmeter, ** positive Beispiele anstatt negativer Beispiele

Gerne werden Symbole, Piktogramme, Abbildungen oder Fotos und andere visuelle Darstellungen in Gesundheitsinformationen verwendet. Diese bildhaften Darstellungen haben die Aufgabe, den Nutzer*innen wichtige Inhalte besser verständlich und zugänglicher zu präsentieren (Bunge et al., 2010).

Auch das Erinnern an wichtige Inhalte oder Empfehlungen wird durch die bildhafte Darstellung erleichtert. Insgesamt führen Bilder damit zu einer größeren Zufriedenheit mit der Gesundheitsinformation. Vor allem bei Instruktionen (z. B. Medikamenteneinnahme) ist eine bildliche Unterstützung von nicht unerheblicher Bedeutung. Vor allem Menschen mit einem niedrigen Bildungsstand oder ältere Personen können von klaren, einfachen Darstellungen profitieren (Liu et al., 2009; Mansoor & Dowse, 2003).

Tab. 4.14 Checkbox: Layout und Design

Fragestellung	Beantwortung
Wurde je nach Zielgruppe Schriftgröße 12 oder größer gewählt?	□Ja □Nein
Wurde eine dem Medium (Druck, Website) entsprechende Schriftart gewählt?	□Ja □Nein
Wurde Fett- oder Kursivdruck gewählt, um wichtige Punkte hervorzuheben?	□Ja □Nein
Wurden Groß- und Kleinbuchstaben anstelle von ausschließlich Großbuchstaben verwendet?	□Ja □Nein
Wurde schwarze/dunkle Schrift auf weißem/hellem Papier/Hintergrund verwendet?	□Ja □Nein
Wurden Überschriften und Zwischenüberschriften verwendet, um den Text zu unterteilen?	□Ja □Nein
Wurde auf verschiedene Schriftarten verzichtet?	□Ja □Nein
Wurde ein ausreichend großer Zeilenabstand verwendet?	□Ja □Nein
Wurden Aufzählungszeichen verwendet, um Inhalte kompakt darzustellen?	□Ja □Nein
Wurden passende Aufzählungszeichen gewählt und konsistent verwendet?	□Ja □Nein
Wurden ausreichend weiße/freie Flächen belassen?	□Ja □Nein
Sind die Bilder, Symbole und Piktogramme kulturell angemessen?	□Ja □Nein
Wurden keine Bilder verwendet, die falsches Verhalten zeigen?	□Ja □Nein
Wurde für gedruckte Gesundheitsinformationen ausreichend dickes, nicht reflektierendes Papier verwendet?	□Ja □Nein
Wurden motivierende und aktivierende Elemente verwendet (z. B. Platz zur Personalisierung, Checklisten, Fragebögen, Schritt-für-Schritt-Anleitungen)?	□Ja □Nein

In diesem Zusammenhang ist besonders darauf zu achten, dass nur eindeutige, zum Inhalt passende Bilder verwendet werden. Dies gilt auch für Tabellen, Symbole, Piktogramme oder Fotos. Auf stark übertriebene Darstellungen soll jedenfalls verzichtet werden (siehe Abschn. 4.5, Layout und Design). Visuelle Darstellungen können die Präsentation komplexer Informationen leichter verständlich und ansprechender machen.

Bildmaterial kann eine gute Gesundheitsinformation verbessern, wenn dieses richtig eingesetzt wird. In diesem Kapitel finden Sie Tipps, die Ihnen bei der Auswahl von Bildmaterial helfen. Testen Sie auf jeden Fall das Bildmaterial vorab, um sicherzustellen, dass es von der Zielgruppe richtig verstanden und interpretiert wird.

Verwendung von visuellen Darstellungen in Gesundheitsinformationen

Die Verwendung visueller Darstellungen in Gesundheitsinformationen kann die Aufmerksamkeit erhöhen und das Verständnis des Textes verbessern (Clayton, 2010). Inhalte bleiben länger in Erinnerung, und durch Bildmaterial ergänzte Empfehlungen können leichter umgesetzt werden (Houts et al., 2006).

Abb. 4.3 Schnelles Erfassen durch die Integration des Textes ins Bild

Alle Patient*innen können von visuellen Darstellungen profitieren, vor allem profitieren aber Patient*innen mit geringeren Lese- und Schreibfähigkeiten (Houts et al., 2006).

In einer Studie wurde zum Beispiel festgestellt, dass die Wahrscheinlichkeit, dass Patient*innen Verständnisfragen zu Entlassungsanweisungen, die sie im Krankenhaus erhalten haben, richtig beantworten, um 50 % höher war, wenn diese bildliche Informationen enthielten (Austin et al., 1995).

Bei der Darstellung bestimmter Verhaltensweisen in Bildern sollten positive Beispielsbilder genutzt werden. Generell sollten visuelle Darstellungen sehr gezielt und durchdacht eingesetzt werden und sinnvoll in den Text integriert werden. Es sollte möglichst nur eine „Botschaft" pro Bildmaterial (siehe Abb. 4.3: Sind meine Schuhe sicher?) vermittelt werden. Wenn Sie mehrere „Botschaften" in einem Bildmaterial inkludieren, kann das für die Leser*innen Ihrer Gesundheitsinformation verwirrend sein. Beschriften Sie Bildmaterial mit Bildunterschriften, damit die Leser*innen das Bild zuordnen können.

Bilder sollten immer in räumlicher Nähe der dazugehörigen textuellen Information stehen, optimalerweise in horizontaler Nähe (Wünsche, 2016). Auch die Integration von Text in Bildern kann dem rascheren Erfassen eines Inhalts dienen (Sweller, 2011). Die Größe sollte so gewählt werden, dass das Bild leicht zu erkennen ist (Mansoor & Dowse, 2003).

Verwenden Sie Bildmaterial, das den Text unterstreicht oder erklärt. Weiters sollte der zur Verfügung stehende Platz in der Gesundheitsinformation berücksichtigt werden. Bildmaterial, das nur dekorativ oder zu abstrakt ist, sollte vermieden werden (Center for Disease Control and Prevention, 2009).

Bildmaterial sollte nicht zuletzt eine scharfe Auflösung sowie klare Farben und Kontraste haben. Hochwertiges Bildmaterial macht die Botschaften in den Gesundheitsinformationen glaubwürdiger. Bei der Erstellung von Materialien können auch Expert*innen und professionelle Designer*innen helfen.

In Abb. 4.3 findet sich ein Beispiel für einen in ein Bild integrierten Text, das aus einem Schulungsmaterial zur Vorbeugung von Stürzen stammt (Schoberer et al., 2018).

Kategorien und Formate von visuellen Darstellungen in Gesundheitsinformationen
Der Einsatz von Bildern in Gesundheitsinformationen betrifft unterschiedliche Formate, die verschiedenen Kategorien zugeordnet werden:

- *Anatomische Bilder:* Dazu beispielsweise Magnetresonanztomographie-Bilder (Hollands & Marteau, 2013), aber auch Zeichnungen von anatomischen Strukturen. Unterschiedliche Studien deuten darauf hin, dass Bilder die Glaubwürdigkeit von Informationen über Gesundheitsrisiken erhöhen und auch eine motivierende Wirkung haben können.

- *Cartoons:* Cartoons sind eine Art der Illustration, die das Interesse sowohl von Kindern als auch von Erwachsenen steigern sollen. Cartoons sind daneben auch eine wirksame Strategie zur Informationsvermittlung, wie zum Beispiel bei Anweisungen zur Wundversorgung. Die Teilnehmer*innen einer Interventionsgruppe mit passenden Cartoons als Ergänzung der Anweisungen zur Wundversorgung hatten ein höheres Maß an Verständnis, waren mit den Informationen zufriedener und bewerteten sie als sehr gut lesbar (Delp & Jones, 1996). Cartoons können auch gut geeignet sein, um Informationen mit einer Prise Humor zu vermitteln. Verwenden Sie aber Cartoons dennoch mit Bedacht; nicht alle Nutzer*innen von Gesundheitsinformationen verstehen sie oder nehmen sie ernst.

- *Fotos:* Fotos eignen sich am besten für die Darstellung von Ereignissen, Menschen und Emotionen aus dem „echten Leben". Achten Sie bei der Auswahl eines Fotos darauf, dass eventuelle Hintergrundaspekte nicht von der eigentlichen Bildszene und deren Botschaft ablenken, die Sie hervorheben möchten. Fotos von Personen im Gesundheitswesen oder von Patient*innen werden verwendet, um Emotionen zu wecken und unterstützend die Zufriedenheit der Nutzer*innen zu steigern (Bol et al., 2015). Vor allem bei der Verwendung von Fotos in Gesundheitsinformationen sollten aber wichtige Rechte und Pflichten berücksichtigt werden (siehe Abschn. 4.5.2, Rechte und Pflichten bei der Nutzung fremden Bildmaterials).

- *Piktogramme und Icons:* Die Begriffe Piktogramm und Icon werden häufig synonym verwendet, jedoch haben diese Bildzeichen jeweils andere Ansprüche. Piktogramme dienen zur raschen visuellen Übermittlung von Nachrichten und sollen schnell zu entschlüsseln sein, Icons hingegen unterliegen bei der Gestaltung nicht so strengen formalen Richtlinien, daher können diese Bildzeichen kreativer gestaltet werden. Piktogramme und Icons sollten aber möglichst einfach und klar präsentiert werden. Manchmal wird dabei auf eine schematische Darstellung zurückgegriffen (King et al., 2012, Mansoor & Dowse, 2003; Yin et al., 2011).

- *Zeichnungen:* Dazu zählen unterschiedliche Formen von Illustrationen mit unterschiedlichen Graden an Abstraktion, Umfang und Kontext. Im Zuge der Erstellung von Gesundheitsinformation werden Zeichnungen auch gerne genutzt, um Instruktionen zu visualisieren (Austin et al., 1995; Kools et al., 2006), ein besseres Verständnis für Nutzen und Risiken einer Behandlung zu erreichen (Brotherstone et al., 2006; Henry et al.; 2008) und auch um medizinische Konzepte zu visualisieren (Liu et al., 2009). Somit lassen sich vor allem komplexe Sachverhalte durch Illustrationen oder Zeichnungen vereinfacht dargestellten. Zeichnungen eignen sich daher auch besonders gut, um ein komplexes Verfahren oder einen Prozess einfach und bildhaft zu erklären (z. B. ein Testverfahren). Achten Sie jedoch darauf, dass die Zeichnungen nicht zu komplex sind und vermeiden Sie unnötige Details und allzu abstrakte Abbildungen, die falsch interpretiert werden könnten.

Berücksichtigung der Zielgruppe bei der Wahl der visuellen Darstellung
Auch in Bezug auf die Auswahl/Erstellung einer visuellen Darstellung sollten die Ersteller*innen von Gesundheitsinformationen sorgfältig darüber nachdenken, wer das Zielpublikum der Gesundheitsinformation ist. Bei der Auswahl von Fotos und Grafiken ist sowohl auf die kulturelle Angemessenheit als auch auf eine angemessene Darstellung der Zielgruppe (z. B. in Bezug auf Alter, Geschlecht) zu achten.

Von Bedeutung ist auch die Widerspiegelung der Zielgruppe in ihrer Vielfalt in den ausgewählten Bildern, wie beispielsweise Menschen aus verschiedenen Kulturen, Menschen mit und ohne Behinderung, ältere und jüngere Menschen.

Frauen und Männer sollten gleichermaßen in verschiedenen Rollen dargestellt werden. Sei es als Arzt*Ärztin oder Patient*in. Visuelle Darstellungen erzeugen unweigerlich, bewusst und unbewusst Vorstellungen und Interpretationen über die Realität, daher sollte das alles bei der Wahl der Bilder bedacht werden (Gallé & Groth, 2015).

Gerade aufgrund der Vielfältigkeit visueller Darstellungen sind weitere Untersuchungen und Studien zu den unterschiedlichen Darstellungsformen in Gesundheitsinformationen erforderlich. Insbesondere auch die Wirkung von Fotos sollte in Studien vermehrt untersucht werden (Lühnen et al., 2018).

Piktogramme in Gesundheitsinformationen
Die Verwendung von **Piktogrammen** kann ebenfalls nützlich für eine gute Gesundheitsinformation sein. Voraussetzung ist jedoch bei allen Darstellungen, dass deren Bedeutung **eindeutig und klar** ist (Bunge et al., 2010). Bestehen Zweifel hinsichtlich der Bedeutung eines Piktogramms, sollte darauf verzichtet werden. Insbesondere wenn Informationen in verschiedenen Sprachen erstellt werden, sollte unbedingt darauf geachtet werden, ob der betreffenden Darstellung im der betreffenden Sprache zugeordneten Kulturkreis dieselbe Bedeutung beigemessen wird wie in der Ursprungssprache.

Auch bei der Wahl von Symbolen ist es empfehlenswert darauf zu achten, dass die verwendeten Darstellungen möglichst **universell verstanden** werden. Der Anspruch bei der Auswahl von Piktogrammen ist die unmissverständliche visuelle Nachricht, die einfach zu entschlüsseln ist. Piktogramme sollen schnell informieren und anleiten, wie zum Beispiel bei einer Instruktion zur Einnahme von Medikamenten zu bestimmten Zeitpunkten, oder die Orientierung in einer Gesundheitseinrichtung unterstützen. Daher

Tab. 4.15 Checkbox: Verwendung von Bildern und Grafiken

Fragestellung	Beantwortung
Wurde die visuelle Darstellung gezielt eingesetzt und sinnvoll in den Text integriert?	☐Ja ☐Nein
Sind Bilder in räumlicher Nähe zur textuellen Information platziert?	☐Ja ☐Nein
Wurde auf die Größe des Bildes geachtet?	☐Ja ☐Nein
Wurde bei der Auswahl der visuellen Darstellung die passende Kategorie gewählt?	☐Ja ☐Nein
Wurde die Zielgruppe bei der Auswahl der visuellen Darstellung berücksichtigt (Alter, Geschlecht …)?	☐Ja ☐Nein

unterliegt auch die Entwicklung von Piktogrammen strengen formalen Richtlinien, die wenig gestalterischen Spielraum lassen (Barros et al., 2014; Tab. 4.15).

Weitere Informationen und Hilfestellungen finden Sie hier
Unter den folgenden Links finden Sie Hilfestellungen und Tipps.

- Leitlinie evidenzbasierte Gesundheitsinformation: https://www.leitlinie-gesund-heitsinformation.de/
- Kriterien für sex- und gendergerechte, evidenzbasierte Gesundheitsinformation: http://www.frauengesundheitszentrum.eu/wp-content/uploads/2018/08/090315_Poster-Kongress-Maerz-2015_end-end.pdf

4.5.2 Rechte und Pflichten bei der Nutzung fremden Bildmaterials

In diesem Abschnitt beantworten wir die Fragen

- Was sind Bildrecht und Urheberrecht?
- Was sind CC-Lizenzen?
- Welche Hilfestellung zur sicheren Anwendung von fremdem Bildmaterial gibt es?

Die Unsicherheit, wann ein Bild für erstellte Publikationen verwendet werden darf, ist groß. Bei der Verwendung von Bildern in Gesundheitsinformationen ist einiges zu beachten: ob zum Beispiel andere Personen abgebildet sind (Recht am eigenen Bild), welche Bedingungen an die Verwendung der Bilder geknüpft sind (Lizenzen). Nicht nur Fotos, sondern auch Logos, Piktogramme und Grafiken werden als Werke der bildenden Kunst bezeichnet und geschützt und dürfen ohne Zustimmung der Rechteinhaber*innen nicht in Gesundheitsinformationen verwendet werden.

Für Ersteller*innen von guten Gesundheitsinformationen ist es wichtig, sich mit der korrekten Nutzung und Bereitstellung von Abbildungen und Fotos in Gesundheitsinformationen auseinanderzusetzen, um rechtliche Konsequenzen infolge falscher Nutzung zu vermeiden. Vor der Verwendung von Bildern in Gesundheitsinformationen muss bedacht werden, dass jedes Bild urheberrechtlich geschützt ist. Daher ist bei der Verwendung von fremden Bildern vor allem das **Urheberrecht** zu beachten. Wenn zusätzlich noch Personen, wie zum Beispiel bei Fotos von Patient*innen, abgebildet sind, müssen auch noch andere Rechte wie etwa **Persönlichkeitsrechte** berücksichtigt werden. Es sollte also immer geprüft werden, ob für eine Verwendung von Bildmaterial entsprechende Nutzungsrechte eingeholt werden müssen.

Urheberrecht und Persönlichkeitsrechte
Die Bildrechte werden in Österreich, wie auch in vielen anderen europäischen Ländern, im Urheberrechtsgesetz festgelegt.

Bei **Lichtbildern** gilt in Österreich §73 Urheberrechtsgesetz (UrhG). Lichtbilder, im Sinne dieses Gesetzes, sind durch ein fotografisches Verfahren hergestellte Abbildungen. Als fotografisches Verfahren ist auch ein der Fotografie ähnliches Verfahren anzusehen, wie zum Beispiel das Scannen.

Laut §74 UrhG haben ausschließlich Hersteller*innen eines Lichtbildes das Recht, dieses zu vervielfältigen, zu verbreiten, vorzuführen, durch Rundfunk zu senden oder der Öffentlichkeit zur Verfügung zu stellen. Bei gewerbsmäßig hergestellten Lichtbildern gilt der*die Inhaber*in des Unternehmens als Hersteller*in.

Jede Person, von der ein Bild aufgenommen wurde, darf selbst bestimmen, ob das entstandene Bild veröffentlicht werden darf oder nicht. So besagt es das sogenannte **„Recht am eigenen Bild"**. In jedem Fall muss bei der Veröffentlichung des Bildes eine mündliche und am besten auch schriftliche Einwilligungserklärung dieser Person vorliegen.

Laut §78 UrhG dürfen Bildnisse von Personen weder öffentlich ausgestellt noch auf eine andere Art, wodurch sie der Öffentlichkeit zugänglich gemacht werden, verbreitet werden, wenn dadurch die berechtigten Interessen der abgebildeten Personen verletzt würden.

Das ist zum Beispiel der Fall, wenn die abgebildete Person bloßgestellt wird, das Privatleben der Öffentlichkeit preisgegeben wird, zu Missdeutungen führt oder entwürdigend oder herabsetzend wirkt. Deshalb ist die Privat- und Intimsphäre von Personen geschützt und die Verbreitung von Bildern unzulässig (RIS, 2018).

Nach einer Entscheidung des Obersten Gerichtshofs (OGH) vom 27.2.2013 ist die Aufnahme von Fotografien (und deren Verbreitung), auf denen die abgebildete Person deutlich zu identifizieren ist, in der Regel nur mit Einwilligung zulässig (siehe *Weitere Informationen und Hilfestellungen* am Ende dieses Abschnittes). Auch zu bedenken ist, dass vor der Verwendung von Fotos in Gesundheitsinformationen eine ausdrückliche (schriftliche) Zustimmung der Urheber*innen (z. B. Fotograf*in) oder der Rechteinhaber*innen (Agenturen, Bild-Datenbanken) eingeholt werden müssen, ansonsten dürfen die Bilder nicht verwendet werden. Sollten die Urheber*innen nicht eindeutig zu ermitteln sein, dann wird von einer Verwendung des Bildes in der Gesundheitsinformation strikt abgeraten (Haller, 2003).

In Deutschland schützt der Gesetzgeber Lichtbildwerke in § 2 UrhG. Liegt kein Lichtbildwerk vor, ist das Bild nicht urheberrechtlich geschützt. Dennoch ist das Bild vor der freien Verwendung geschützt, denn es genießt das deutsche Leistungsschutzrecht nach § 72 UrhG.

Verwendung von Bildmaterial mit CC-Lizenzen

Im Internet gibt es zahlreiche Bilderplattformen, die Bilder unter bestimmten Lizenzbedingungen zur Verfügung stellen.

Bildmaterial, das unter einer **Creative-Commons-Lizenz** (CC) oder einer ähnlichen Lizenz steht, kann unter bestimmten Bedingungen kostenlos verwendet werden. Der genaue Umfang der erlaubten Verwendungsmöglichkeiten hängt von der jeweiligen Lizenz ab (Lackner, 2018).

Alle Autor*innen von Gesundheitsinformationen sollten daher vor der Verwendung der Bilder die Lizenzbedingungen gut prüfen, da hier entscheidende Punkte abgeklärt werden, wie zum Beispiel die Nennung der Urheber*innen, in welchem Rahmen die Bilder verwendet werden dürfen, ob sie verändert oder bearbeitet werden dürfen etc. Auf die ausdrückliche Zustimmung der Urheber*innen (Fotograf*in) beziehungsweise der Rechteinhaber*innen (Bildagenturen) muss geachtet werden.

Die bekannte Non-Profit-Organisation **Creative Commons** (CC) stellt den Urheber*innen von Abbildungen sechs verschiedene Standard-Lizenzverträge zur Verfügung (*Creative Commons,* 2020). Urheber*innen können mithilfe dieser Lizenzen die rechtlichen Rahmenbedingungen für die Verbreitung und Nutzung festlegen. Dazu zählt zum Beispiel die redaktionelle und kommerzielle Nutzung oder die Bildbearbeitung. Somit können Urheber*innen ihre Werke schützen. CC-Lizenzen stehen frei zur Verfügung und ermöglichen es, den Nutzer*innen je nach Bedarf bestimmte Verwertungsrechte im Rahmen einer Werknutzungsbewilligung einzuräumen. Die Lizenzen beinhalten beispielsweise eine kommerzielle oder nicht-kommerzielle Nutzung oder die Berechtigung zur Weiterverarbeitung.

Falls Bildmaterial mit CC-Lizenz für Gesundheitsinformationen verwendet wird, muss eine adäquate Bildunterschrift oder ein Quellen- und Bildnachweis angegeben werden. Eine Bildunterschrift enthält die Namen der Urheber*innen, den Titel des Werkes, die URL *(Uniform Resource Locator)* zum Werk oder Autor*Autorin und die Angabe der Lizenzurkunde (zum Beispiel CC-BY-NC) (creative commons, 2020).

Nutzungsrechte und Bilddatenbanken

Für die kommerzielle Nutzung von Fotos empfiehlt es sich, kostenpflichtige Bildportale mit lizenzfreien Bildern zu nutzen. Einige Beispiele wären etwa *fotolia, istokphoto* oder *shutterstock* (Für entsprechende Links, siehe *Weitere Informationen und Hilfestellungen* am Ende dieses Abschnittes).

Lizenzfreie Bilder sind Bilder, die nach Erwerb meist zeitlich unbegrenzt und für verschiedene Projekte verwendet werden dürfen. Durch den Kauf wird ein sogenanntes Nutzungsrecht erworben. Trotzdem gilt für Autor*innen einer Gesundheitsinformation, dass man sich erkundigen muss, welche Nutzungsrechte in den Nutzungsbedingungen der einzelnen Bilddatenbanken angeführt werden. Wenn zum Beispiel das Bildrecht nur für die Nutzung für Printmaterialien erworben wird, dann darf das Bild nicht für digitale Produkte benutzt werden. Somit dürfen Autor*innen, welche lizenzfreie Bilder erwerben, nicht davon ausgehen, dass diese mit dem Erwerb „rechtefrei" sind.

Um diese Forderungen zu umgehen, macht es durchaus Sinn, dass sich Autor*innen von Gesundheitsinformationen überlegen, ob sie alternativ nicht lieber eigene Fotos und eigens erstellte Abbildungen verwenden könnten.

Eigene Fotos/Abbildungen erstellen und verwenden

Um Unsicherheiten zu Nutzungsbestimmungen, Lizenzverträgen und Urheberrecht zu umgehen, lohnt sich mitunter die Produktion eigener Fotos, Abbildungen oder Piktogramme. Trotz alledem muss auch bei selbst erstellten Bildern mit abgebildeten Personen das „Recht am eigenen Bild" gewahrt und eine schriftliche Genehmigung vor der Veröffentlichung eingeholt werden. Auch bei Sachaufnahmen, zum Beispiel bei Gemälden oder Skulpturen, muss eine Einwilligung der Urheber*innen zur Verwertung vorliegen. Sämtliche Quellen sind auf jeden Fall anzugeben. Abbildungen können beispielsweise in Power Point oder anderen Grafikprogrammen (dazu gibt es auch viele kostenlose Programme) erstellt werden (Tab. 4.16).

> **Weitere Informationen und Hilfestellungen finden Sie hier**
>
> - Musterformulierung für eine ausdrückliche Einverständniserklärung von abgebildeten Personen: https://www.wko.at/branchen/information-consulting/werbung-marktkommunikation/fotografie-und-werbung.html
>
> In Tab. 4.17 finden Sie eine beispielhafte Aufzählung beliebter Bilddatenbanken.

4.6 Spezielle Anforderungen an Entscheidungshilfen

> **In diesem Abschnitt beantworten wir die Fragen**

- Welche Bedeutung haben Entscheidungshilfen in der Entscheidungsfindung?
- Welche Empfehlungen gibt es für den Inhalt und die Gestaltung von Entscheidungshilfen?
- Wie kann die Überprüfung der Qualität von Entscheidungshilfen erfolgen?

Tab. 4.16 Checkbox: Verwendung von fremdem Bildmaterial

Fragestellung	Beantwortung
Stimmen die abgebildeten Personen einer Veröffentlichung zu?	□Ja □Nein
Stimmt der*die Urheber*in der Benutzung des Bildes zu?	□Ja □Nein
Dürfen z B. Objekte und Architektur fotografiert werden?	□Ja □Nein
Liegt die schriftliche Einverständniserklärung für Verwendung des Bildes vor?	□Ja □Nein
Bei Plattformen und Suchmaschinen für Bilder gilt: Wurden die Nutzungs-bedingungen genau durchgelesen?	□Ja □Nein
Haben Sie auf die Nutzungsrechte geachtet? (z. B. Bildrechte nur für Print erworben – Bilder nicht digital präsentierbar)	□Ja □Nein
Haben Sie Bilder nur über seriöse Webseiten und Bilddatenbanken gebucht?	□Ja □Nein
Wurde eine Bildunterschrift eingefügt?	□Ja □Nein
Haben Sie das Bearbeitungsrecht erworben, wenn Sie Bilder bearbeiten möchten?	□Ja □Nein

Tab. 4.17 Bilddatenbanken

Instrument	Auffindbar
Pixabay	https://pixabay.com/de/
Open Clipart	https://openclipart.org/
Istokphoto	https://www.istockphoto.com/at
Shutterstock	https://www.shutterstock.com/de/
Fotolia	https://de.fotolia.com/
Noun project	https://thenounproject.com/

Entscheidungshilfen haben zum Ziel, alle möglichen Optionen zu präventiven, diagnostischen oder therapeutischen gesundheitsrelevanten Maßnahmen objektiv und klar verständlich aufzuzeigen und somit Unterstützung bei der Entscheidungs-findung zu geben (Elwyn et al., 2017). Optimalerweise werden Entscheidungshilfen zur gemeinsamen Entscheidungsfindung zwischen Patient*innen und den in der Gesund-heitsversorgung tätigen Personen eingesetzt, im Rahmen des sogenannten *Shared Decision Making* (O'Connor et al., 2004). *Shared Decision Making* stellt das Bindeglied zwischen evidenzbasierter Medizin und optimaler Gesundheitsversorgung dar. Neben der Möglichkeit der aktiven Beteiligung an der Entscheidungsfindung tragen Entscheidungs-hilfen zur besseren Kenntnis der möglichen Optionen, zur Klärung persönlicher Präferenzen und zur präziseren Einschätzung des möglichen Nutzens bzw. Schadens einer Option bei (Gaston & Mitchell, 2005; Stacey et al., 2017; Hoffmann et al., 2014).

Entscheidungsfindung im Wandel

Das Informations- und Entscheidungsverhalten hat sich in den letzten Jahrzehnten fundamental verändert (Hoving et al., 2010; Woolf et al., 2005). In den 1960/1970er

Jahren trafen die Ärzteschaft und andere Gesundheitsfachpersonen gesundheitsrelevante Entscheidungen weitgehend für die Patient*innen und glaubten dabei zu wissen, was die beste Option diese sei. Seit den 1990er Jahren werden gesundheitsrelevante Entscheidungen zunehmend von Patient*innen und den in der Gesundheitsversorgung tätigen Berufsgruppen gemeinsam getroffen, wobei beide Parteien gleichermaßen Einfluss auf den Entscheidungsfindungsprozess haben (Hoving et al., 2010). Einen wesentlichen Einfluss auf diesen Paradigmenwechsel hatten Gesundheitsreformen und die Verankerung der verpflichteten Aufklärung und informierten Entscheidungsfindung in Satzungen und Gesetzestexten (Hoving et al., 2010), wie beispielsweise in der *European Charter of Patients' Rights* (Active Citizenship Network, 2002).

Dennoch sind Entscheidungen in Bezug auf Gesundheit und Gesundheitsversorgung für medizinische Laien oft schwer zu treffen. Einerseits treffen medizinische Laien selten relevante Gesundheitsentscheidungen und können daher kein stabiles Verständnis zu den Schlüsselelementen einer Entscheidung aufbauen (Geyman et al., 2000). Andererseits liegen oft zu wenige oder zu viele, jedoch unklare Informationen zu Vorteilen beziehungsweise Nachteilen der zur Verfügung stehenden Optionen vor (Campos & Graveto, 2009; Smith et al., 2009). Auch wenn nicht alle Bevölkerungsgruppen gleichermaßen gesundheitsrelevante Entscheidungen treffen möchten (Florin et al., 2008; Leino-Kilpi et al., 2009), zeigen Studien, dass alle Bevölkerungsgruppen, und zwar unabhängig von ihrer jeweiligen Gesundheitskompetenz, ausreichend über die möglichen Optionen informiert werden möchten (Smith et al., 2009).

Zur Entwicklung von Entscheidungshilfen sind Fachexpertise und fundierte Kenntnisse im Bereich der evidenzbasierten Medizin unbedingt erforderlich.

Inhalt und Gestaltung von Entscheidungshilfen

Um informierte, persönliche gesundheitsrelevante Entscheidungen zur Prävention, Diagnostik oder Therapie treffen zu können, bedarf es klarer und relevanter Information in laienverständlicher Sprache (siehe Abschn. 4.4, Sprachliche Gestaltung und Zahlen in Gesundheitsinformationen). Was deren Inhalt betrifft, ist es von besonderer Bedeutung, dass lediglich das Abwägen der Optionen unterstützt wird, jedoch nicht zu einer Option geraten wird. Demnach beinhalten Entscheidungshilfen prinzipiell keine Empfehlungen für oder gegen eine Option. Alle Informationen, die in einer Entscheidungshilfe angeführt werden, sollen auf aktueller, bewerteter Evidenz beruhen; auch auf das Fehlen von Evidenz soll hingewiesen werden (Lenz et al., 2012) (siehe Abschn. 4.3, Darstellung der Evidenz). Entscheidungshilfen können als Broschüren, Booklets, Videos oder webbasierte Anwendungen gestaltet werden (Stacey et al., 2017).

Die *International Patient Decision Aid Standards Collaboration* (IPDAS) hat eine Checkliste entwickelt, die sowohl für die Erstellung als auch für die Überprüfung der Qualität von Entscheidungshilfen verwendet werden kann. Inhaltlich sollen Entscheidungshilfen folgende Informationen enthalten (Elwyn et al., 2006):

- Informationen zur Erkrankung (natürlicher Verlauf, Beschwerdebild und Prognose ohne Intervention)
- Nennung aller möglichen Optionen („Nichts tun" ist ebenfalls als Option zu nennen)
- Ausführliche Beschreibung der einzelnen Optionen (jeweils positive als auch negative Aspekte, wie Schäden und unerwünschten Wirkungen)
- Information zu den Wahrscheinlichkeiten für Erfolg, Nichterfolg und das Auftreten von Schäden und unerwünschten Wirkungen

Zusätzliche Aspekte, die bei Entscheidungshilfen für diagnostische Verfahren (z. B. Screeningverfahren) angeführt werden sollen (Elwyn et al., 2006):

- Allgemeine Informationen zum Testverfahren
- Informationen zu möglichen falsch-positiven und falsch-negativen Ergebnissen
- Beschreibung möglicher Folgemaßnahmen, basierend auf dem jeweiligen Testergebnis

Ein wichtiges inhaltliches Element von Entscheidungshilfen sind statistische Angaben in Form von Wahrscheinlichkeiten. Um Wahrscheinlichkeitsangaben verstehen und für sich persönlich nutzen zu können, bedarf es einer **laienverständlichen Darstellungsweise** (siehe Abschn. 4.4.3, Darstellung von Zahlen als Häufigkeiten und Risikomaße). In Entscheidungshilfen sollten zudem (Elwyn et al., 2009; Fagerlin et al., 2011; Lühnen et al., 2017):

- Wahrscheinlichkeiten für den Nutzen und Schaden von Optionen dargestellt werden
- Grafiken ergänzend zur besseren Risikowahrnehmung eingesetzt werden (besonders geeignet: Piktogramme und Balkendiagramme)
- Unsicherheiten in Bezug auf Wahrscheinlichkeiten angesprochen werden
- Wahrscheinlichkeiten für ein positives als auch negatives Resultat dargestellt werden (z. B. Überlebensrate, Sterbewahrscheinlichkeit)

Zusätzlich sollen Entscheidungshilfen Methoden zur Klärung der persönlichen Werte und Präferenzen beinhalten (Elwyn et al., 2006; Fagerlin et al., 2013). Dies sind Methoden, die Nutzer*innen dabei unterstützen, die zur Verfügung stehenden Optionen und eigenen Wertvorstellungen zu reflektieren, um dann die optimale Entscheidung für sich treffen zu können (Fagerlin et al., 2011). Das könnten etwa Fragen nach der Wertigkeit möglicher Nachteile einer Intervention sein, wie die Frage, ob es als persönlich zumutbar empfunden wird, täglich Medikamente einzunehmen.

Überprüfung der Qualität von Entscheidungshilfen

Die Erfüllung bestimmter Qualitätskriterien ist von besonderer Bedeutung bei Entscheidungshilfen, da diese einen maßgeblichen Einfluss auf die medizinische Versorgung von Patient*innen haben können. Zur Überprüfung der Qualität von Entscheidungshilfen

Tab. 4.18 Checkbox: Entscheidungshilfen erstellen

Fragestellung	Beantwortung
Enthält die Entscheidungshilfe detaillierte Informationen zu allen möglichen Optionen?	☐Ja ☐Nein
Wurden die Vor- und Nachteile aller Optionen objektiv dargelegt?	☐Ja ☐Nein
Wurde darauf verzichtet, eine Option favorisiert darzustellen?	☐Ja ☐Nein
Wurde darauf hingewiesen, was als Folge der Option „Nichts tun" passiert?	☐Ja ☐Nein
Beruhen die Informationen auf aktueller, bewerteter Evidenz?	☐Ja ☐Nein
Ist die Entscheidungshilfe in einer laienverständlichen Sprache verfasst?	☐Ja ☐Nein
Wurden die Wahrscheinlichkeiten für Nutzen und Schaden laienverständlich dargestellt?	☐Ja ☐Nein
Wurde bei Optionen, für die keine oder unzureichende Evidenz vorliegt, auf diesen Umstand hingewiesen?	☐Ja ☐Nein
Wurde die Entscheidungshilfe hinsichtlich ihrer Qualität überprüft?	☐Ja ☐Nein

kann das IDPASi Instrument (Elwyn et al., 2009) verwendet werden (siehe Abschn. 3.7.2, Instrumente zur Bewertung der Qualität von Gesundheitsinformationsmaterialien). Zur Bewertung der Informationsqualität der Entscheidungshilfe können zudem das DISCERN (Charnock et al., 1999) oder das EQIP Instrument (Charvet-Berard et al., 2008) verwendet werden. Lens et al. (2012) empfehlen zudem, die Wirksamkeit einer Entscheidungshilfe durch eine randomisierte kontrollierte Studie zu testen (Lenz et al., 2012; Tab. 4.18).

Weitere Informationen und Hilfestellungen finden Sie hier

- Checkliste der IPDAS Collaboration zur Entwicklung und Bewertung von Entscheidungshilfen: http://ipdas.ohri.ca/IPDAS_checklist.pdf
- Leitlinie evidenzbasierte Gesundheitsinformation (u. a. Empfehlungen zur Darstellung von Wahrscheinlichkeiten): https://www.leitlinie-gesundheits-information.de/
  Beispiele für Entscheidungshilfen in deutscher Sprache
- Entscheidungshilfe zu „Brusterhaltung oder Brustentfernung" bei Brustkrebs: https://www.aok.de/pk/uni/inhalt/brustkrebs-behandlung-1/
- Entscheidungshilfe zu künstlicher Ernährung im Alter: https://www.aok.de/pk/uni/inhalt/entscheidungshilfe-kuenstliche-ernaehrung-im-alter/
  Entscheidungshilfen des IQWiG: https://www.gesundheitsinformation.de/broschueren.2062.de.html
  Entscheidungshilfen in englischer Sprache
- Zahlreiche Entscheidungshilfen aus verschiedenen Bereichen wurden vom Ottawa Hospital Research Institute hinsichtlich ihrer Qualität bewertet. Die

einzelnen Entscheidungshilfen sind jeweils auf der Website der Ersteller*innen verfügbar: https://decisionaid.ohri.ca/AZlist.html

- Die Australian Commission on Safety and Quality in Health Care bietet kompakte evidenzbasierte Entscheidungshilfen zu den Themen Antibiotikaeinnahme und Osteoarthritis: https://www.safetyandquality.gov.au/our-work/partnering-consumers/shared-decision-making/decision-support-tools-patients

4.7 Spezielle Anforderungen an Websites und soziale Medien

In diesem Abschnitt beantworten wir die Fragen

- Welche Bedeutung haben Websites und soziale Medien bei Gesundheitsinformationen?
- Welche Empfehlungen gibt es für den Inhalt und die Gestaltung von Webseiten und sozialen Medien?
- Welche Arten von Qualitätssiegel gibt es für Websites?

Seit den letzten Jahren ist eine massive Zunahme der Nutzung des World Wide Web (WWW) im Zusammenhang mit Gesundheitsinformationen beobachtbar. Zu jeder Tages- und Nachtzeit stehen mittlerweile Informationen zur Verfügung und es werden laufend mehr. Gesundheitsinformationen sind demnach auch für alle interessierten Personen **verfügbar** geworden und nicht länger „Geheimwissen" von Ärzten und Ärztinnen oder anderen Gesundheitsdienstanbieter*innen. Die Nutzer*innen oder Patient*innen gewinnen dadurch eine höhere Autonomie und können sich zum Beispiel auf Gespräche mit Gesundheitsdienstleister*innen vorbereiten oder auch eine sogenannte zweite Meinung einholen. Die Betroffenen nehmen dabei eine **aktive Rolle** in Fragen rund um ihre Gesundheit oder in der Krankheitsbewältigung ein. Zusammenfassend kann gesagt werden, dass gute Gesundheitsinformationen, verfügbar durch Websites wie auch die sozialen Medien, viele Vorteile bringen. Dazu zählen die rasche und kostengünstige Verfügbarkeit von Inhalten mit einem **großen Informationsvolumen.** Der Nachteil ist ebenso die rasche und kostengünstige Verfügbarkeit von weniger guten Inhalten mit einem großen Informationsvolumen. Dies trifft insbesondere dann zu, wenn die Qualität der Information nicht einwandfrei ist und so Fehl- und Falschinformationen millionenfach und kostengünstig verbreitet werden können.

Auch kommerzielle Anbieter*innen von Gesundheitsdienstleistungen oder Gesundheitsprodukten haben die Vorteile des Internets für sich entdeckt. Damit ist gleichzeitig das Risiko gestiegen, dass die Vermarktung des eigenen Produktes/ der eigenen Dienstleistung vor der Evidenz steht. Dabei wirkt sich zum Nachteil hilfesuchender Menschen aus, die dringend nach einer Problemlösung oder Heilungsmöglichkeit suchen.

In dem Artikel „Abwehrreaktionen und negative Effekte von Gesundheits-informationen" beschreibt Hastall (2017) anhand eines Beispiels, dass gerade Angehörige der Hauptziel- und Hochrisikogruppen die für sie relevanten Gesundheits-informationen vermeiden und stattdessen an teilweise absurd anmutenden Auffassungen oder Verhaltensweisen festhalten. Gerade solche Botschaften finden sich ungeprüft auf unendlich vielen Websites im WWW wieder. Es empfiehlt sich daher, **motivierende Botschaftsmerkmale** in die erstellte gute Gesundheitsinformation zu integrieren. Damit erhöht man die Chance, das ambitionierte Ziel einer Erhöhung der Gesundheits-kompetenz selbst bei Hochrisikogruppen zu erreichen (Hastall, 2017). Zusätzlich sind viele Menschen von der digitalen Informationsflut überlastet. In der Folge werden häufig nur die ersten Einträge der Ergebnisse von Suchmaschinen wie Google und Co gelesen. Doch gerade diese Einträge sind häufig durch Zahlungen von Werbetreibenden an die erste Stelle gerückt und nicht aufgrund ihrer Relevanz oder Glaubwürdigkeit. Koch (2017) schreibt dazu:

„Qualitätsanforderungen, insbesondere die Evidenzbasierung, spielen bei der Rangfolge der Treffer keine Rolle: Gutes und Schlechtes, Evidenzbasiertes und auf Behauptungen Beruhendes liegen häufig nur einen Klick auseinander" (Koch, 2017).

Grundsätzlich gelten bei der Erstellung von **guten digitalen Gesundheitsinformationen** die **gleichen Qualitätskriterien wie bei gedruckten guten Gesundheitsinformationen** (siehe Abschn. 2.3, Qualitätskriterien für gute Gesundheitsinformationen).

Wer sind die Nutzer*innen
Die Menschen haben zunehmend mehr Zugriff auf das Internet und nutzen dieses auch regelmäßiger, um nach Gesundheitsinformationen zu suchen. Während früher vor-wiegend jüngere Generationen im WWW und den sozialen Medien aktiv waren, sind es zunehmend auch ältere Menschen. Das Internet wird dabei zu vielen allgemeinen Gesundheitsthemen, zu präventiven Maßnahmen oder aber zu spezifischen Krankheiten oder Therapien befragt. Ersteller*innen von Gesundheitsinformationen, die im Inter-net oder über die sozialen Medien verbreitet werden, empfiehlt es sich auch hier, die betreffende Gesundheitsinformation an die Zielgruppe anzupassen (siehe Abschn. 3.6, Bestimmung von Ziel, Zweck und Zielgruppe).

Im Hinblick auf das WWW und soziale Medien gibt es weitere Besonderheiten zu beachten, die im Folgenden beispielhaft für bestimmte Zielgruppen dargestellt werden.

Frauen mittleren Alters Eine systematische Literaturrecherche von Zschorlich (2015) kam zu dem Ergebnis, dass Frauen mittleren Alters mit einem höheren Bildungs-stand und einem höheren Einkommen am häufigsten im Internet nach Gesundheits-informationen suchen. Dabei suchen sie diese für sich selbst, oder aber auch für andere Menschen. Es zeigte sich, dass der häufigste Grund für die Suche im WWW ein **Besuch bei der Ärztin oder dem Arzt** (zur Vorinformation oder zum nachträglichen Abgleich) ist und dass die Nutzer*innen den Informationen eher trauen, wenn diese den eigenen Erfahrungen und Einstellungen entsprechen. Des Weiteren scheint es so, dass die Vertrauenswürdigkeit bei Online-Informationen zum großen Teil von Faktoren abhängt, die wenig mit deren inhaltlicher Qualität zu tun haben (Zschorlich, 2015).

In Bezug auf die Ersteller*innen von guten Gesundheitsinformationen ergeben sich dadurch zusätzliche besondere Herausforderungen an die Gestaltung und an das Design der Gesundheitsinformation.

Jugendliche Eine kürzlich durchgeführte Studie von Dadaczynski et al. (2020), welche in Deutschland die **digitale Gesundheitskompetenz** von Schüler*innen untersuchte, stellte fest, dass rund 32,2 % der Schüler*innen häufig und 33,8 % manchmal Themen rund um **körperliche Aktivität** und Sport suchten. Weitere 18,1 % suchten häufig nach Informationen über Ernährung oder Nahrungsmittel und weitere 28,7 % manchmal. Zum Thema Figur oder Bodybuilding suchten 16,7 % häufig und 23,5 % manchmal, zu Beauty bzw. Schönheit 13,0 % häufig und 19,8 % manchmal, und abschließend zu körperlichen Beschwerden bzw. Symptomen rund 5,3 % häufig und 23,4 % manchmal. Dabei griffen die Schüler*innen vor allem auf Suchmaschinen wie Google (89 %), auf Wikipedia oder andere Online-Lexika (80,1 %), auf soziale Medien (z. B. Facebook, Instagram) oder YouTube (59,9 %) zurück, wohingegen Nachrichtenportale wie Zeitungen oder TV-Sender (24,2 %) in weit geringerem Maße zurate gezogen wurden. Den Jugendlichen ist dabei besonders wichtig, dass die Information auf dem neuesten Stand ist (87,5 %), dass schnell das Wichtigste kurz zusammengefasst ist (85 %) und dass die Information überprüft ist (Dadaczynski et al., 2020). Zusammenfassend stellten die Autor*innen der Studie fest, dass die befragten Jugendlichen die **größten Schwierigkeiten** in den Bereichen des Suchens und Findens, der **Bewertung der Zuverlässigkeit** und der persönlichen Relevanz von digitalen Gesundheitsinformationen angeben.

Nachdem jede Zielgruppe unterschiedliche Bedürfnisse an Gesundheitsinformationen hat, ist es sehr wichtig, diese Zielgruppen von Anfang an hinsichtlich Medium (Website, App, soziale Medien), Ziel und Design miteinzubeziehen (siehe Abschn. 4.1.2, Anwender*innen und Nutzer*innen miteinbeziehen).

Inhalt und Gestaltung von Webseiten und Beiträge für soziale Medien
Grundsätzlich gelten für die Inhalte von Webseiten und sozialen Medien die gleichen **Qualitätskriterien** wie für die Inhalte gedruckter Gesundheitsinformationen (siehe Abschn. 2.3, Qualitätskriterien für gute Gesundheitsinformationen). An dieser Stelle muss insbesondere die Benutzerfreundlichkeit *(Usability)* und das Design der Inhalte hervorgehoben werden. Im Folgenden sind auszugsweise wichtige Aspekte für die Gestaltung und Berücksichtigung von Webseiten angeführt:

- **Schnelle Orientierung** – das Wichtigste zuerst
- Vom **Großen zum Kleinen** – (Detaillierungsgrad der Gesundheitsinformation)

- **Barrierefreiheit** – (Kontraste, Schriftgröße, Tastatursteuerung, selbsterklärender Seitentitel für Screenreader-Nutzer*innen, Alternativtexte für Bilder, Überschriftenstruktur, lesbare URLs etc.) (https://barrierekompass.de/, 2020).
- **Suchfunktionen** – schnell zum Ergebnis
- **Datenschutz** – auf der Startseite anklickbare Datenschutzbedingungen/Nutzungsbedingungen
- **Transparenz** – Autor*innen, Kosten, Werbung
- **Evidenzbasierter Inhalt** ist genauso wichtig wie ein ansprechendes Design, die Zugänglichkeit und die Benutzerfreundlichkeit der Website
- Korrekte **Darstellung** der Krankheitsentstehung, Vollständigkeit der dargestellten Inhalte

Mobile Applikationen

Mobile Applikationen (Apps) mit Gesundheitsinformationen oder einer Tracking-Funktion für die eigene Gesundheit haben immens an Verbreitung und Reichweite gewonnen. Durch die einfache Anwendung, die kontinuierliche Verfügbarkeit und die gute Usability sind zahlreiche Apps nicht mehr aus unserem Alltag wegzudenken. Daraus ergeben sich Chancen und Risiken für sowohl für deren Entwickler*innen als auch deren Anwender*innen. Auch für die Inhalte von Apps gelten die gleichen Qualitätskriterien wie für gedruckte gute Gesundheitsinformationen. Folgende Risiken sind bei der Entwicklung von Apps mit Gesundheitsinformationen zu beachten:

- Fehlfunktionen – z. B. Fehlgebrauch, Fehlinformationen, Fehldiagnostik
- Fehlbehandlung – z. B. Fehldosierung von Medikamenten
- Datenmissbrauch – z. B. Missachtung der Persönlichkeitsrechte
- Fehlbelastungen – z. B. Beeinflussung des körperlichen oder seelischen Wohlbefindens
- Bewusste Angriffe durch Dritte – z. B. Cyberkriminalität

Daher empfiehlt sich bei der Planung und Entwicklung von mobilen Applikationen, zusammen mit den Hersteller*innen eine Risikoanalyse durchzuführen, um etwaige Gefahren im Vorfeld zu identifizieren und rechtzeitig entsprechende Maßnahmen zu setzen. Die Entwickler*innen und Hersteller*innen sollen über ihr Produkt transparent informieren, inklusive der Information über Gefahren und Risiken. Auch über schon eingetretene Schäden sollte offen berichtet werden. Diese Information kann grundsätzlich niedrigschwellig in der Produktinformation in den App Stores und auf begleitenden Webseiten erfolgen (Albrecht, 2016).

Die Bertelsmann-Stiftung hat 2019 Kriterien zur Beurteilung des Schadenspotenzials von Gesundheitsinformationen im Internet definiert (Bertelsmann Stiftung, 2019) (siehe *Weitere Informationen und Hilfestellungen* am Ende dieses Abschnittes).

Qualitätssiegel von Websites, Apps und Social Media Inhalten

Gerade bei Websites und Online-Angeboten zu gesundheitsbezogenen Inhalten besteht der Wunsch nach einem **Nachweis hinsichtlich der Qualität,** und das nicht zuletzt deshalb, um sich bei der bereits erwähnten Informationsflut besser zurecht finden zu können. Es gibt Organisationen, die Qualitätssiegel vergeben. Dazu zählen zum Beispiel die *Health On the Net Foundation* (HON) (www.hon.ch) oder das *Aktionsforum Gesund-heitsinformationssystem* (AFGIS) (www.afgis.de). Bei der Vergabe von Qualitätssiegeln werden zum Beispiel folgende Kriterien herangezogen:

- klare Angabe der Ziele,
- wer die Webseite oder die mobile Anwendung finanziert hat,
- wer die Autor*innen sind,
- wer dafür Verantwortung trägt und
- ob die Werbung als solche klar deklariert wird.

Eine Prüfung der Evidenz der Inhalte erfolgt im Regelfall allerdings nicht (Kerschner et al., 2018).

Beispielhaft ist hier der HON-Code angeführt, der von digitalen Inhalten die Einhaltung der folgenden Prinzipien verlangt:

- *Sachverständigkeit:* Besitzen die Autor*innen die nötige medizinische bzw. fachliche Qualifikation?
- *Komplementarität:* Ergänzung und nicht Ersatz des Verhältnisses zwischen Arzt*Ärztin und Patient*innen
- *Datenschutz:* Achtsame Verwendung der persönlichen Daten der Webseiten-besucher*innen
- *Zuordnung:* genaue Quellenangaben
- *Nachweis:* Statements über Vor- und Nachteile von Produkten oder Therapiemethoden müssen belegt werden
- *Transparenz:* benutzerfreundliche Gestaltung der Website, Angabe der Heraus-geber*innen der Website, Kontaktadresse
- *Finanzielle Transparenz:* Angabe der Finanzierungsquellen
- *Werbepolitik:* Klare Unterscheidung zwischen Werbeinhalten und redaktionellen Inhalten (HON-Prinzipien, 2020)

Interessierte Personen oder Organisationen können ihre Website/mobile Anwendung kostenpflichtig von den Anbieter*innen der Qualitätssiegel akkreditieren lassen. Wenn sie die Prüfung bestanden haben, erhalten sie ein Qualitätssiegel (Tab. 4.19).

Tab. 4.19 Checkbox: Gesundheitsinformationen auf Websites und in sozialen Medien

Fragestellung	Beantwortung
Soll die selbst verfasste Gesundheitsinformation ins WWW? • Als Teil einer Website? • Über soziale Medien? • Als APPs?	☐Ja ☐Nein
Sind die Basisinformationen korrekt? • z. B. korrekte Darstellung der Krankheitsentstehung	☐Ja ☐Nein
Sind die Inhalte vollständig dargestellt?	☐Ja ☐Nein
Ist eine übersichtliche Navigation auf der Website möglich?	☐Ja ☐Nein
Ist die Sprache einstellbar? • Wird der Text in Englisch angeboten? • Wird der Text in anderen Fremdsprachen angeboten?	☐Ja ☐Nein ☐Ja ☐Nein ☐Ja ☐Nein
Ist ein Farbkontrast einstellbar?	☐Ja ☐Nein
Ist die Schriftgröße einstellbar?	☐Ja ☐Nein
Ist die Funktion „Vorlesen" einstellbar?	☐Ja ☐Nein
Gibt es einfache Wege zur digitalen Information? • z. B. einfacher /kurzer Name der Website, Karten mit QR-Code	☐Ja ☐Nein
Ist die laufende Aktualisierung und Pflege der Website und Social Media Auftritte geklärt?	☐Ja ☐Nein
Gibt es eine Beschreibung der Methoden (Methodenpapier)?	☐Ja ☐Nein
Ist das Impressum vorhanden?	☐Ja ☐Nein

Beispiele für gute Websites
- Institut für Qualität und Wirtschaftlichkeit im Gesundheitswesen (IQWiG): https://www.iqwig.de/
- Cochrane Österreich: https://austria.cochrane.org/de
- Medizin Transparent: https://www.medizin-transparent.at/
- Gesundheitsinformationen.de: https://www.gesundheitsinformation.de/

Weitere Informationen und Hilfestellungen finden Sie hier
- EUR-Lex: EU-Richtlinie für die Umsetzung digitaler Barrierefreiheit (2016/2102 Richtlinie über den barrierefreien Zugang zu den Websites und mobilen Anwendungen öffentlicher Stellen) https://eur-lex.europa.eu/legal-content/DE/TXT/?uri=CELEX:32018D1523
- Barrierekompass: https://barrierekompass.de/
- Kriterien zur Beurteilung des Schadenspotenzials von Gesundheits-informationen der Bertelsmann-Stiftung: https://www.bertelsmann-stiftung.de/

fileadmin/files/Projekte/Patient_mit_Wirkung/VV_Kriterienraster_digital_final.
pdf
- Wizowski, L., Harper, T., & Hutchings, T. (2014). Writing health information
  for patients and families. http://www.hamiltonhealthsciences.ca/workfiles/
  PATIENT_ED/Writing_HI_Edition4.pdf

4.8   Angaben Zu Metadaten

In diesem Abschnitt beantworten wir die Fragen

- Was sind Metadaten?
- Wie können Metadaten verwaltet werden?
- Wie können Metadaten kommuniziert werden, ohne Nutzer*innen zu über-
  frachten?

Im folgenden Abschnitt werden die sogenannten Metadaten einer Gesundheitsinformation beschrieben. Dabei wird erläutert, warum diese so wichtig sind, und warum
diese unbedingt mit angegeben werden sollen. Im Anschluss werden Tipps zusammengefasst, die aufzeigen, wie Metadaten auch auf sehr kurzen Gesundheitsinformationen
wie zum Beispiel Merkblättern oder Checklisten transparent kommuniziert werden
können.

Metadaten
Sogenannten Metadaten sind zum Beispiel Angaben darüber, wo zugrunde liegende
Evidenz und Quellen bezogen werden können, wer die Autor*innen der gegenständlichen Gesundheitsinformation sind und ob diese potenzielle Interessenskonflikte
haben. Daneben geben Metadaten darüber Auskunft, wie aktuell die Gesundheitsinformation ist, ob es zusätzliche beziehungsweise weiterführende Informationen gibt
und ob eine unabhängige Qualitätsprüfung stattgefunden hat, zum Beispiel anhand einer
Checkliste. Metadaten stellen sicher, dass alle wichtigen Informationen rund um die
Entwickler*innen und deren Quellen für die Gesundheitsinformation **transparent** festgehalten werden (Deutsches Netzwerk Evidenzbasierte Medizin, 2016). Transparenz
bei Gesundheitsinformationen ist daher von besonderer Bedeutung, da eine Vielzahl von
Gesundheitsinformationen, die beispielsweise in Österreich in allgemeinmedizinischen
Praxen aufliegen, versteckte Werbung enthalten oder aber schlicht und ergreifend nicht
für die Zielgruppe geeignet sind (Posch et al., 2020).

Darstellung von Metadaten

Die sogenannten Metadaten lassen sich sehr gut direkt als Teil der Gesundheitsinformation veröffentlichen. Das kann beispielsweise am Ende der Gesundheitsinformation in einem eigens dafür vorgesehenen Bereich erfolgen. Das bietet den Vorteil, alle relevanten Informationen auf einen Blick zu haben. Am Beispiel der Autor*innen/Herausgeber*innen wird folgende Information empfohlen:

▶   Vollständiger Name, Titel, Funktion (im Unternehmen), Verfassungsdatum, Interessenskonflikte

Eine andere Möglichkeit bieten **Verweise und Links** zu weiterführenden Informationen. Ein Vorteil dabei ist, dass beispielsweise Literaturverweise und Hintergrundinformationen, die oft einen sehr großen Umfang haben, so sehr gut dargestellt werden können, ohne zu viel Platz auf der eigentlichen Gesundheitsinformation in Anspruch zu nehmen. Allerdings stellt es für die Leser*innen und Anwender*innen häufig eine größere Hürde dar, diese Informationen zu finden. Daher sollten sich weiterführende Verweise und Links grundsätzlich auf zum Beispiel Literatur und zusätzliche Informationen beschränken. Daten zu den Autor*innen, zu allfälligen Interessenskonflikten oder das Erstellungsdatum sollten in jedem Fall direkt auf der Gesundheitsinformation zu finden sein.

Neben einem Link oder einer weiterführenden Website eigenen sich auch „Quick Response"- Codes (QR-Codes), um die Metadaten einfach zu transportieren. Ebenso kann auf diese Weise eine Kontaktadresse für Rückfragen kommuniziert werden.

Online- und Social Media-Auftritte

Auf Webseiten müssen die Metadaten ebenso vollständig angegeben werden. Im Unterschied zu den gedruckten Gesundheitsinformationen stellt das Thema Platz hier aber lediglich eine kleine Herausforderung dar.

Sollten also Beiträge auf Webseiten von unterschiedlichen Autor*innen verfasst worden sein, ist es notwendig, zusätzlich zum Impressum (gesetzliche Vorgabe, Offenlegung gemäß § 25 Mediengesetz, Österreich; § 5 Telemediengesetz (TMG) sowie § 55 Rundfunkstaatsvertrag (RStV), Deutschland), die Verfasser*innen in der Ausprägung **vollständiger Name, Titel, Funktion (im Unternehmen), Verfassungsdatum** zu nennen.

Ähnliches empfiehlt sich auch bei Beiträgen in den sozialen Medien. Auch hier – seien die Beiträge auch nur sehr kurz – empfiehlt es sich, insbesondere wenn die Profile der Autor*innen nicht sehr aussagekräftig sind, deren vollständigen Namen, Titel, Funktion (im Unternehmen) und allfällige Interessenskonflikte anzugeben. Das Verfassungsdatum soll zusätzlich angegeben werden, wenn der Inhalt des Beitrags nicht am Verfassungsdatum erstellt worden ist (Deutsches Netzwerk Evidenzbasierte Medizin, 2015). Das Beispiel der COVID-19-Pandemie zeigt beispielsweise deutlich, dass Wissen keine Konstante ist, sondern sich oft innerhalb von wenigen Tagen ändern und weiter-

Tab. 4.20 Checkbox: Metadaten angeben

Fragestellung	Beantwortung
1. Wurde angegeben, wo zugrunde liegende Evidenz und Quellen bezogen werden können?	☐Ja ☐Nein
2. Gibt es Angaben zu den Autor*innen (Name, Qualifikation)?	☐Ja ☐Nein
3. Wurden potenzielle Interessenskonflikte (Werbung) offengelegt?	☐Ja ☐Nein
4. Gibt es Angaben über die Aktualität der Patient*innen-Information?	☐Ja ☐Nein
5. Wurde auf zusätzliche beziehungsweise weiterführende Informationen verwiesen?	☐Ja ☐Nein
6. Wurde angegeben, ob eine unabhängige Qualitätsprüfung stattgefunden hat – intern, extern, anhand einer Checkliste oder eines Methodenpapiers?	☐Ja ☐Nein

entwickeln kann. Daher ist es von entscheidender Bedeutung anzugeben, wann Beiträge verfasst wurden und wann diese schlussendlich veröffentlicht wurden (Tab. 4.20).

Weitere Informationen und Hilfestellungen finden Sie hier

- Deutsches Netzwerk Evidenzbasierte Medizin. Gute Praxis Gesundheitsinformation. Berlin 2015. http://www.ebm-netzwerk.de/gpgi Zugriff am 29.12.2020
- Stiftung Gesundheit: https://www.stiftung-gesundheit.de/presseservice/gepruefte-beitraege.htm
- RIS, Österreich: Offenlegung gem. § 25 Mediengesetz, https://www.ris.bka.gv.at/UI/Impressum.aspx
- VORIS, Deutschland: http://www.voris.niedersachsen.de/jportal/?quelle=jlink &query=RdFunkStVtr+ND&psml=bsvorisprod.psml&max=true

4.9 Produzieren, verbreiten und anwenden

In diesem Abschnitt beantworten wir die Fragen

- Warum sollten Sie Informationsmaterial in der richtigen Menge produzieren?
- Wie können Sie Informationen in Ihrem Unternehmen verbreiten?
- Wie können Sie die Informationen in der Praxis zur Anwendung bringen?

Gesundheitsinformation muss den betroffenen Nutzer*innen in **ausreichender Menge zur Verfügung gestellt** werden (Stahlknecht & Hasenkamp, 2005). Dazu kann anhand jährlicher Fallzahlen der jeweilige Bedarf erhoben werden. Einerseits kann die Verteilung einer Gesundheitsinformation als Dokument „physisch", zum Beispiel in den jeweiligen Ambulanzen, Stationen, Praxen oder anderen Bereichen erfolgen, oder die Gesundheitsinformation wird als **Download** im Intranet der Gesundheitseinrichtung bereitgestellt. Zusätzlich, wenn es gemäß dem Inhalt der Gesundheitsinformation Sinn macht, kann diese auch im Internet für Nutzer*innen oder Patient*innen veröffentlicht werden. Da Internetseiten oftmals komplex aufgebaut sind und eine Menge an Informationen bieten, ist entsprechend auf die rasche Auffindbarkeit der Gesundheitsinformation zu achten.

Wird eine Gesundheitsinformation gedruckt und im jeweiligen Bereich aufgelegt, ist darauf zu achten, dass eine nicht zu hohe Stückzahl produziert wird. Da neues Wissen oder eingeschlichene Fehler rasch eine **neuerliche Überarbeitung** erforderlich machen können, wäre eine Produktion mit einer hohen Vorratshaltung nicht zielführend. Das bedeutet, dass vorab eine bestimmte Stückzahl für den Druck festgelegt werden soll. Nach einem bestimmten Zeitablauf, in dem Nutzer*innen ausreichend Zeit hatten, die gute Gesundheitsinformation zu nutzen, ist diese dann zu evaluieren und anschließend entsprechend nachzuproduzieren. Dabei ist noch zu berücksichtigen, dass die neuerliche Produktion bei verändertem Inhalt gegebenenfalls wieder einen Freigabeprozess durchlaufen muss, sodass dafür ausreichend Zeit eingeplant werden sollte.

Damit auch alle betroffenen Mitarbeiter*innen über neu erstellte Gesundheitsinformationen informiert sind und diese auch adäquat nutzen können, empfehlen sich mehrere Maßnahmen zur Bekanntmachung:

- Information oder Schulung der Mitarbeiter*innen, je nach Komplexität des Inhaltes
- Bewerbung im Intranet oder, wenn vorhanden, als Newsletter-Beitrag
- Elektronische Zustellung, sofern eine Dokumentenlenkung inklusive der Möglichkeit der fachspezifischen Verteilung vorhanden ist
- Verteilung über Führungskräfte, Arbeitsgruppen oder themenverantwortliche Personen, z. B. die für Demenz oder Sturz verantwortliche Person
- Bekanntmachung im Rahmen interner oder externer Informationsveranstaltungen

Erst durch eine gute Kommunikation der Tatsache, dass eine neue Gesundheitsinformation vorliegt und wie genau sie anzuwenden ist, kann auch eine entsprechende Verwendung in der Praxis erfolgen. Gute Gesundheitsinformationen können:

- zur **freien Verfügung** z. B. im Warteraum auffindbar sein,
- den Betroffenen automatisch bei bestimmten Indikationen oder operativen Eingriffen auf **elektronischem Weg oder postalisch** übermittelt werden,
- im Rahmen eines Beratungsgesprächs oder einer Schulung an Patient*innen oder Angehörige als **Hardcopy** übergeben werden,
- aber auch zum Beispiel in Form von Visitenkarten mit **QR-Code** übergeben werden, wenn das Informationsmaterial sehr umfangreich ist und auf einer Website als Download zur Verfügung steht.

Tab. 4.21 Checkbox: Produktion und Verbreitung im Unternehmen

Fragestellung	Beantwortung
Gibt es eine Kalkulation, um die richtige Menge produzieren zu können?	☐Ja ☐Nein
Wurde die entsprechende Bekanntmachung oder Schulung für die jeweilige Gesundheitsinformation eruiert?	☐Ja ☐Nein
Ist für die Anwendung der Gesundheitsinformation eine regelmäßige Evaluierung geplant und vorgesehen?	☐Ja ☐Nein
Wurde überprüft, ob es online und/oder gedruckte Versionen braucht?	☐Ja ☐Nein
Fließen neue Erkenntnisse oder Anregungen in eine Überarbeitung ein?	☐Ja ☐Nein

Bei der Einführung neuer unterstützender Gesundheitsinformationen empfiehlt es sich auch, deren adäquate Anwendung in regelmäßigen Intervallen zu evaluieren, um gegebenenfalls einen Nachschulungsbedarf feststellen oder aus der Praxisanwendung gewonnene Anregungen für Verbesserungen implementieren zu können. Anregungen können sowohl von Mitarbeiter*innen als auch von Patient*innen oder deren Angehörigen herangetragen werden (siehe Abschn. 5.3, Evaluierung; Tab. 4.21).

Weitere Informationen und Hilfestellungen finden Sie hier

- Sendlhofer G, Eder H, Brunner G. (2018). *Qualitäts- und Risikomanagement im Gesundheitswesen: Der schnelle Einstieg.* Carl Hanser Verlag GmbH & Co KG, München. ISBN 978–3-446–45.476-7

4.10 Übersetzungen in oder aus anderen Sprachen

In diesem Abschnitt beantworten wir die Fragen

- Warum sind Übersetzungen sinnvoll?
- Was muss bei einer Übersetzung in die eigene Sprache beachtet werden?
- Was muss bei Übersetzungen von Gesundheitsinformationen in andere Sprachen beachtet werden??

Gute Gesundheitsinformationen sind häufig nicht a priori in der eigenen Sprache verfügbar. Das heißt, sie müssen zumeist aus der englischen in die deutsche Sprache übersetzt werden oder aber auch aus dem Deutschen in die Sprache einer bestimmten Zielgruppe. Bei der Zielgruppe kann es sich um Personen handeln, deren Muttersprache nicht

Deutsch ist, oder aber auch um Personen, die anders kommunizieren (z. B. sehbeeinträchtigte Personen oder Blinde, Menschen mit geringer Gesundheitskompetenz). Dabei ist der kulturelle Hintergrund der Zielgruppe mitzuberücksichtigen.

Vor einer Übersetzung sind daher der Zweck und die Zielgruppe sowie deren kultureller Hintergrund genau zu eruieren und auch der Übersetzungsprozess festzulegen. Neben diesen Überlegungen müssen auch die möglichen Kosten einer Übersetzungsleistung mitbedacht werden.

Gesundheitsinformationen, die mehrsprachig und leicht verständlich gestaltet sind, können Barrieren im Gesundheitssystem abbauen, den Betroffenen fairere Zugänge ermöglichen und deren Gesundheitskompetenz erweitern. Sie tragen auch zur Gesundheitsförderung und zur Prävention von Erkrankungen bei. Wenn Informationen nicht verstanden werden, können im schlimmsten Fall auch präventive Maßnahmen nicht entsprechend umgesetzt werden (z. B. die Notwendigkeit der Einhaltung einer Quarantäne bei COVID-positiven Patient*innen).

Die Übersetzung
Obwohl die Übersetzung von medizinischem Wissen keine zentrale Stellung in der Welt der Medizin einnimmt, spielt sie dennoch eine wichtige Rolle bei der Wissensvermittlung. Der Austausch medizinischer Forschungsergebnisse, die Bekanntmachung neuer Erkenntnisse und die Vermarktung neuer Arzneimittel und medizinischer Geräte sind bedeutende Elemente im Bereich der Medizin und der Gesundheitsversorgung. Die medizinische Übersetzung betrifft viele medizinische Fachgebiete, wobei aber andere Disziplinen wie Recht oder Verwaltung von der Übersetzung auch nicht ausgeschlossen sind (Karwacka, 2015). Hinzu kommt, dass die Übersetzung von Gesundheitsinformationen eine Reihe unterschiedlicher Genres umfasst. Dazu zählen Gesundheitsinformationsbroschüren und Artikel in Gesundheitszeitschriften für die Öffentlichkeit bis hin zu medizinischen Lehrbüchern, Dokumenten für klinische Studien, Anleitungen der Medikamenteneinnahme und Artikel in medizinischen Fachzeitschriften.

Die korrekte Übersetzung ist ein entscheidender Faktor bei der weltweiten Vermittlung von Wissen im medizinischen Bereich (Karwacka, 2015). Während medizinisches Wissen rapide zunimmt und die Bearbeitungszeit immer kürzer wird, nimmt der Übersetzungsaufwand zu. Das Hinzufügen von immer mehr neuem Wissen erhöht den Arbeits- und Zeitdruck. Was unverändert bleibt, ist die Notwendigkeit, das erforderliche **Qualitätsniveau** aufrechtzuerhalten (Makoushia, 2007). Die medizinische Übersetzung weist Terminologien auf, die für jeden Bereich einzigartig sind und je nach Zielsprache in unterschiedlichen Schreibweisen erscheinen. Hinzu kommt die Tatsache, dass **Abkürzungen unterschiedliche Bedeutungen** haben können.

Vermittlung von Wissen durch Übersetzung

Eine Studie, die sich mit unterschiedlichen Aspekten der medizinischen Übersetzung beschäftigt, beschreibt die drei Bereiche, die bei der medizinischen Übersetzung Schwierigkeiten bereiten können, als Mangel an Kompetenzen in Bezug auf:

1) medizinisches Wissen,
2) medizinische Terminologie und
3) medizinische Ausdrucksweise.

Die Übersetzer*innen medizinischer Texte stehen vor einer Reihe von Herausforderungen: medizinische Fachterminologie, lexikale Gleichwertigkeit, Lesbarkeit und die Frage nach der Qualität. Dazu gehören unter anderem Probleme in der Übersetzung von Eponymen, Akronymen, Initialen, Affixen und Wortverbindungen. Eponyme machen einen beträchtlichen Teil der medizinischen Terminologie aus. Sie können die Quelle von Übersetzungsproblemen sein, denn die Übereinstimmung zwischen einem Begriff und dessen Übersetzung bedeutet nicht zwingend, dass sowohl der Quell- als auch der Zielbegriff die gleiche Bedeutung haben. Eine weitere Problematik bilden Akronyme sowie Initialen. Oftmals kommt es vor, dass englische Akronyme sowohl von den medizinischen Fachkräften als auch von den Patient*innen in anderen Sprachen verwendet werden, wenn es kein Akronym in der jeweiligen Landessprache gibt (Karwacka, 2015). Die Qualität des medizinischen Übersetzens und Dolmetschens ist aus diesem Grund von derart entscheidender Bedeutung, weil ein **Übersetzungsfehler** schwerwiegende klinische Konsequenzen nach sich ziehen kann. Es kann schwere Folgen haben, wenn die Übersetzung entweder für die Ärzteschaft oder für die Patient*innen irreführend ist. Weiters kann es gravierende Folgen haben, wenn wichtige medizinische Informationen nicht korrekt übersetzt werden und infolgedessen der Zustand eines Patienten*einer Patientin nicht richtig eingeschätzt und daher nicht korrekt behandelt wird. Ein Übersetzungsfehler in wissenschaftlichen Artikeln und Präsentationen kann darüber hinaus auch den Ruf der betreffenden Autor*innen schädigen (Karwacka, 2014). Die Qualitätssicherung medizinischer Übersetzungen beinhaltet die Entwicklung effizienter Kontrollmethoden zur Fehlererkennung, Lesbarkeitstests und die Beauftragung adäquat qualifizierter Fachleute mit der Durchführung medizinischer Übersetzungen (Karwacka, 2014).

Zusammenfassend lässt sich sagen, dass Übersetzungen ein komplexes Thema darstellen, da sie neben Genauigkeit und korrektem Sprachgebrauch auch kulturelle Faktoren einschließt und weitgehend von der Textart, der Funktion des zu übersetzenden Textes bestimmt wird. Sie spielt eine wichtige Rolle bei der Vermittlung von Wissen rund um Gesundheit und Krankheit. Barrieren für eine korrekte medizinische Übersetzung sind Aspekte wie etwa ein Mangel an medizinisch-fachlichem Wissen, medizinischer Terminologie und medizinischer Ausdrucksweise. Medizinische Übersetzer*innen sollten über Fachkenntnisse in Bezug auf die Fachterminologie verfügen, den Ausgangstext verstehen und über angemessene Fähigkeiten im Umgang mit Fach-

Tab. 4.22 Checkbox: Übersetzung von Gesundheitsinformationen

Fragestellung	Beantwortung
Sind Zielgruppe, Zweck und kultureller Hintergrund bekannt?	☐Ja ☐Nein
Erfolgt die Übersetzung in eine andere Sprache durch zertifizierte Übersetzer*innen oder durch Expert*innen auf dem Gebiet, in deren Muttersprache der Text ist (bzw. deren Sprachkompetenz ähnlich ihrer Muttersprache ist)?	☐Ja ☐Nein
Erfolgt die Prüfung der Übersetzung durch Expert*innen auf dem Gebiet der Gesundheitsinformation?	☐Ja ☐Nein
Bei kritischen Inhalten: • Erfolgt der Übersetzungsprozess vorwärts und rückwärts? Oder: • Erfolgt der Übersetzungsprozess durch zwei Personen parallel vorwärts?	☐Ja ☐Nein
Wurden die Kosten einer professionellen Übersetzung berücksichtigt?	☐Ja ☐Nein

wörterbüchern und Glossaren verfügen. Zu ihren Fachkenntnissen sollte auch die Fähigkeit zur Terminologierecherche gehören (International Medical Interpreters Association, 2009).

Folgende Aspekte sind bei der Übersetzung von guten Gesundheitsinformationen zu berücksichtigen (Tab. 4.22):

- Die Übersetzung erfolgt von zertifizierten Übersetzer*innen mit besonderer Expertise in der medizinischen Terminologie oder von Expert*innen aus dem jeweiligen Fachbereich mit einer Sprachkompetenz ähnlich der der Muttersprache.
- Auf die Übersetzung folgt eine Prüfung von Expert*innen aus dem Fachbereich.
- Bei sehr kritischen Inhalten sollte der Übersetzungsprozess vorwärts und rückwärts erfolgen, oder er erfolgt durch zwei Personen parallel vorwärts.
- Nutzen Sie die Methode der Rückübersetzung. Überprüfen Sie, ob die Bedeutung der Information gleichgeblieben ist.
- Testen Sie die Entwürfe mithilfe von Mitgliedern der Zielgruppe (kulturelle Unterschiede und Bedürfnisse). Der Praxistest ermöglicht es Ihnen, Rückmeldungen der Zielgruppe zu erhalten und auf dieser Grundlage gegebenenfalls Änderungen vornehmen zu können.

Weitere Informationen und Hilfestellungen finden Sie hier
- International Medical Interpreters Association: https://www.imiaweb.org/uploads/pages/823..pdf
- Wizowski, L., Harper, T., & Hutchings, T. (2014). Writing health information for patients and families. http://www.hamiltonhealthsciences.ca/workfiles/PATIENT_ED/Writing_HI_Edition4.pdf

Literatur

Adams, R. J. (2010). Improving health outcomes with better patient understanding and education. *Risk Management and Healthcare Policy.* https://doi.org/10.2147/RMHP.S7500.

Aghakhani, N., Khademvatan, K. & Dehghani, M. R. (2014). The effect of written material and verbal method education on anxiety and depression in patients with myocardial infarction in selected hospitals in Iran. *Journal of advances in medical education & professionalism.* Shiraz University of Medical Sciences, 2(4), 165–169. http://www.ncbi.nlm.nih.gov/pubmed/25512941.

Aldridge, M. D. (2004). Writing and designing readable patient education materials. *Nephrology Nursing Journal, 31*(4), 373–377. PMID: 15453229.

Albrecht, U.-V. (2016). Chancen und Risiken von Gesundheits-Apps (CHARISMHA). https://publikationsserver.tu-braunschweig.de/receive/dbbs_mods_00060000. Zugegriffen: 28. Dez. 2020.

Althubaiti, A. (2016). Information bias in health research: definition, pitfalls, and adjustment methods. *Journal of multidisciplinary healthcare, 9,* 211–217. https://doi.org/10.2147/JMDH.S104807.

Amstad, T. (1978). Wie verständlich sind unsere Zeitungen? 1978. — Zürich, Univ., Diss., 1978.

Ancker, J. S., Senathirajah, Y., Kukafka, R., & Starren, J. B. (2006). Design features of graphs in health risk communication: A systematic review. *Journal of the American Medical Informatics Association.* https://doi.org/10.1197/jamia.M2115.

Arbeitsgemeinschaft der Wissenschaftlichen Medizinischen Fachgesellschaften, & Ärztliches Zentrum für Qualität in der Medizin. (2008). *Deutsches Instrument zur methodischen Leitlinien-Bewertung (DELBI).* https://www.leitlinien.de/mdb/edocs/pdf/literatur/delbi-fassung-2005-2006-domaene-8-2008.pdf. Zugegriffen: 06. Okt. 2021.

Austin, P. E., Matlack, R., Dunn, K. A., Kesler, C., & Brown, C. K. (1995). Discharge instructions: Do illustrations help our patients understand them? *Annals of Emergency Medicine, 25*(3), 317–320. https://doi.org/10.1016/S0196-0644(95)70286-5.

Baker, S. J. (1997). Who can read consumer product information? *The Australian Journal of Hospital Pharmacy.* https://doi.org/10.1002/jppr1997272126.

Barros, I. M. C., Alcântara, T. S., Mesquita, A. R., Santos, A. C. O., Paixão, F. P., & Lyra, D. P. (2014). The use of pictograms in the health care: A literature review. *Research in Social and Administrative Pharmacy, 10*(5), 704–719. https://doi.org/10.1016/j.sapharm.2013.11.002.

Bastable, S., & Gramet, P. (2011). *Overview of education in health care. Health professionals as educator: Principles of teaching and learning.* Jones & Barlett Learning.

Behrens, G., Esch, F.-R., Leischner, E., & Neumaier, M. (2001). *Gabler Lexikon Werbung.* Gabler. https://doi.org/10.1007/978-3-322-82856-9.

Berry, D. C., Knapp, P., & Raynor, D. K. (2002). Provision of information about drug side-effects to patients. *Lancet, 359*(9309), 853–854. https://doi.org/10.1016/S0140-6736(02)07923-0.

Bertelsmann Stiftung. (2019). https://oepgk.at/studie_schlechte_gefaehrliche_gesundheits-informationen/. Zugegriffen: 27. Dez. 2020.

Betschart, P. et al. (2018). Readability assessment of patient education material published by German-speaking associations of urology. *Urologia internationalis 100,* 79–84. https://doi.org/10.1159/000480095.

Cochrane Deutschland Stiftung, Institut für Evidenz in der Medizin, Institut für Medizinische Biometrie und Statistik, Freiburg, Arbeitsgemeinschaft der Wissenschaftlichen Medizinischen Fachgesellschaften – Institut für Medizinisches Wissensmanagement, Ärztliches Zentrum für Qualität in der Medizin. Manual Systematische Recherche für Evidenzsynthesen und Leitlinien. 2.1 Auflage (14.12.2020). https://www.awmf.org/fileadmin/user_upload/Leitlinien/Werkzeuge/20201214_Manual_Recherche_Evidenzsynthesen_Leitlinien_V2.1.pdf. Zugegeriffen: 06. Okt. 2021.

BMASGK. (2018). Aktionsplan Frauengesundheit – 40 Maßnahmen für die Gesundheit von Frauen in Österreich. Wien. https://www.sozialministerium.at/Themen/Gesundheit/Frauen--und-Gendergesundheit/Aktionsplan-Frauengesundheit.html. Zugegriffen: 13. Nov. 2020.

BMG. (2011). *Österreichischer Frauengesundheitsbericht 2010/2011*. Wien.

Bol, N., Smets, E. M. A., Eddes, E. H., de Haes, J. C. J. M., Loos, E. F., & van Weert, J. C. M. (2015a). Illustrations enhance older colorectal cancer patients' website satisfaction and recall of online cancer information. *European Journal of Cancer Care, 24*(2), 213–223. https://doi.org/10.1111/ecc.12283.

Brotherstone, H., Miles, A., Robb, K. A., Atkin, W., & Wardle, J. (2006). The impact of illustrations on public understanding of the aim of cancer screening. *Patient Education and Counseling, 63*, 328–335. https://doi.org/10.1016/j.pec.2006.03.016.

Brouwers, M. C., Kho, M. E., Browman, G. P., Burgers, J. S., Cluzeau, F., Feder, G., Fervers, B., Graham, I. D., Grimshaw, J., Hanna, S. E., Littlejohns, P., Makarski, J., & Zitzelsberger, L. (2010). AGREE II: Advancing guideline development, reporting and evaluation in health care. *CMAJ*. https://doi.org/10.1503/cmaj.090449.

Brütting, J., Reinhardt, L., Bergmann, M., Schadendorf, D., Weber, C., Tilgen, W., Berking, C., & Meier, F. (2019). Quality, readability, and understandability of German booklets addressing Melanoma patients. *Journal of Cancer Education*. Springer New York LLC, *34*(4), 760–767. https://doi.org/10.1007/s13187-018-1369-x.

Bunge, M., Mühlhauser, I., & Steckelberg, A. (2010). What constitutes evidence-based patient information? Overview of discussed criteria. *Patient Education and Counseling, 78*(3), 316–328. https://doi.org/10.1016/j.pec.2009.10.029.

Campos, D. C. F., & Graveto, J. M. G. do N. (2009). The role of nurses and patients' involvement in the clinical decision-making process. *Revista Latino-Americana de Enfermagem, 17*(6), 1065–1070. https://doi.org/10.1590/s0104-11692009000600021.

Canadian Institutes of Health Research. Sex, gender and health research. https://cihr-irsc.gc.ca/e/50833.html. Zugegriffen: 9. Nov. 2020.

Center for Disease Control and Prevention. (2009). *Simply put: A guide for creating easy-to-understand materials*. U.S Departament of Health and Human Services. https://stacks.cdc.gov/view/cdc/11938. Zugegriffen: 06. Okt. 2021.

Charnock, D., Shepperd, S., Needham, G., & Gann, R. (1999). DISCERN: An instrument for judging the quality of written consumer health information on treatment choices. *Journal of Epidemiology and Community Health*. https://doi.org/10.1136/jech.53.2.105.

Charvet-Berard, A. I., Chopard, P., & Perneger, T. V. (2008). Measuring quality of patient information documents with an expanded EQIP scale. *Patient Education and Counseling*, https://doi.org/10.1016/j.pec.2007.11.018.

Clayton, L. H. (2010). Invited review: Strategies for selecting effective patient nutrition education materials. *Nutrition in Clinical Practice*. https://doi.org/10.1177/0884533610379605.

Cochrane Deutschland, *Evidenzbasierte Medizin*, https://www.cochrane.de/de/ebm. Zugegriffen: 07. Aug. 2020.

Coleman, M., & Liau, T. L. (1975). A computer readability formula designed for machine scoring. *Journal of Applied Psychology*. https://doi.org/10.1037/h0076540.

Creative Commons. (2020). https://creativecommons.org/. Zugegriffen: 23. Marz. 2020.

Criado-Perez, C. (2020). *Unsichtbare Frauen: Wie eine von Daten beherrschte Welt die Hälfte der Bevölkerung ignoriert*. btb Verlag München.

Critical Appraisal Skills Programme. (2018). *CASP Checklist*. https://casp-uk.net/casp-tools-checklists/. Zugegriffen: 14. Jan. 2021.

Dadaczynski, K., Rathmann, K., Schricker, J., May, M., Kruse, S., Janiczek, O., & Quilling, E. (2020). Digitale Gesundheitskompetenz von Jugendlichen. Eine mehrperspektivische Betrachtung aus Sicht von Schüler*innen, Lehrkräften und Schulleitungen weiterführender Schulen in Hessen. www.hs-fulda.de/digks. Zugegriffen: 15. Jan. 2021.

Daraz, L. et al. (2018). Readability of online health information: A meta-narrative systematic review. *American Journal of Medical Quality*. SAGE Publications Inc., *33*(5), 487–492. https://doi.org/10.1177/1062860617751639.

Delp, C., & Jones, J. (1996). Communicating information to patients: The use of cartoon illustrations to improve comprehension of instructions. *Academic Emergency Medicine, 3*(3), 264–270. https://doi.org/10.1111/j.1553-2712.1996.tb03431.x.

Deutsches Netzwerk Evidenzbasierte Medizin. (2015). Gute Praxis Gesundheitsinformation. Berlin. http://www.ebm-netzwerk.de/gpgi. Zugegriffen: 29. Dez. 2020.

Deutsches Netzwerk Evidenzbasierte Medizin. (2016). *Gute Praxis Gesundheitsinformation. Ein Positionspapier des Deutschen Netzwerks Evidenzbasierte Medizin e.V.*, Version 2.0, Stand: 21.07.2016. Berlin. https://www.ebm-netzwerk.de/de/medien/pdf/gpgi_2_20160721.pdf. Zugegriffen: 9. Nov. 2020.

DiCenso, A., Bayley, L., & Haynes, B. (2009). Accessing pre-appraised evidence: Fine-tuning the 5S model into a 6S model. Evidence-Based Nursing. https://doi.org/10.1136/ebn.12.4.99-b.

Dreier, M., Borutta, B., Seidel, G., Kreusel, I., Töppich, J., Bitzer, E. M., Dierks, M. L., & Walter, U. (2013). Development of a comprehensive list of criteria for evaluating consumer education materials on colorectal cancer screening. *BMC Public Health*. https://doi.org/10.1186/1471-2458-13-843.

DuBay, W. (2004). The principles of readability. https://www.researchgate.net/publication/228965813_The_Principles_of_Readability. Zugegriffen: 06. Okt. 2021.

Dumont, M., & Schüller, A. M. (2016). Die erfolgreiche Arztpraxis. Patientenorientierung, Mitarbeiterführung, Marketing (5. Aufl.). Springer (Erfolgskonzepte Praxis- & Krankenhaus-Management). http://www.springer.com/.

Elwyn, G., Durand, M. A., Song, J., Aarts, J., Barr, P. J., Berger, Z., Cochran, N., Frosch, D., Galasiski, D., Gulbrandsen, P., Han, P. K. J., Härter, M., Kinnersley, P., Lloyd, A., Mishra, M., Perestelo-Perez, L., Scholl, I., Tomori, K., Trevena, L., & Van Der Weijden, T. (2017). A three-talk model for shared decision making: Multistage consultation process. *BMJ (Online), 359*, 1–7. https://doi.org/10.1136/bmj.j4891.

Elwyn, G., O'Connor, A. M., Bennett, C., Newcombe, R. G., Politi, M., Durand, M. A., Drake, E., Joseph-Williams, N., Khangura, S., Saarimaki, A., Sivell, S., Stiel, M., Bernstein, S. J., Col, N., Coulter, A., Eden, K., Härter, M., Rovner, M. H., Moumjid, N., … Edwards, A. (2009). Assessing the quality of decision support technologies using the International Patient Decision Aid Standards instrument (IPDASi). *PLoS ONE, 4*(3). https://doi.org/10.1371/journal.pone.0004705.

Elwyn, G., O'Connor, A., Stacey, D., Volk, R., Edwards, A., & Coulter, A. (2006). Developing a quality criteria framework for patient decision aids: Online international Delphi consensus process. *British Medical Journal, BMJ, 333*(7565), 417–419. https://doi.org/10.1136/bmj.38926.629329.AE.

European Commission. (2009). *Guideline on the readability of the labelling and package leaflet of medicinal products for human use*. https://ec.europa.eu/health/sites/default/files/files/eudralex/vol-2/c/2009_01_12_readability_guideline_final_en.pdf. Zugegriffen: 06. Okt. 2021.

Fagerlin, A., Pignone, M., Abhyankar, P., Col, N., Feldman-Stewart, D., Gavaruzzi, T., Kryworuchko, J., Levin, C. A., Pieterse, A. H., Reyna, V., Stiggelbout, A., Scherer, L. D., Wills, C., & Witteman, H. O. (2013). Clarifying values: An updated review. *BMC Medical Informatics and Decision Making, 13*(2), S8. BioMed Central. https://doi.org/10.1186/1472-6947-13-S2-S8.

Fagerlin, A., Zikmund-Fisher, B. J., & Ubel, P. A. (2011). Helping patients decide: Ten steps to better risk communication. *Journal of the National Cancer Institute.* https://doi.org/10.1093/jnci/djr318.

Flesch, R. (1948). A new readability yardstick. *Journal of Applied Psychology.* https://doi.org/10.1037/h0057532.

Florin, J., Ehrenberg, A., & Ehnfors, M. (2008). Clinical decision-making: Predictors of patient participation in nursing care. *Journal of Clinical Nursing.* https://doi.org/10.1111/j.1365-2702.2008.02328.x.

Frauengesundheitszentrum (2018a). Methodenpapier Frauengesundheitszentrum. Gute Gesundheitsinformation Österreich. Die 15 Qualitätskriterien. Verfasst von Sladek, U., Gallé, F., externer Begutachter: Koch, K.. Graz. http://www.frauengesundheitszentrum.eu/qualitaeskriterien-die-gute-gesundheitsinformation-oesterreich/. Zugegriffen: 10. Sept. 2020.

Frauengesundheitszentrum. (2018b). Methodenpapier Frauengesundheitszentrum. Gute Gesundheitsinformation Österreich. Die 15 Qualitätskriterien. Verfasst von Sladek, U., Gallé, F. Externer Begutachter Koch, K. Graz. http://www.frauengesundheitszentrum.eu/qualitaeskriterien-die-gute-gesundheitsinformation-oesterreich/. Zugegriffen: 9. Nov. 2020.

Gallé, F., Groth, S., Sänger, S., Schaffler, R. & Tschachler, E. (2015a). Kriterien für sex- und gendergerechte, evidenzbasierte Gesundheitsinformation — EBGI. Graz. http://www.frauengesundheitszentrum.eu/frauen-und-maenner-gut-informieren/. Zugegriffen: 9. Nov. 2020.

Gallé, F., Groth, S., Sänger, S., Schaffler, R. & Tschachler, E. (2015b). GUTE PRAXIS GESUNDHEITSINFORMATION Dokumentation der Stellungnahmen zum Entwurf vom 10.03.2015. S. 15–17. Frauengesundheitszentrum. Graz. https://www.ebm-netzwerk.de/de/medien/pdf/gpgi_2_dokumentation_20151021.pdf. Zugegriffen: 9. Nov. 2020.

Gaston, C., & Mitchell, G. (2005). Information giving and decision-making in patients with advanced cancer: *A systematic review. Social Science & Medicine, 61*(10), 2252–2264. https://doi.org/10.1016/j.socscimed.2005.04.015.

Gemoets, D., Rosemblat, G., Tse, T., & Logan, R. (2004). Assessing readability of consumer health information: An exploratory study. *Studies in Health Technology and Informatics.* https://doi.org/10.3233/978-1-60750-949-3-869.

Gender-Net. IGAR Tool. Recommendations for integrating gender analysis into research. http://igar-tool.gender-net.eu/en/framework/welcome-to-the-gender-net-igar-tool. Zugegriffen: 9. Nov. 2020.

Geyman, J., Deyo, R., & Ramsey, S. (2000). Evidence-based clinical practice: Concepts and approaches. *Annqls of Internal Medicine, 132*(9) (1st ed.). Butterworth-Heinemann. https://doi.org/10.7326/0003-4819-132-9-200005020-00027.

Glenny, A. M. (2005). No „gold standard" critical appraisal tool for allied health research: Which is the best critical appraisal tool to evaluate the quality of allied health research? *Evidence-Based Dentistry, 6*(4), 100–101. https://doi.org/10.1038/sj.ebd.6400351.

Gottschling, S. (2013). *Texten!: Das So-geht's-Buch (R). Techniken für professionelles Schreiben; [inklusive interaktivem Workshop auf der Website zum Buch]* (2. Aufl.). SGV Verlage e.K.

Groth, S., & Gallé, F. (2015). Die Unterschiede sichtbar machen. In *Das österreichische Gesundheitswesen – ÖKZ* 11/2015 (S. 34–36). http://www.frauengesundheitszentrum.eu/wp-content/uploads/2015/11/Geschlechtergerecht-%C3%96KZ-11-2015.pdf. Zugegriffen: 9. Nov. 2020.

Groth, S. (2017). Das AKF-Interview (Nr. 10): Sex und Gender wirken auf Gesundheit – Geschlechtergerechte medizinische Forschung, Behandlung und Gesundheitsinformation. https://www.arbeitskreis-frauengesundheit.de/2017/06/23/das-akf-interview-nr-10-sex-und-gender-wirken-auf-gesundheit-geschlechtergerechte-medizinische-forschung-behandlung-und-gesundheitsinformation/. Zugegriffen: 9. Nov. 2020.

Grotluschen, A., Buddeberg, K., & Koch, S. (2016a). *Literacy in Austria. Country report adults.* http://www.elinet.eu/fileadmin/ELINET/Redaktion/user_upload/Austria_Adults_Report1.pdf. Zugegriffen: 04. Mai. 2021.

Grotluschen, A., Buddeberg, K., & Koch, S. (2016b). *Literacy in Austria. Country report adults.* https://www.google.at/search?source=hp&ei=rgPEXqibLI2ca8vbpPgB&q=Literacy+in+Austria.+Country+report+adults.&oq=Literacy+in+Austria.+Country+report+adults.&gs_lcp=CgZwc3ktYWIQA1DPC1jPC2CMEGgCcAB4AIABgwGIAYMBkgEDMC4xmAEAoAECoAEBqgEHZ3dzLXdpc+rABAA&sclient=p. Zugegriffen: 04. Mai. 2021.

Guideline International Network. (2019). *About the updating guidelines working group.* https://g-i-n.net/working-groups/updating-guidelines/about. Zugegriffen: 14. Jan. 2021.

Gunning, R. (1968). *Technique of clear writing.* McGraw-Hill.

Guyatt, G. H., Oxman, A. D., Kunz, R., Falck-Ytter, Y., Vist, G. E., Liberati, A., & Schiinemann, H. J. (2009). GRADE: Going from evidence to recommendations. *Chinese Journal of Evidence-Based Medicine, 336*(7652), 1049–1051. https://doi.org/10.1136/bmj.39493.646875.

Haller, M. D. A. (2003). Urheberrecht- 30 häufig gestellte Fragen (FAQ) samt Antworten und einer kleinen Check- Liste. https://www.mediamanual.at/mediamanual/mm2/pdf/aktuell/faq_urheberrecht_haller.pdf. Zugegriffen: 06. Okt. 2021.

Hartley, J. (2008). Academic writing and publishing. *Academic Writing and Publishing.* https://doi.org/10.4324/9780203927984.

Hastall, M. (2017). Abwehrreaktionen und negative Effekte von Gesundheitsinformationen. *Public Health Forum.* https://doi.org/10.1515/pubhef-2016-2127. Zugegriffen: 27. Dez. 2020.

Health & Medicine Checklist. http://genderedinnovations.stanford.edu/methods/health_med_checklist.html. Zugegriffen: 9. Nov. 2020.

Heidari, S. et al. (2016). Sex and gender equity in research: Rationale for the SAGER guidelines and recommended use. *Research Integrity and Peer Review, 1*, 2. http://researchintegrityjournal.biomedcentral.com/articles/https://doi.org/10.1186/s41073-016-0007-6. Zugegriffen: 9. Nov. 2020.

Helitzer, D., Hollis, C., Cotner, J., & Oestreicher, N. (2009). Health literacy demands of written health information materials: An assessment of cervical cancer prevention materials. *Cancer Control.* https://doi.org/10.1177/107327480901600111.

Hemingway, P., & Brereton, N. (2009). *What is...? series. What is a systematic review? Evidence-based medicine* (2nd ed.). www.whatisseries.co.uk.

Henry, E., Brown, T., Bartlett, C., Massoud, E., & Bance, M. (2008). Informed consent in otologic surgery: A prospective randomized study comparing risk recall with an illustrated handout and a nonillustrated handout. *Journal of Otolaryngology – Head and Neck Surgery, 37*(2), 273–278. https://doi.org/10.2310/7070.2008.0073.

Hoffmann, T. C., Montori, V. M., & Del Mar, C. (2014). The connection between evidence-based medicine and shared decision making. *JAMA – Journal of the American Medical Association, 312*(13), 1295–1296. https://doi.org/10.1001/jama.2014.10186.

Hollands, G. J., & Marteau, T. M. (2013). The impact of using visual images of the body within a personalized health risk assessment: An experimental study. *British Journal of Health Psychology, 18*(2), 263–278. https://doi.org/10.1111/bjhp.12016.

HON. (2020). *HON-Prinzipien.* https://www.hon.ch/HONcode/Patients/Visitor/visitor_de.html. Zugegriffen: 27. Dez. 2020.

Houts, P. S., Doak, C. C., Doak, L. G., & Loscalzo, M. J. (2006). The role of pictures in improving health communication: A review of research on attention, comprehension, recall, and adherence. *Patient Education and Counseling.* https://doi.org/10.1016/j.pec.2005.05.004.

Hoving, C., Visser, A., Mullen, P. D., & van den Borne, B. (2010). A history of patient education by health professionals in Europe and North America: From authority to shared decision making education. *Patient Education and Counseling, 78*(3), 275–281. https://doi. org/10.1016/j.pec.2010.01.015.

ICMJE (International Committee of Medical Journal Editors). (2016). *Recommendations for the conduct, reporting, editing, and publication of scholarly work in medical journals.* www.icmje. org/icmje-recommendations.pdf. Zugegriffen: 9. Nov. 2020.

International Medical Interpreters Association. (2009). IMIA. Guide on medical translation. https://www.imiaweb.org/uploads/pages/823.pdf. Zugegriffen: 29. Dez. 2020.

Jindal, P., & Macdermid, J. C. (2017). Assessing reading levels of health information: Uses and limitations of Flesch Formula. *Education for Health: Change in Learning and Practice, 30*(1). https://doi.org/10.4103/1357-6283.210517.

Kandula, S., & Zeng-Treitler, Q. (2008). Creating a gold standard for the readability measurement of health texts. *AMIA … Annual Symposium Proceedings/AMIA Symposium. AMIA Symposium,* 353–357.

Karwacka, W. (2014). Quality assurance in medical translation. *Journal of Specialised Translation.* Issue 21. https://www.jostrans.org/issue21/art_karwacka.pdf. Zugegriffen: 29. Dez. 2020.

Karwacka W. (2015). Medical translation. In Ł. Bogucki, S. Goźdź-Roszkowski, & P. Stalmaszczyk (eds.) *Ways to translation.* Wydawnictwo Uniwersytetu Łódzkiego (S. 271–298) (PDF) Medical translation. https://www.researchgate.net/publication/314404773_Medical_ translation. Zugegriffen: 29. Dez. 2020.

Kerschner & Harflinger (2018). Department für Evidenzbasierte Medizin, Donau-Universität Krems. Redaktion Medizin-transparent.at https://www.medizin-transparent.at/wp-content/ uploads/Checkliste-Gesundheitsinformationen.pdf. Zugegriffen: 29. Dez. 2020.

Kerschner, B. Interne BegutachterInnen: Gartlehner, G., Nußbaumer-Streit, B. Donau-Universität Krems, Department für Evidenzbasierte Medizin und Klinische Epidemiologie (2018). Methodenpapier Medizin-transparent. Version 1.0 vom 5. April 2018. Externe BegutachterInnen: Koch, K., Groth, S. Krems. https://www.medizin-transparent.at/wp-content/ uploads/2020/01/Methodenpapier-Medizin-transparent_v1.0-1.pdf. Zugegriffen: 14. Jan. 2021.

King, S. R., McCaffrey, D. J., Bentley, J. P., Bouldin, A., Hallam, J., & Wilkin, N. E. (2012). The influence of symbols on the short-term recall of pharmacy-generated prescription medication information in a low health literate sample. *Journal of Health Communication, 17* Suppl 3, 280–293. https://doi.org/10.1080/10810730.2012.712620.

Koch, K. (2016). „Gute Praxis Gesundheitsinformation." Zeitschrift Fur Evidenz, Fortbildung Und Qualität Im Gesundheitswesen. 110, 85–92. https://doi.org/10.1016/j.zefq.2015.11.005.

Koch, K. (2017). Informationen aus dem Internet. *Public Health Forum, 25*(1), 57–59. https://doi. org/10.1515/pubhef-2016-2141.

Kolip, P., & Hurrelmann, K. (2016). *Handbuch Geschlecht und Gesundheit. Frauen und Männer im Vergleich.* Bern.

Kools, M., van de Wiel, M. W. J., Ruiter, R. A. C., & Kok, G. (2006). Pictures and text in instructions for medical devices: Effects on recall and actual performance. *Patient Education and Counseling, 64*, 1–3, 104–11. https://doi.org/10.1016/j.pec.2005.12.003.

Kraus-Füreder, H., Soffried, J., & Holler, P. (2020). Gesundheitskompetenz Methodenbox. Wien. https://www.sozialversicherung.at/cdscontent/load?contentid=10008.731981&vers ion=1580910437. Zugegriffen: 06. Okt. 2021.

Lackner, M. K. (2018). Bild- und Urheberrecht für VWA/ Diplomarbeit. https://static.uni-graz.at/ fileadmin/ub/doc/Workshop_Bildrecht_VWA-Diplomarbeit.pdf. Zugegriffen: 23. Marz. 2020.

Leino-Kilpi, H., Heikkinen, K., Hiltunen, A., Johansson, K., Kaljonen, A., Virtanen, H., & Salanterä, S. (2009). Preference for information and behavioral control among adult ambulatory surgical patients. *Applied Nursing Research, 22*(2), 101–106. https://doi.org/10.1016/j. apnr.2007.05.003.

Lenhard, W., & Lenhard, A. (2014). *Berechnung des Lesbarkeitsindex LIX nach Björnson.* https://www.researchgate.net/publication/305280845_Berechnung_des_Lesbarkeitsindex_LIX_nach_Bjornson. Zugegriffen: 06. Okt. 2021.

Lenz, M., Buhse, S., Kasper, J., Kupfer, R., Richter, T., & Mühlhauser, I. (2012). Decision aids for patients. *Deutsches Aerzteblatt Online.* https://doi.org/10.3238/arztebl.2012.0401.

Lipkus, I. M., & Hollands, J. G. (1999). *The visual communication of risk. Journal of the National Cancer Institute Monographs, 1999*(25), 149–163. https://doi.org/10.1093/oxfordjournals. jncimonographs.a024191.

Liu, C. J., Kemper, S., & McDowd, J. (2009a). The use of illustration to improve older adults' comprehension of health-related information: Is it helpful? *Patient Education and Counseling, 76*(2), 283–288. https://doi.org/10.1016/j.pec.2009.01.013.

Lühnen, J., Albrecht, M., Hanßen, K., Hildebrandt, J., & Steckelberg, A. (2015). Leitlinie evidenzbasierte Gesundheitsinformation: Einblick in die Methodik der Entwicklung und Implementierung. *Zeitschrift für Evidenz, Fortbildung und Qualität im Gesundheitswesen.* https://doi.org/10.1016/j.zefq.2015.03.004.

Lühnen, J., Albrecht, M., Mühlhauser, I., & Steckelberg, A. (2017). *Leitlinie evidenzbasierte Gesundheitsinformation.* Hamburg. https://www.leitlinie-gesundheitsinformation.de/wp-content/uploads/2017/07/Leitlinie-evidenzbasierte-Gesundheitsinformation.pdf. Zugegriffen: 9. Nov. 2020.

Lühnen, J., Steckelberg, A., & Buhse, S. (2018). Pictures in health information and their pitfalls: Focus group study and systematic review. *Zeitschrift Für Evidenz, Fortbildung Und Qualität Im Gesundheitswesen.* https://doi.org/10.1016/j.zefq.2018.08.002.

Makoushia J. (2007) Translation quality assurance tools: Current state and future approaches, translating and the computer. https://citeseerx.ist.psu.edu/viewdoc/download?doi=10.1.1.464.4 53&rep=rep1&type=pdf. Zugegriffen: 03. Jan. 2021.

Mallett, R., Hagen-Zanker, J., Slater, R., & Duvendack, M. (2012). The benefits and challenges of using systematic reviews in international development research. *Journal of Development Effectiveness, 4*(3), 445–455. https://doi.org/10.1080/19439342.2012.711342.

Mansoor, L. E., & Dowse, R. (2003). Effect of pictograms on readability of patient information materials. *Annals of Pharmacotherapy, 37*(7–8), 1003–1009. https://doi.org/10.1345/aph.1C449.

Masciadri, P., & Zupancic, D. (2010). *Marken- und Kommunikationsmanagement im B-to-B-Geschäft. Clever positionieren, erfolgreich kommunizieren.* Gabler/GWV Fachverlage GmbH Wiesbaden. https://doi.org/10.1007/978-3-8349-8931-4.

McCaffery, K. J., Holmes-Rovner, M., Smith, S. K., Rovner, D., Nutbeam, D., Clayman, M. L., Kelly-Blake, K., Wolf, M. S., & Sheridan, S. L. (2013). Addressing health literacy in patient decision aids. *BMC Medical Informatics and Decision Making.* https://doi.org/10.1186/1472-6947-13-S2-S10.

McLaughlin, G. (1969). SMOG grading: A new readability formula. *Journal of Reading, 12*(8), 639–646.

Nordhausen, T., & Hirt, J. (2018). *Manual zur Literaturrecherche in Fachdatenbanken.* Martin-Luther-Universität Halle- Wittenberg FHS St. Gallen.

O'Connor, A. M., Llewellyn-Thomas, H. A., & Flood, A. B. (2004). Modifying unwarranted variations in health care: Shared decision making using patient decision aids. *Health Affairs.* https://doi.org/10.1377/hlthaff.var.63.

ÖPGK. (2018a). *Gute Gesundheitsinformation Österreich. Die 15 Qualitätskriterien. Der Weg zum Methodenpapier — Anleitung für Organisationen.* Herausgegeben von Bundesministerium für Arbeit, Soziales, Gesundheit und Konsumentenschutz (BMASGK) und Österreichische

Plattform Gesundheitskompetenz (ÖPGK) in Zusammenarbeit mit dem Frauengesundheitszentrum. Wien (3. Aufl.). https://oepgk.at/wp-content/uploads/2018/11/gute-gesundheitsinformation-oesterreich.pdf. Zugegriffen: 9. Nov. 2020.

ÖPGK. (2018b). *Gute Gesundheitsinformation – Überblick über die 15 Qualitätskriterien für zielgruppenorientierte, evidenzbasierte Broschüren, Videos, Websites und Apps*. Hg. v. Bundesministerium für Arbeit, Soziales, Gesundheit und Konsumentenschutz und Österreichische Plattform Gesundheitskompetenz (ÖPGK). Verfasst von Frauengesundheitszentrum und ÖPGK. Basiert auf der Guten Praxis Gesundheitsinformation des Deutschen Netzwerks für Evidenzbasierte Medizin. Wien (3. Aufl.). https://oepgk.at/wp-content/uploads/2018/11/15-qualitaetskriterien-der-guten-gesundheitsinformation-oesterreich.pdf. Zugegriffen: 9. Nov. 2020.

Parnell, T. A. (2015). *Health literacy in nursing: Providing person-centered care*. Springer Publishing Company.

Phillips, B. et al. (2014). *Oxford Centre for Evidence-based Medicine – Levels of Evidence (March 2009)*. https://www.cebm.ox.ac.uk/resources/levels-of-evidence/oxford-centre-for-evidence-based-medicine-levels-of-evidence-march-2009. Zugegriffen: 06. Okt. 2021.

Plain Language and Action Network. (2011). Federal plain language guidelines. Federal Plain Language Guidelines, 1(March). http://www.plainlanguage.gov/howto/guidelines/FederalPLGuidelines/FederalPLGuidelines.pdf. Zugegriffen: 06. Okt. 2021.

Posch, N., et al. (2020). Written patient information materials used in general practices fail to meet acceptable quality standards. *BMC Family Practice*. https://doi.org/10.1186/s12875-020-1085-6.

Raab, G., Unger, A., Unger, F. (2018). *Methoden der Marketing-Forschung. Grundlagen und Praxisbeispiele. 3., überarbeitete und erweiterte Auflage*. Springer Gabler (Lehrbuch). http://www.springer.com/.

Renuka, P., & Pushpanjali, K. (2013). Leaflet preparation and validation procedures. *Universal Journal of Public Health*. https://doi.org/10.13189/ujph.2013.010310.

RIS. (2018). Bundesgesetz über das Urheberrecht an Werken der Literatur und der Kunst und über verwandte Schutzrechte (Urheberrechtsgesetz). https://www.ris.bka.gv.at/GeltendeFassung.wxe?Abfrage=Bundesnormen&Gesetzesnummer=10001848. Zugegriffen: 23. Marz. 2020.

Salita, J. T. (2015). Writing for lay audiences: A challenge for scientists. *Medical Writing*. https://doi.org/10.1179/2047480615z.000000000320.

Sander, U., Kolb, B., Christoph, C., & Emmert, M. (2016). Verständlichkeit der Texte von Qualitätsvergleichen zu Krankenhausleistungen. *Gesundheitswesen*. https://doi.org/10.1055/s-0034-1396848.

Schiebinger, L., Klinge, I., Paik, H. Y., Sánchez de Madariaga, I., Schraudner, M. & Stefanick, M. (Eds.) (2011–2018). *Gendered innovations in science, health & medicine, engineering, and environment* (genderedinnovations.stanford.edu). http://genderedinnovations.stanford.edu/.

Schierl, T. (2017). *Text und Bild in der Werbung. Bedingungen, Wirkungen und Anwendungen bei Anzeigen und Plakaten*. Herbert von Halem.

Schoberer, D., Breimaier, H. E., Mandl, M., Halfens, R. J. G., & Lohrmann, C. (2016a). Involving the consumers: An exploration of users' and caregivers' needs and expectations on a fall prevention brochure: A qualitative study. *Geriatric Nursing, 37*(3), 207–214. https://doi.org/10.1016/j.gerinurse.2016.02.011.

Schoberer, D., Mijnarends, D. M., Fliedner, M., Halfens, R. J. G., & Lohrmann, C. (2016b). Quality of Austrian and Dutch falls-prevention information: A comparative descriptive study. *Health Education Journal, 75*(2), 220–234. https://doi.org/10.1177/0017896915573045.

Schoberer, D., Eglseer, D., Halfens, R. J. C., & Lohrmann, C. (2018). Development and evaluation of brochures for fall prevention education created to empower nursing home residents and family members. *International Journal of Older People Nursing, 13*(2):e12187. 10.1111/opn.12187. Epub 2018 Jan 25. PMID: 29369510. https://pubmed.ncbi.nlm.nih.gov/29369510/. Zugegriffen: 10. Sept. 2020.

Schwarz, C. M., Hoffmann, M., Smolle, C., Eiber, M., Stoiser, B., Pregartner, G., Kamolz, L. P., & Sendlhofer, G. (2021). Structure, content, unsafe abbreviations, and completeness of discharge summaries: A retrospective analysis in a University Hospital in Austria. *Journal of Evaluation in Clinical Practice*. https://doi.org/10.1111/jep.13533 PMID: 33421263.

Shea, B. J., Reeves, B. C., Wells, G., Thuku, M., Hamel, C., Moran, J., Moher, D., Tugwell, P., Welch, V., Kristjansson, E., & Henry, D. A. (2017). AMSTAR 2: A critical appraisal tool for systematic reviews that include randomised or non-randomised studies of healthcare interventions, or both. *BMJ (Online)*. https://doi.org/10.1136/bmj.j4008.

Shoemaker, S. J., Wolf, M. S., & Brach, C. (2014). Development of the Patient Education Materials Assessment Tool (PEMAT): A new measure of understandability and actionability for print and audiovisual patient information. *Patient Education and Counseling*. https://doi.org/10.1016/j.pec.2014.05.027.

Smith, E. A., & Senter, R. J. (1967). Automated readability index. *AMRL-TR. Aerospace Medical Research Laboratories (6570th)*.

Smith, S. K., Dixon, A., Trevena, L., Nutbeam, D., & Mccaffery, K. J. (2009). *Exploring patient involvement in healthcare decision making across different education and functional health literacy groups q. 69*(12), 1805–1812. https://doi.org/10.1016/j.socscimed.2009.09.056.

Stacey, D., Légaré, F., Lewis, K., Barry, M. J., Bennett, C. L., Eden, K. B., Holmes-Rovner, M., Llewellyn-Thomas, H., Lyddiatt, A., Thomson, R., & Trevena, L. (2017). Decision aids for people facing health treatment or screening decisions. *Cochrane Database of Systematic Reviews, 2017*(4). https://doi.org/10.1002/14651858.CD001431.pub5.

Stahlberg, D., & Sczesny, S. (2001). Effekte des generischen Maskulinums und alternativer Sprachformen auf den gedanklichen Einbezug von Frauen. *Psychologische Rundschau, 52*(3), 130–140. Göttingen.

Stahlknecht, P., & Hasenkamp, U. (2005). *Einführung in die Wirtschaftsinformatik* (11. Aufl.). Springer.

Steckelberg, A., Berger, B., Köpke, S., Heesen, C., & Mühlhauser, I. (2005). Kriterien für evidenzbasierte Patienteninformationen. *Zeitschrift fur Ärztliche Fortbildung und Qualitätssicherung, 99*, 343–351.

Stinson, J. N., White, M., Breakey, V., Chong, A. L., Mak, I., Low, K. K., & Low, A. K. (2011). Perspectives on quality and content of information on the internet for adolescents with cancer. *Pediatric Blood and Cancer*. https://doi.org/10.1002/pbc.23068.

Sweller, J. (2011). Cognitive load theory. *Psychology of Learning and Motivation – Advances in Research and Theory, 35*, 37–76. https://doi.org/10.1016/B978-0-12-387691-1.00002-8.

Wegwarth, O., Kendel, F., Tomsic, I., von Lengerke, T., & Härter, M. 2020. Risikokommunikation Unter Unsicherheit. Bremen. https://www.public-health-covid19.de/images/2020/Ergebnisse/Corr_20200626_Kommunikation_Handreichung_COVID_Kommunikation_Unsicherheit_Risiken_Revision_FINAL_CLEAN.pdf. Zugegriffen: 06. Okt. 2021.

Wizowski, L., Harper, T., & Hutchings, T. (2014a). *Writing health information for patients and families*. https://nutritionconnections.ca/resources/writing-health-information-for-patients-and-families-a-guide-to-developing-educational-materials-that-promote-health-literacy-4th-edition/. Zugegriffen: 04. Mai. 2021.

Wizowski, L., Harper, T., & Hutchings, T. (2014b). *Writing health information for patients and families*. http://www.hamiltonhealthsciences.ca/workfiles/PATIENT_ED/Writing_HI_Edition4.pdf. Zugegriffen: 25. Dez. 2020.

Woolf, S. H., Grol, R., Hutchinson, A., Eccles, M., & Grimshaw, J. (1999). Clinical guidelines. Potential benefits, limitations, and harms of clinical guidelines. *British Medical Journal, 318*, 527. https://doi.org/10.1136/bmj.318.7182.527. Zugegriffen: 29. Dez. 2020.

Woolf, S. H., Chan, E. C. Y., Harris, R., Sheridan, S. L., Braddock, C. H., Kaplan, R. M., Krist, A., O'Connor, A. M., & Tunis, S. (2005). Promoting informed choice: Transforming health care to dispense knowledge for decision making. *Annals of Internal Medicine, 143*(4), 293–300. American College of Physicians. https://doi.org/10.7326/0003-4819-143-4-200508160-00010.

World Health Organization. (1986). Ottawa Charta der Gesundheitsförderung. Ottawa. Zugegriffen: 9. Nov. 2020.

World Health Organization. (2002). Madrid Statement: Mainstreaming gender equity in health: The need to move forward. Kopenhagen. Zugegriffen: 9. Nov. 2020.

World Health Organization. (2008a). Closing the gap in a generation. Health equity through action on the social determinants of health. Genf. Zugegriffen: 9. Nov. 2020.

World Health Organization. (2008b). The right to health. Fact Sheet No. 3. Genf. Zugegriffen: 9. Nov. 2020.

World Health Organization. (2009). Women and health. today's evidence – Tomorrow's agenda. Genf. Zugegriffen: 9. Nov. 2020.

World Health Organization. (2010). Adelaide Statement on Health in all Policies – moving towards a sharded governance of health and wellbeing. Genf. Zugegriffen: 9. Nov. 2020.

World Health Organisation. (2011). Gender mainstreaming for health managers: a practical approach. Faciltators' guide. Participant's notes. https://www.who.int/gender-equity-rights/knowledge/health_managers_guide/en/. Zugegriffen: 9. Nov. 2020.

Wünsche, C. (2016). *Studie zum Einfluss der Text-Bild-Beziehung auf die Verständlichkeit von Instruktionstexten in Leichter Sprache.* Hochschulbibliothek, Hochschule Merseburg.

Yin, H. S., Mendelsohn, A. L., Fierman, A., Van Schaick, L., Bazan, I. S., & Dreyer, B. P. (2011). Use of a pictographic diagram to decrease parent dosing errors with infant acetaminophen: A health literacy perspective. *Academic Pediatrics, 11*(1). https://doi.org/10.1016/j.acap.2010.12.007.

Zamanian, M., & Heydari, P. (2012). Readability of texts: State of the art. *Theory and Practice in Language Studies.* https://doi.org/10.4304/tpls.2.1.43-53.

Zschorlich. (2015). Health information on the Internet: Who is searching for what, when and how? *Zeitschrift für Evidenz, Fortbildung und Qualität im Gesundheitswesen, 109*(2), 144–152.

Nachbereitung – Qualitäts- und Wissensmanagement

5

Magdalena Hoffmann und Gerald Sendlhofer

Inhaltsverzeichnis

M. Hoffmann (✉)
Medizinische Universität Graz, Graz, Österreich
E-Mail: magdalena.hoffmann@medunigraz.at

G. Sendlhofer
LKH-Univ. Klinikum Graz, Graz, Österreich
E-Mail: gerald.sendlhofer@uniklinikum.kages.at

© Der/die Autor(en), exklusiv lizenziert durch Springer Fachmedien Wiesbaden GmbH,
ein Teil von Springer Nature 2021
M. Hoffmann et al. (Hrsg.), *Patienten und Angehörige richtig informieren*,
https://doi.org/10.1007/978-3-658-35274-5_5

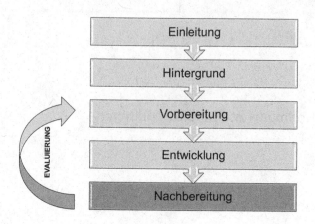

In diesem Kapitel erfahren die Leser*innen die wesentlichen Punkte rund um das
Thema Qualitätsmanagement in Zusammenhang mit der Bereitstellung von aktuellen
Gesundheitsinformationen. Ferner wird erläutert, wie recherchiertes Wissen in einer
Organisation zur Verfügung gestellt wird. Erstellte Gesundheitsinformationen unterliegen in Bezug auf ihre Aktualität einer gewissen Halbwertszeit. Das gilt besonders
für Informationen rund um Krankheit und Gesundheit. Daher macht das Erstellen einer
Information auch ein Management hinsichtlich einer in regelmäßigen Intervallen statt-
findenden Überprüfung nach dem neuesten Stand des Wissens notwendig. Letztlich
sollen vorhandenes und überholtes Wissen beziehungsweise die „aktuellen" wie auch die
„veralteten" Dokumente weiterhin auffindbar bleiben. Eine Archivierung dieser Unter-
lagen ist essentiell, um die Entwicklung von Gesundheitsinformationen nachvollziehbar
zu machen.

5.1 Qualitätsmanagement

In diesem Abschnitt beantworten wir die Fragen

- Was sind die Grundsteine für ein Qualitätsmanagementsystem?
- Wie kann man Qualität sichern und langfristig erhalten?
- Wie wird ein Qualitätsmanagementsystem überprüft?

Qualitätsmanagement spielt bei Gesundheitsinformationen eine besondere Rolle.
Bei einem etablierten Qualitätsmanagement sind Struktur-, Prozess- und Ergebniskriterien zu wesentlichen Themen des Unternehmers schriftlich festgelegt und den Mitarbeiter*innen nachweislich zur Kenntnis gebracht. In sogenannten Audits werden diese
Struktur-, Prozess- und Ergebniskriterien überprüft. Was nun die Erstellung von Gesundheitsinformationen betrifft, so werden hier ebenfalls Struktur-, Prozess- und Ergebniskriterien schriftlich festgelegt. Dies erfolgt zum Beispiel in einem Methodenpapier oder

in Leit- und Richtlinien. Erstellte gute Gesundheitsinformationen sind im Unternehmen/der Organisation tagesaktuell verfügbar und sind regelmäßig auf deren Aktualität zu evaluieren (ISO, 9001).

Qualitätsmanagement und gute Gesundheitsinformationen

Qualitätsmanagement umfasst ein breites Spektrum von Anwendungsbereichen, das zahlreiche grundlegende und organisationsspezifische Themen beinhaltet. Als wichtigste Eckpfeiler lassen sich **Struktur-, Prozess- und Ergebniskriterien** benennen, die erforderlich sind, um eine Organisation zu führen oder ein qualitätsgesichertes Produkt wie zum Beispiel eine gute Gesundheitsinformation oder eine Dienstleistung den Kund*innen oder Leser*innen anzubieten. Mit entsprechenden Kennzahlen zu lenken ist essentiell, um eine Organisation stetig weiterzuentwickeln. Als integraler Bestandteil einer Organisation ist der sogenannte kontinuierliche Verbesserungsprozess anzusehen. Dieser beinhaltet den Ansatz der Weiterentwicklung und Verbesserung der Organisation in kleinen Schritten. Zum Zwecke der **kontinuierlichen Verbesserung** werden Rückmeldungen aus unterschiedlichen Bereichen erfasst, kategorisiert und hinsichtlich ihrer Umsetzung bewertet. Als Quellen für Verbesserungspotenziale können – wie bereits in einem früheren Kapitel ausgeführt – beispielsweise **Rückmeldungen** von Kund*innen (Befragungen, Reklamationen, Beschwerden, Schadensfälle), Ideen von Mitarbeiter*innen oder Hinweise aus internen oder externen Audits dienen (ISO, 9001). Gerade bei Gesundheitsinformationen können Rückmeldungen von Kund*innen, Patient*innen oder Mitarbeiter*innen als Ideengeber*innen für die Erstellung einer guten Gesundheitsinformation ausgesprochen nützlich sein (Sendlhofer, 2020) (siehe Abschn. 4.1.2, Anwender*innen und Nutzer*innen miteinbeziehen). Im Rahmen des kontinuierlichen Verbesserungsprozesses können sukzessive Gesundheitsinformationen in der eigenen Organisation überprüft und veraltete Informationen ausgesondert oder überarbeitet werden.

Die unterschiedlichen Modelle des Qualitätsmanagements und wichtige Bestandteile

Generell kann ein Qualitätsmanagement nach unterschiedlichen Modellen aufgebaut sein, wie beispielsweise der ISO 9001 oder nach den Vorgaben der *European Foundation for Quality Management* (EFQM). Für den Gesundheitsbereich wurden in der Vergangenheit weitere Modelle kreiert, welche die Bedürfnisse von Gesundheitsdienstanbieter*innen noch weiter in den Mittelpunkt stellen. Im Gesundheitswesen, wie auch in vielen anderen Bereichen, ist die Implementierung eines Qualitätsmanagements vorgeschrieben, jedoch werden lediglich Mindestanforderungen an Qualitätsmanagementsysteme definiert und nur selten ein bestimmtes Qualitätsmanagementsystem explizit vorgeschrieben. Weiters ist oftmals geregelt, dass es keiner verpflichtenden Zertifizierung bedarf.

Der wesentliche Grundstein für ein funktionierendes Qualitätsmanagementsystem ist, dass die Unternehmensführung die Maßnahmen ausdrücklich fördert und mit entsprechenden Ressourcen ausstattet, um die notwendige Qualitätsarbeit zu forcieren. Für das Entstehen und Wachsen eines Managementsystems ist in weiterer Folge dessen **Akzeptanz** in allen Führungsebenen wie auch bei den Mitarbeiter*innen von grundlegender Bedeutung. Daher ist es für ein funktionierendes Qualitätsmanagementsystem das oberste Ziel, dass es zweckmäßig auf die Bedürfnisse der Organisation ausgerichtet ist und entsprechend das Leistungsspektrum für seine Patient*innen oder Kund*innen abdeckt. Es gilt zu verhindern, dass eine zu komplexe Systematik aufgebaut wird, die ein „Leben mit Qualität" nicht fördert, sondern eher behindert. Schlanke Systeme erhöhen die Effizienz sowie Effektivität und ermöglichen eine notwendige Flexibilität im Rahmen der jeweiligen Vorgaben.

Zur Aufrechterhaltung beziehungsweise Weiterentwicklung eines Qualitätsmanagements benötigt man die Instrumente der **Qualitätssicherung** und des **Risikomanagements.** Unter Qualitätssicherung versteht man *„alle organisatorischen und technischen Maßnahmen, die vorbereitend, begleitend und prüfend der Schaffung und Erhaltung einer definierten Qualität eines Produktes oder einer Dienstleistung dienen"* (Alisch et al., 2004). Im Risikomanagement werden im Wesentlichen reaktive sowie proaktive Herangehensweisen (Aktionsbündnis Patientensicherheit, 2016) unterschieden. Die reaktive und somit retrospektive Herangehensweise kommt immer dann zum Einsatz, wenn man auf einen Vorfall reagiert. In gewisser Weise sind die Qualitäts- und Risikomanager*innen immer „Passagiere". Reaktive Systeme findet man in Organisationen, die keine ausreichenden Ressourcen zur Verfügung stellen. Mitarbeitende in solchen Organisationen sind kontinuierlich mit akuten Verbesserungsmaßnahmen beschäftigt und haben daher keine Möglichkeit, notwendige Strukturen, zukunftsweisende Konzepte oder richtungsweisende Projekte zu implementieren. Die prospektive und somit proaktive Herangehensweise zeichnet sich hingegen durch eine planerische Komponente aus. Man ist „Gestalter*in" und hat ausreichend Ressourcen, die eigene zukünftige Ausrichtung wie auch Qualität zu planen.

Das Funktionieren eines Qualitätsmanagementsystems wird einerseits durch interne und externe **Audits** überprüft. Andererseits erhält man auch durch das Beschwerdewesen, Reklamationsverhalten oder durch Befragungen der Kund*innen wesentliche Hinweise zur Funktionstüchtigkeit im Unternehmen. Audits können auf unterschiedliche Arten durchgeführt werden. Meistens finden Präsenzaudits statt, in deren Rahmen Auditoren die zu überprüfende Organisation besuchen und anhand definierter Kriterien bewerten. Mittlerweile, bedingt durch die Corona-Pandemie, haben sich auch sogenannte „Remote"-Audits zunehmend etabliert. Bei dieser Art eines Audits schaltet sich der Auditor über eine Videokonferenzschaltung zu (Sendlhofer et al., 2018).

Diese und noch weitere Themengebiete definieren im Wesentlichen die Eckpfeiler eines funktionierenden Qualitätsmanagementsystems. Die Komplexität des Managementsystems lässt sich auch anhand seiner definierten und gültigen Dokumente messen. Die Verfügbarkeit von Informationen für die Mitarbeiter*innen ist essenziell, denn die Mitarbeiter*innen sollen stets in die Lage versetzt sein, sich über die jeweiligen Arbeitsabläufe zu informieren und auch dementsprechend agieren zu können. Dazu ist es notwendig, dass Vorgabedokumente wie beispielsweise Prozess-beschreibungen, *Standard Operating Procedures* (SOP), Checklisten oder Ähnliches stets am aktuellsten Stand und für die Mitarbeiter*innen leicht zugänglich sind. In der Regel werden dazu elektronische Dokumentenmanagementsysteme verwendet. Es werden gültige Dokumente (*zum Beispiel* eine erstellte Gesundheitsinformation, das dazugehörige Methodenpapier) im Intranet der jeweiligen Organisation unter gewissen Vorgaben veröffentlicht. Diese Vorgaben können variieren, doch meistens wird neben dem Titel einer SOP eine eindeutige Dokumentennummer vergeben, die Autor*innen sowie das Erstell- und das Gültigkeitsdatum und die Versionsnummer angeführt, wie auch auf weiterführende Dokumente verlinkt. Lediglich die im Intranet beziehungs-weise in dem Dokumentenmanagementsystem abrufbare Version stellt dann das **aktuell gültige Dokument** dar. Für Gesundheitsinformationen bedeutet dies, dass nur die gültige Version der aktuellen Gesundheitsinformation abrufbar und somit für Leser*innen bereitgestellt wird (siehe Abschn. 4.8, Angaben zu Metadaten).

Werden Dokumente ausgedruckt, ist darauf zu achten, dass bereits am darauf-folgenden Tag eine aktualisierte Version im Intranet vorliegen könnte und somit die ausgedruckte Version bereits überholt wäre. Demnach müssen Informationen, die an Patient*innen oder Kund*innen weitergegeben werden, stets hinsichtlich ihrer Aktuali-tät überprüft werden. Daher ist zu gewährleisten, dass ausgedruckte Versionen (beispiels-weise Broschüren) mit der im Intra- oder Internet aufgelegten Information abgeglichen werden und somit nur die **aktuellste Version** ausgehändigt wird.

Um Wissen an Kund*innen weiterzugeben, werden einem Produkt in der Regel Gebrauchsanleitungen beigelegt oder finden Schulungen oder Vorträge statt. Gerade im Gesundheitswesen stellt Wissensvermittlung einen wichtigen Bestandteil im ärztlichen, pflegerischen oder beispielsweise im diätologischen Patient*innen-Gespräch dar. Die so weitergegebene Information an Patient*innen soll auf dem aktuellsten Stand des Wissens stattfinden. Wissen zu vermitteln hat somit einen hohen qualitativen Anspruch, und im medizinischen Bereich ist es zudem essenziell, dass Patient*innen die Information auch verstehen können, um sie korrekt anzuwenden und keinen Schaden daraus zu erleiden. Wissensvermittlung soll daher niederschwellig, einfach und klar in seiner Sprache und Schriftform, sowie bei Bedarf abrufbar beziehungsweise auffindbar sein. In solchen Fällen eignen sich nach einem Qualitätsstandard erstellte Patient*innen-Informationen besonders gut (siehe Abschn. 2.3, Qualitätskriterien für gute Gesundheitsinformationen).

Zusammenfassend dienen Qualitätsmanagementsysteme zum einen der Strukturierung von Abläufen und unterstützen die Organisation und die Mit-arbeiter*innen bei einer qualitativ hochwertigen Leistungserbringung. Zum anderen profitieren Kund*innen von den Dienstleistungen und Produkten eines gut funktionierenden Qualitätsmanagementsystems, indem unter anderem hochwertige, evidenzgestützte gute Gesundheitsinformationen übermittelt werden.

Auf welche Elemente soll nun bei der Etablierung eines Qualitätsmanagementsystems besonders geachtet werden? Als praktische Tipps in Anlehnung an die ISO 9001 seien einige wichtige Punkte in Tab. 5.1 angeführt.

Tab. 5.1 Checkbox: Qualitätsmanagement

Praktische Tipps	Beantwortung
Implementierung eines Qualitätsmanagements nach den entsprechenden Vorgaben	☐Ja ☐Nein
Mitarbeiter*innen in die Entwicklung des Qualitätsmanagements miteinbeziehen	☐Ja ☐Nein
Auf ein schlankes, einfaches Qualitätsmanagementsystem achten	☐Ja ☐Nein
Aufbau eines proaktiven Risikomanagements	☐Ja ☐Nein
Aufbau eines Beschwerde- und Reklamationswesens	☐Ja ☐Nein
Die kontinuierliche Verbesserung integrieren und überprüfen	☐Ja ☐Nein
Wissen managen (Nachvollziehbarkeit, Erreichbarkeit, Archivierung)	☐Ja ☐Nein
Gesundheitsinformationen/Methodenpapier im Qualitätsmanagementsystem mitverwalten	☐Ja ☐Nein

5.2   Wissensmanagement

> **In diesem Abschnitt beantworten wir die Fragen:**

- Was ist Wissensmanagement?
- Warum brauchen wir Wissensmanagement?
- Gibt es praktische Tipps für die Umsetzung?

Wissen stellt in vielen Organisationen, und besonders in Gesundheitsorganisationen, eines der wichtigsten „Produkte" dar. Wissen ist Kern der Dienstleistung, welche die Organisation anbietet. Wenn schriftliche Gesundheitsinformationen erstellt werden, ist es daher von besonderer Bedeutung, dass dieses Wissen aktuell ist und in der bestmöglichen Art und Weise den Mitarbeiter*innen und Nutzer*innen zur Verfügung steht und erhalten bleibt.

Arten von Wissen

Wissen und besonders Wissen rund um die Gesundheit ist ein wichtiges Element einer Gesundheitsorganisation. Dabei werden verschiedene Arten von Wissen unterschieden.

- **Explizites Wissen:** formulierbares Wissen durch Sprache, Wörter oder Zahlen.
- **Individuelles Wissen:** Bindung an eine Person oder einen ausgewählten Personenkreis.
- **Kollektives Wissen:** Nicht jeder verfügt über dieses Wissen, zum Beispiel haben nur Führungskräfte bestimmte Informationen.
- **Implizites Wissen:** Verborgenes Wissen mit einer persönlichen Qualität, z. B. Erfahrung oder Know-how (Bundeskanzleramt Österreich, 2017).

Wissen ist also ein entscheidender Faktor für das Überleben einer Organisation. (Muhammad & Sadia, 2016; Walcak, 2005) Aus diesem Grund ist die Verwaltung von Wissen für eine Organisation gleichermaßen wichtig wie die Verwaltung von Personalressourcen. Beim Wissensmanagement geht es um den **Erwerb, die Entwicklung, den Transfer, die Speicherung sowie die Nutzung von Wissen.** Wissensmanagement ist weit mehr als Informationsmanagement. Es ist auch weit mehr als das reine Verwalten von Wissen (Beerheide & Katenkamp, 2011). Es ist die Entwicklung einer eigenen Unternehmenskultur, welche den Austausch, die angemessene Nutzung und die Schaffung von Wissen sowohl erleichtert als auch fördert, um einen strategischen Wettbewerbsvorteil des Unternehmens zu ermöglichen (Walcak, 2005).

Wissensmanagement wird daher als jeder Prozess definiert, der die Erfassung, Verteilung, Schaffung und Anwendung von Wissen für die Entscheidungsfindung erleichtert. Diese Entscheidungsfindung kann auf der Ebene der alltäglichen Tätigkeiten von Mitarbeiter*innen oder auch auf einer strategischen Ebene, der Entwicklung einer Organisationsstrategie, durch das Management der oberen Führungsebene und jeder dazwischenliegenden Entscheidungsebene erfolgen (Walcak, 2005).

Wissensmanagement und Gesundheitsinformation

Für Gesundheitsinformationen bedeutet dies, dass das Wissen, welches in einer bestimmten Gesundheitsinformation steckt, erhalten bleibt, evaluiert wird und weiter zunimmt. Die Wissensgewinnung soll dabei ein Prozess sein, der nachvollziehbar ist und auf dem aufgebaut werden kann, nicht zuletzt, weil Wissen im Gesundheitsbereich sehr stark wächst und der Gesundheitsbereich gleichzeitig von einer sehr hohen Fluktuation betroffen ist. Es kommt häufig zum Wechsel von Mitarbeiter*innen, die ihr Wissen sozusagen mitnehmen. Neue Mitarbeiter*innen müssen sich erst einarbeiten, sollen aber sofort die gleiche Qualität für die Patient*innen oder Kund*innen erbringen.

Daher ist es erforderlich, Wissensmanagement als ganzheitliches System zu verstehen, welches exakt definierte Prozesse, Werkzeuge, Personen und Techniken benötigt, damit Wissen in der Gesundheitsorganisation erhalten bleibt und wächst (Yee et al.,2019). Dafür wird auch ein Qualitätsmanagement benötigt (siehe Abschn. 5.1, Qualitätsmanagement). Auch als Unterstützung des Wissensmanagements eignet sich ein sogenanntes Methodenpapier (siehe Abschn. 3.1, Methodenpapier in der Organisation).

Wie kann nun Wissen in einer Organisation gehalten werden? In Tab. 5.2 folgen praktischen Beispiele.

Der Aufbau eines Wissensmanagementsystems, besonders für gute Gesundheitsinformationen, kann dazu beitragen, der Organisation einen Wettbewerbsvorteil zu verschaffen. Das bedeutet, dass das Wissensmanagement schriftlich festgelegt ist. Damit das Wissensmanagement lebt und auch zur Wissenskultur wird, braucht es auch eine festgelegte Struktur-, Prozess-, und Ergebnisqualität (z. B. als Richtlinie, Leitlinie, Serviceunterlage oder Methodenpapier). Die so schriftlich festgelegten Vorgehensweisen steuern den Umgang mit guter Gesundheitsinformation im Unternehmen. Das bedeutet, dass festgelegt wird, wie eine Gesundheitsinformation erstellt wird und von wem, wer

Tab. 5.2 Praktische Beispiele für das Wissensmanagement

Thema	Beschreibung
Wissenskultur	Die organisatorischen Normen und Werte unterstützen das Thema Wissen. Wissen wird als „Vermögen" einer Organisation betrachtet. Wissensmanagement wird als grundlegende Philosophie übernommen. Es kommt zur Verankerung in das Leitbild und damit auch in die Mission und Vision eines Unternehmens
Festgelegte Struktur-, Prozess-, und Ergebnisqualität	Der Umgang und die Verantwortlichkeiten sind hinsichtlich Struktur-, Prozess-, und Ergebnisqualität schriftlich festgehalten. Es soll dabei nachvollziehbar, geprüft und erreichbar sein
Mitarbeiter*innen	Es ist in der Organisation gelebte Praxis, dass die Mitarbeiter*innen ihr Wissen regelmäßig miteinander austauschen; z. B. im Rahmen der Einführung neuer Mitarbeiter*innen
Technik/Ausstattung	Für den Wissensaustausch und -erhalt stehen moderne Techniken und eine moderne Ausstattung zur Verfügung
Qualitätsmanagement	Qualitätsmanagement ist in der Organisation implementiert und sieht das Wissensmanagement als integralen Bestandteil von Qualität an
Menschen	Es gibt Vorreiter*innen und Pionier*innen im Unternehmen, die bereits gute Gesundheitsinformationen erstellen oder dabei behilflich sind, diese zu verbreiten

sie wie verbreitet, wer damit arbeiten muss und schlussendlich, wer sie evaluiert (siehe Abschn. 5.3, Evaluierung) und wie sie zu archivieren ist (siehe Abschn. 5.4, Archivierung).

Besonders die Digitalisierung kann unterstützend einen wichtigen Beitrag zum Erhalt von Wissen leisten. Auch wenn das heißt, dass sich dadurch für die Organisationen und deren Mitarbeiter*innen, aber auch für die Anwender*innen massive Änderungen ergeben, die komplett neues Wissen, Fertigkeiten und kritisches Denken verlangen (Mittelmann, 2016; Tab. 5.3).

Tab. 5.3 Checkbox: Wissensmanagement

Fragestellung	Beantwortung
Besteht im Unternehmen ein Verständnis für Wissensmanagement?	☐Ja ☐Nein
Gibt es ein Methodenhandbuch, eine Serviceunterlage oder eine Richtlinie?	☐Ja ☐Nein
Gibt es eine festgelegte Struktur-, Prozess-, und Ergebnisqualität zum Thema Wissensmanagement beziehungsweise gute Gesundheitsinformation?	☐Ja ☐Nein
Gibt es verantwortliche Personen?	☐Ja ☐Nein
Gibt es im Unternehmen ausreichende Kompetenzen?	☐Ja ☐Nein

5.3 Evaluierung

In diesem Abschnitt beantworten wir die Fragen

- Wann ist eine Evaluierung sinnvoll?
- Wie wird eine Evaluierung durchgeführt?
- Wer führt die Evaluierung durch?

Gute Gesundheitsinformationen unterliegen in Bezug auf deren Aktualität einer gewissen Halbwertszeit. Daher ist zum einen die Erstellung von Dokumenten und zum anderen auch die Änderung von Dokumenten in der jeweiligen Organisation zu regeln. Es dürfen nur inhaltlich freigegebene, gültige Gesundheitsinformationen zur Verfügung gestellt werden. Dies geschieht im besten Fall durch eine **elektronische Dokumentenlenkung.**

Maßnahmen bei der Evaluierung

Als erster Schritt ist die Autor*innenschaft, der Titel des Dokumentes und der inhaltliche Aufbau zu definieren. Der inhaltliche Aufbau soll für gleiche Dokumententypen einem gemeinsamen Schema folgen, damit ein Wiedererkennungswert für einen gewissen Dokumententyp gegeben ist. Nach der inhaltlichen Befüllung eines Dokumentes ist ein festgelegter Freigabeprozess einzuhalten. Wie komplex ein solcher gestaltet sein kann, bleibt der Organisation überlassen. Mit dem Freigabedatum eines Dokumentes ist zeitgleich auch ein sogenanntes „Wiedervorlagedatum" zu bestimmen. Dieses **Wiedervorlagedatum** ermöglicht es Autor*innen bei elektronischen Dokumentenmanagementsystemen, dass ein Dokument nach einer definierten Zeit vom System automatisch zur **Evaluierung** wiedervorgelegt wird. Das Wiedervorlagedatum kann variieren und wird in der Regel zwischen jährlich oder zweijährlich gewählt. Sollten jedoch nach der Freigabe eines Dokumentes und vor einer geplanten Wiedervorlage Änderungen an einem Dokument notwendig werden (beispielsweise hat sich relevantes Wissen verändert, eine S. 3-Leitlinie ist adaptiert worden oder gesetzliche Rahmenbedingungen wurden geändert), soll eine Evaluierung jedenfalls auch vor dem geplanten Wiedervorlagedatum durchgeführt werden (siehe Abschn. 4.8, Angaben zu Metadaten).

Werden Änderungen an einem Dokument vorgenommen, ist ein sogenanntes **Änderungsprotokoll** empfehlenswert. Änderungen zur Vorgängerversion sollen ebenfalls stets nachvollziehbar sein. Dies ermöglicht es den Leser*innen, auf möglichst einfachem Wege die geänderten Informationen aufzufinden. Zusätzlich sollen Änderungsgründe im Änderungsprotokoll angegeben sein, wie beispielsweise „organisatorische" oder „inhaltliche" Änderungen. Durch diesen Zusatz erfahren die Leser*innen zusätzlich, wie relevant die vorgenommenen Änderungen tatsächlich sind. Nach der erfolgten inhaltlichen Freigabe durch die Autor*innen ist auf die **Versionierung** zu achten, sodass eindeutig ersichtlich ist, welche die aktuelle und welche die alte Gesundheitsinformation ist (ISO, 9001).

Weiters gilt es zu beachten, wie geänderte Gesundheitsinformationen den Mitarbeiter*innen zur Kenntnis gebracht werden. Nur durch eine gesicherte **Zustellung** neuer oder geänderter Dokumente kann gewährleistet werden, dass die Mitarbeiter*innen diese auch kennen und anwenden, wie beispielsweise bei aktualisierten Informationsbroschüren für Kund*innen oder Patient*innen. Bei komplexen Inhalten empfiehlt sich zusätzlich zur reinen Information die Durchführung einer **Schulung,** die es auch zu dokumentieren gilt. Der Schulungsnachweis ist für die Dauer der Gültigkeit des Dokumentes jedenfalls aufzubewahren. Darüber hinaus empfiehlt es sich aus diversen forensischen Gründen, die Schulungsnachweise über die „Lebensdauer" der Gültigkeit eines Dokumentes hinaus auch weiterführend aufzubewahren (siehe Abschn. 4.9, Produzieren, verbreiten und anwenden).

Die Erstellung wie auch die Evaluierung eines Dokumentes hat stets durch kompetente Personen zu erfolgen. Zur weiteren Sicherung des inhaltlichen wiedergegebenen Wissens hat vor der Freigabe eine Prüfung durch eine weitere kompetente Person zu erfolgen. Dadurch kann im Sinne eines Vier-Augen-Prinzips eine Überprüfung und allenfalls Korrektur gewährleistet werden. Bei komplexen Themengebieten, welche die Zusammenarbeit mehrerer Personen bedingen, kann sich die Autor*innenschaft selbstverständlich um die notwendige Personenanzahl erhöhen.

In Tab. 5.4 sind praktische Tipps zu finden.

Tab. 5.4 Checkbox: Evaluierung der Gesundheitsinformation

Fragestellung	Beantwortung
Wurde die Autor*innenschaft definiert?	☐Ja ☐Nein
Wurde ein Wiedervorlagedatum des Dokumentes definiert?	☐Ja ☐Nein
Ist die Nachverfolgbarkeit der durchgeführten Änderungen gewährleistet?	☐Ja ☐Nein
Wurde die Zustellung eines überarbeiteten Dokumentes festgelegt?	☐Ja ☐Nein
Wurde eine nachvollziehbare Versionierung durchgeführt?	☐Ja ☐Nein
Wurde die Zustellung sichergestellt?	☐Ja ☐Nein

5.4   Archivierung

In diesem Abschnitt beantworten wir die Fragen:

- Warum müssen schriftliche Informationen archiviert werden?
- Wie erfolgt eine Archivierung?
- Wie lange muss archiviert werden?

Die Archivierung von Dokumenten, hier am Beispiel von Gesundheitsinformationen, ist essenziell, um die Entwicklung von Informationen nachvollziehbar zu machen. Grundsätzlich wird zwischen sogenannten **Vorgabe- und Nachweisdokumenten** unterschieden (ISO, 9001). Vorgabedokumente stellen Beschreibungen dar, wie gewisse Arbeitsschritte oder Prozesse zu erfolgen haben. Ein Vorgabedokument kann auch eine Checkliste sein, die nach ihrer Anwendung, und wenn auch darauf dokumentiert wird, zu einem sogenannten Nachweisdokument wird. Bei Nachweisdokumenten handelt es sich im Gesundheitswesen beispielsweise um schriftliche Entlassungsinformationen, Operationsberichte oder Temperaturprotokolle (Nachweis der Einhaltung der Kühlkette bei bestimmten Produkten).

Die Archivierung

Eine Archivierung kann auf zweierlei Arten erfolgen, **analog oder digital.** Bei der digitalen Variante muss jedoch eine jederzeitige Einsichtsmöglichkeit des archivierten Dokumentes gewährleistet sein. Die Dauer der Aufbewahrung richtet sich entweder nach gesetzlichen Bestimmungen oder gemäß selbst auferlegter Vorgaben der jeweiligen Organisation. Dort wo es keine zeitlichen Vorgaben gibt, wählt eine Organisation häufig eine siebenjährige Archivierungsdauer, ähnlich der Vorgabe im Steuerrecht. Eine digitale Archivierung ermöglicht zudem eine einfachere Suchfunktion, sofern die Dokumente beziehungsweise Gesundheitsinformationen unter einem eindeutigen Dateinamen abgelegt werden. Hierzu empfiehlt es sich, pro Dokumententyp einen Dateinamen im Rahmen einer Dateinamenskonvention festzulegen, damit die Dateibenennung immer nach demselben Schema erfolgen kann. Das erhöht die Auffindbarkeit von Dokumenten (z. B.: Pat-Info-V1-20211013). Im Dateinamen sollen neben dem Dokumententyp weitere Informationen enthalten sein, wie beispielsweise die Versionsnummer oder das Freigabedatum.

    Werden in der Organisation zahlreiche Dokumente archiviert, empfiehlt sich als Übersicht das Erstellen einer **Archivierungsmatrix.** Eine Archivierungsmatrix sollte folgende Informationen beinhalten:

- Bezeichnung der dokumentierten Information
- wer für das Dokument beziehungsweise die Gesundheitsinformation verantwortlich ist,
- wie lange es zu archivieren ist (gesetzliche Bestimmung, eigene Vorgabe),

Tab. 5.5 Checkbox: Archivierung von Gesundheitsinformationen

Fragestellung	Beantwortung
Wurden die zu archivierenden Dokumente beziehungsweise Gesundheits-information definiert?	☐Ja ☐Nein
Werden eindeutigen Dateinamen beziehungsweise Benennungen der Gesund-heitsinformation verwendet?	☐Ja ☐Nein
Gibt es eine Archivierungsmatrix als Überblick über gesetzliche und organisationsbedingte Archivierungsfristen?	☐Ja ☐Nein

- wo es archiviert wird (analog, digital),
- wer Dokumente beziehungsweise die Gesundheitsinformationen aus dem Archiv entnehmen darf und
- wie letztlich das Dokument beziehungsweise die Gesundheitsinformation nach Ablauf der Archivierungsdauer vernichtet werden soll.

Werden Dokumente beziehungsweise eine Gesundheitsinformation vernichtet, sollte zur Nachweisbarkeit auch ein **Vernichtungsprotokoll** geführt werden. Vernichtungsprotokolle sind wiederum für eine gewisse Zeitdauer aufzubewahren (Tab. 5.5).

Literatur

Alisch, K., Arentzen, U., & Winter, E. (2004). Q. In K. Alisch, U. Arentzen, & E. Winter (eds.), *Gabler Wirtschaftslexikon*. Gabler. https://doi.org/10.1007/978-3-663-01439-3_17.

Anforderungen an klinische Risikomanagementsysteme im Krankenhaus (2016). Aktionsbündnis Patientensicherheit. www.aps-ev-de.

Beerheide E., Katenkamp, O. (2011). Wissensarbeit im Innovationsprozess. In J. Howaldt, R. Kopp, & E. Beerheide (eds.), *Innovationsmanagement 2.0*. Gabler. https://doi.org/10.1007/978-3-8349-6743-5_4.

Bundeskanzleramt Österreich. (2017). Wissensmanagement: Leitfaden und Toolbox zur Wissenssicherung bei Personaländerungen. https://www.oeffentlicher-dienst.gv.at/verwaltungsinnovation/wissensmanagement/170523_Publikation_Wissensmana-nagement_BF.pdf?6wd8d1. Zugegriffen: 08. Aug. 2020.

International Organisation for Standardisation (ISO) (Hrsg.) (2015). *ISO 9001:2015 Qualitätsmanagementsysteme – Anforderungen*. Brüssel.

Mittelmann, A. (2016). Personal knowledge management as basis for successful organisational knowledge management in digital age. https://www.researchgate.net/publication/308737630_Personal_Knowledge_Management_as_Basis_for_Successful_Organizational_Knowledge_Management_in_the_Digital_Age. Zugegriffen: 30. Dez. 2020.

Muhammad Asra, r-ul-H, & aq und Sadia Anwar. (2016). A systematic review of knowledge management and knowledge sharing: Trends, issues, and challenges. *Cogent Business & Management, 3*(1), 1127744. https://doi.org/10.1080/23311975.2015.1127744.

Sendlhofer, G. (2020). *Patientensicherheit gewährleisten: Der Wegweiser für Prävention und Verbesserung.* Carl Hanser GmbH. ISBN 978–3–446–45878–9.

Sendlhofer, G., Eder, H., & Brunner, G. (2018). *Qualitäts- und Risikomanagement im Gesundheitswesen: Der schnelle Einstieg.* Carl Hanser GmbH & Co KG. ISBN 978-3-446-45476-7.

Walcak, S. (2005). Organizational knowledge management structure. *The Learning Organization, 12.* https://doi.org/10.1108/09696470510599118.